600s Foto: vb

Margret und Henk van Blokland
Nördliche Sporaden

„Lieblich dämmerte der Maimorgen herauf.
Der bläuliche und rosenrote Abglanz des Himmels
rann honiggelb über Gras und Gebüsch.
Im Wald hörte man die Nachtigallen schlagen,
und die zahllosen Vögel gaben emsig und nimmersatt
ihr köstliches Konzert."

Alexandros Papadiamántis in „Die Mörderin" über Skíathos

601s Foto: vb

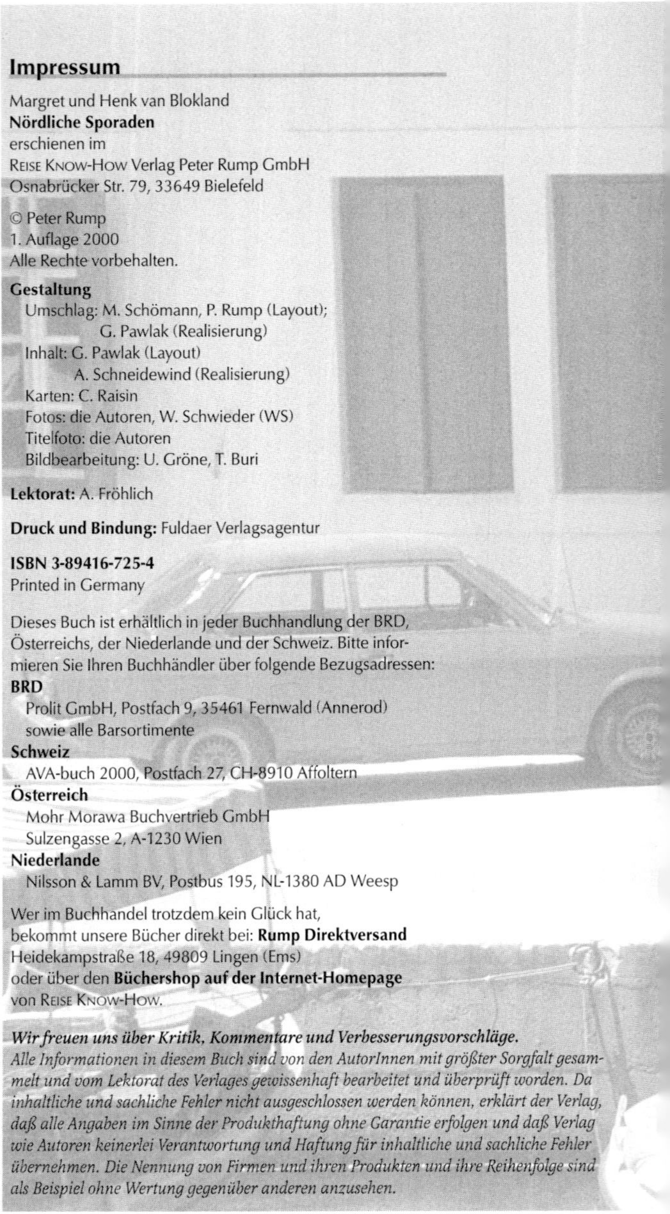

Impressum

Margret und Henk van Blokland
Nördliche Sporaden
erschienen im
Reise Know-How Verlag Peter Rump GmbH
Osnabrücker Str. 79, 33649 Bielefeld

1. Auflage 2000

Gestaltung
Umschlag: M. Schömann, P. Rump (Layout);
G. Pawlak (Realisierung)
Inhalt: G. Pawlak (Layout)
A. Schneidewind (Realisierung)
Karten: C. Raisin
Fotos: die Autoren, W. Schwieder (WS)
Titelfoto: die Autoren
Bildbearbeitung: U. Gröne, T. Buri

Lektorat: A. Fröhlich

Druck und Bindung: Fuldaer Verlagsagentur

ISBN 3-89416-725-4
Printed in Germany

Dieses Buch ist erhältlich in jeder Buchhandlung der BRD, Österreichs, der Niederlande und der Schweiz. Bitte informieren Sie Ihren Buchhändler über folgende Bezugsadressen:
BRD
Prolit GmbH, Postfach 9, 35461 Fernwald (Annerod)
sowie alle Barsortimente
Schweiz
AVA-buch 2000, Postfach 27, CH-8910 Affoltern
Österreich
Mohr Morawa Buchvertrieb GmbH
Sulzengasse 2, A-1230 Wien
Niederlande
Nilsson & Lamm BV, Postbus 195, NL-1380 AD Weesp

Wer im Buchhandel trotzdem kein Glück hat,
bekommt unsere Bücher direkt bei: **Rump Direktversand**
Heidekampstraße 18, 49809 Lingen (Ems)
oder über den **Büchershop auf der Internet-Homepage**
von Reise Know-How.

Margret und Henk van Blokland

Nördliche Sporaden

Mitarbeit:
Niko Sikkes

VORWORT

Östlich des griechischen Festlandes liegt die Ägäis, ein sehr inselreiches Meer. Eine Inselgruppe in der Ägäis sind die Nördlichen Sporaden. *Sporaden,* das heißt so viel wie „die Zerstreuten".

Die vier größeren Inseln – Skíathos, Skópelos, Alónnissos und Skýros – sind beliebte Urlaubsziele, insbesondere wegen ihrer schönen Strände. Im Juli und August sind Skíathos und Skópelos sehr gut besucht, und man muß sich darauf einstellen, daß man „seinen" Strand mit anderen Urlaubern teilen muß. Wer aber Ruhe und Abgelegenheit sucht, kann auch diese finden. Entweder Sie besuchen Skíathos und Skópelos im Mai oder Ende September oder Sie weichen auf die ruhigeren Inseln Alónnissos oder Skýros aus.

Die Nördlichen Sporaden entsprechen nicht unbedingt dem Bild von Griechenland, so wie man das manchmal auf Kalenderbildern sieht: Kahl ist es nur im südlichen Teil vom Skýros, ansonsten sind die Inseln recht grün und teilweise auch bewaldet. Kleine Kirchen und Kapellen gibt es überall, aber antike Tempelanlagen – Fehlanzeige.

Trotzdem haben die Sporaden dieses typisch griechische Flair: Die etwas korpulente Mama rückt mit der Seifenlauge und dem Schrubber dem Staub vor der Haustüre zu Leibe, die älteren Herren erörtern die Lage der Nation im Cafenion, junge Männer versuchen, auf knatternden Mofas auf sich aufmerksam zu machen, junge Frauen kokettieren mit dunklen Sonnenbrillen, und sonntags geht's fein herausgeputzt zur Kirche. Der Papás, der Pfarrer, fegt mit seinem flatternden, langen schwarzen Gewand über den Kirchplatz und die Kinder spielen geräuschvoll bis spät abends auf der Straße. Eine heile Welt, die aber bei genauerem Hinsehen Vor- und Nachteile hat.

Als Urlauber kann man sich diese Lebensart in Ruhe ansehen, aber man ist nicht gezwungen, ein Teil davon zu werden. Sie können sich auch in die

Welt des Urlaubers, der einfach nur Entspannung sucht, zurückziehen. Wir möchten Ihnen mit diesem Buch eine Möglichkeit geben, die Inseln kennenzulernen - aus der Perspektive des erholungsuchenden Urlaubers, aus der des interessierten Wanderers, aus der Perspektive des Zeichners, aus der Perspektive dessen, der im Cafenion sitzt und das Treiben um sich herum beobachtet. καλο ταξιδι, gute Reise!

Margret und Henk van Blokland
Im Frühjahr 2000

DANK!

Wir danken Niko Sikkes für seine Mitarbeit am Kapitel Skyros.

Abkürzungen und häufig verwendete griechische Begriffe

HS	Hauptsaison
NS	Nebensaison
EZ	Einzelzimmer
DZ	Doppelzimmer
AC	Klimaanlage
EOT	Griechische Zentrale für Fremdenverkehr
OTE	Griechische Telefonzentrale
Moní	Kloster
Ag. (agios/agia)	der/die Heilige
Kástro	Festung
Chóra	Hauptstadt (veraltet)
Odos	Straße
Pírgos	Turm
Pigí	Quelle

INHALT

Vor der Reise

Praktische Reisetips A–Z

Land und Natur

Staat und Gesellschaft

Athen auf der Durchreise

Exkurse

Skíathos

Skópelos

Alónnissos

Skýros

Anhang

602s Foto: vb

KARTENVERZEICHNIS

Inselkarten

Stadtpläne

Wanderkarten

001s Foto: vb

Vor der Reise

Was bieten die Sporadeninseln?

Die Nördlichen Sporaden eignen sich besonders für einen Bade- und Wanderurlaub. Die Inseln sind hügelig bis bergig und relativ klein, verloren geht hier niemand. Es gibt zahlreiche, sehr schöne Strände. Die kulturellen Attraktionen fallen hingegen eher bescheiden aus.

Skíathos

Skíathos ist die am meisten besuchte Insel. Sehr viele größere Hotels und Pensionen, überwiegend mit höherem Standard und zu gehobenen Preisen, stehen zur Wahl. Nachtschwärmer kommen während der HS voll auf ihre Kosten, denn es wird Tag und Nacht für die Unterhaltung der Gäste gesorgt. Das Angebot an Sportmöglichkeiten ist auf keiner anderen Sporadeninsel so üppig wie hier. Die meisten Strände sind touristisch erschlossen und während der HS auch sehr belebt. In der NS ist die Insel jedoch ruhiger. Skíathos ist sehr grün und teilweise bewaldet. Es können mehrere Klosteranlagen besichtigt werden. Skíathos-Stadt ist ein hübscher Ort.

Skópelos

Auch Skópelos ist bei Urlaubern sehr beliebt. Die Insel ähnelt Skíathos, obwohl die Hotels hier nicht ganz so zahlreich, groß und luxuriös sind. Das Nachtleben ist nicht so ausufernd (aber durchaus vorhanden) und das organisierte Freizeitangebot ist deutlich kleiner. Skópelos ist ruhiger als

Vorhergehende Seite: Skýros, Archäo Latomios

Skíathos, aber im Juli und August ist auch Skópelos sehr gut besucht. Die meisten Strände sind touristisch erschlossen. Die Landschaft ist sehr grün, da relativ viel Wasser vorhanden ist, und zum großen Teil ist die Insel von Kiefernwäldern und Olivenhainen überzogen. Auch hier sind Klöster zu besichtigen. Skópelos-Stadt ist ein sehr malerischer Ort.

Alónnissos Auf Alónnissos gibt es mehr naturbelassene Strände, kaum Wassersportangebote (außer Sie machen Cluburlaub), gute Wandermöglichkeiten, aber wenige kulturelle Ziele. Die meisten Touristenunterkünfte sind angenehm, aber nicht luxuriös, große Hotelanlagen sind selten. Die Insel ist deutlich trockener als Skíathos und Skópelos. Der Süden ist bewaldet, während in den Bergen im Norden Macchia und Phrygana wächst. Nahe Alónnissos befindet sich der Meeresnationalpark Nördliche Sporaden. In diesem Gebiet liegen zahlreiche unbewohnte Inseln. Zu einigen ist der Zutritt verboten, andere können jedoch per Ausflugsboot besucht werden.

Skýros Skýros erinnert teilweise an eine Kykladeninsel und ist im Juli und August v.a. Ziel für griechische Urlauber. Die Hauptstadt besteht aus kleinen, kubischen Häuschen. Neben Museen und der alten Festung sind hier auch zahlreiche Kapellen und Kirchen zu besichtigen. Die Strände sind schön und meist ruhig. Im Nordteil dieser Insel wächst Kiefernwald, aber durch die Trockenheit gibt es im Süden außer Stachelsträuchern fast keine Vegetation mehr. Auch auf Skýros bieten sich dem Urlauber gute Wandermöglichkeiten. Die meisten Hotels und Pensionen sind der Mittelklasse zuzuordnen, Luxusanlagen sind rar. Das Freizeitangebot ist eher mager. Auf Skýros wird dem Urlauber zwar nächtliche Unterhaltung während der HS angeboten, aber als „Nachtschwärmerparadies“ kann man die Insel nicht gerade bezeichnen.

Welche Art Urlaub ist wo möglich?

Pauschalurlaub

Fast jedes Reisebüro vermittelt Pauschalreisen nach **Skíathos.** Die meisten angebotenen Hotels sind relativ groß und bieten viel Komfort (z.B. Swimmingpool). Aber auch auf **Skópelos** arbeiten viele Hotels und Pensionen mit internationalen Reiseveranstaltern zusammen. Die Mehrheit dieser Unterkünfte sind jedoch kleinere Häuser, die nicht zur Luxusklasse gehören. Urlaub auf **Alónnissos** wird zwar ab und zu in den Reisebüros angeboten, aber Sie finden diese Insel doch noch recht selten in den Werbeprospekten der Branche. Reisen nach **Skýros** werden vom holländischen Reisebüro NBBS vermittelt, von Amsterdam aus gibt es auch Charterflüge direkt auf die Insel. In Deutschland werden Pauschalreisen nach Skýros bisher nicht vermittelt.

Last-Minute Reisen werden auf die Sporadeninseln selten angeboten, denn die Flugzeuge sind häufig ausgebucht.

Urlaub in Eigenregie

Sie können zwar Ihren Urlaub auf allen Inseln auch pauschal buchen, aber v.a. auf **Alónnissos** und **Skýros** finden Sie mehrheitlich kleinere Hotels und Pensionen der Mittelklasse, die oft nicht übers Reisebüro angeboten werden. Viele Urlauber, die sich hier niederlassen, planen ihren Urlaub individuell. Auch auf **Skópelos** ist es sehr gut möglich, die Urlaubsplanung selbst in die Hand zu nehmen. In der HS kann es allerdings zu Engpässen kommen, wenn man ohne Reservierung loszieht. Sie bekommen dann zwar immer noch eine Bleibe (das Angebot ist recht groß), aber vielleicht nicht in der gewünschten Lage oder mit dem gewünschten Komfort. Auf **Skíathos** ist es in der NS gut möglich, ohne Reservierung die Insel zu besuchen. Während der HS ist Skíathos jedoch voll und fast alle Hotels sind ausgebucht.

Urlaub in der Ferienwohnung

Wer gerne eine Ferienwohnung auf Skíathos, Skópelos oder Alónnissos vorbuchen möchte und im heimischen Reisebüro nicht das Gewünschte findet: Das auf Skópelos beheimatete **Reisebüro Thalpos Leisure** bietet Hotelzimmer und Wohnungen zum Vorbuchen an, Prospektmaterial wird auf Anfrage zugeschickt (siehe „Skópelos: Praktische Tips/Service").

Campingurlaub

Campingurlaub **der einfachen Art** ist auf Skíathos, Alónnissos und Skýros möglich. Auf Skíathos gibt es auch einen Platz, der sich für Wohnmobile eignet, wohingegen man Campingplätze auf Skópelos vergeblich sucht. Wildcamper werden teilweise geduldet, obwohl **wildes Zelten** in Griechenland eigentlich verboten ist.

Cluburlaub

Auch Cluburlaub ist auf den Sporaden möglich: Auf **Alónnissos** gibt es zwei Anlagen, die üblichen Cluburlaub anbieten und die vor allem bei Italienern sehr beliebt sind. Weitere Anlagen befinden sich auf **Skíathos.**

Alternativer Urlaub

Eine besondere Art Urlaub kann man auf Skýros verbringen: Im Atsítsa-Center und im Skýros-Center werden Meditationskurse, Yoga, Kräuterseminare, Tai Tchi und andere **Kurse, die** den Teilnehmern **den Weg zu sich selbst ermöglichen** sollen, angeboten. Ein Cluburlaub der alternativen Art.

Auf Alónnissos ist es außerdem möglich, **Homöopathiekurse** bei *Geórgios Vithoulkas,* zu besuchen. Der Unterricht wird auf englisch abgehalten, per Kopfhörer kann man den Text jedoch auch auf deutsch hören.

002s Foto: vb

Praktische
Reisetips A–Z

An- und Rückreise

Überblick

Die günstigste Art anzureisen ist für die meisten Griechenlandurlauber die mit dem **Flugzeug.**

Es ist auch möglich, mit dem **Auto** oder **Motorrad** und der **Fähre** oder mit dem **Zug** und der Fähre über Italien anzureisen, wozu man allerdings mehrere Tage benötigt. Billiger als mit einem Flugticket ist dies nur mit dem Motorrad oder aber wenn mehrere Personen in einem Fahrzeug unterwegs sind oder wenn die Bahn einen Gruppenrabatt einräumt.

Eine Fahrt **durch den Balkan** ist nicht zu empfehlen. Sie war, je nach politischer Lage, in den letzten Jahren auch immer wieder gar nicht möglich. Aktuelle Informationen zu den Balkanrouten erteilen der ADAC und das Auswärtige Amt (siehe auch „Informationen").

Auf den Sporaden werden überall **Mietfahrzeuge** angeboten. Fährtickets für Autos sind in Griechenland nicht gerade billig, und „Inselhüpfen" mit dem PKW ist teuer (Preise: siehe „Stationen auf der Anreise").

Mit Auto/Motorrad und Fähre

Kosten, Verkehrsregeln, Tickets

Die einfache Strecke bis zu den Sporaden beträgt von München aus je nach Route rund 1800 km. Neben Benzin- und Fahrzeugkosten werden auf dieser Fahrt Maut und Fährkosten fällig:

Vorhergehende Seite: Alónnissos, Kokkinokastro

Skópelos, Chóra am Hafen

003s Foto: vb

Autobahngebühren:
- Vignette Schweiz: 48,50 DM
- Vignette Österreich: 22 DM (2 Monate gültig)
- Maut Brenner: 19 DM (einfach)
- Maut Brenner – Venedig: 36 DM (einfach)
- Maut Brenner – Ancona: 53 DM (einfach)
- Maut Brenner – Bari oder Brindisi: 95 DM (einfach)

Für die Hin- und Rückfahrt durch Italien gelten folgende **Verkehrsregeln:** Höchstgeschwindigkeit auf Autobahnen 130 km/h, auf Schnellstraßen 110 km/h, auf Landstraßen 90 km/h und in Ortschaften 50 km/h. Bei Geschwindigkeitsüberschreitungen muß mit horrenden Strafen gerechnet werden. Motorräder mit weniger als 150 ccm dürfen keine Autobahnen benutzen. Die Alkoholgrenze liegt bei 0,8 Promille. Handys sind am Steuer verboten.

Fährtickets kann man im Reisebüro kaufen, wobei die Angebote hinsichtlich des Komforts und der Sicherheitsstandards auf den Schiffen, der Fahrtdauer und der Preise stark variieren. Bei Hin- und Rückfahrt mit der gleichen Fährlinie von Italien nach Griechenland gibt es normalerweise Rabatt.

Motorräder werden auf einigen Strecken gratis, auf anderen zu einem niedrigen Preis transportiert. **Fahrräder** sind meistens kostenlos.

Wer mit dem Fahrzeug von Italien nach Griechenland übersetzen will oder wer eine Kabine auf einem Schiff nutzen möchte, dem raten wir dringend, ein Ticket schon mehrere Monate vor der Abreise zu **reservieren.** Während der Saison sind die Fähren oft sehr voll. Wer aber mit der Isomatte auf Deck vorliebnehmen will und kein Fahrzeug mitnimmt, kommt fast immer noch ohne große Reservierungsaktion auf einem Schiff unter.

Routen Italien – Griechenland

Sie können sich in den folgenden **Fährhäfen** von den genannten Reedereien einschiffen lassen:

- Triest (ANEK Lines)
- Venedig (Minoan Lines)
- Ancona (ANEK Lines, GA Ferries, Karageoris Lines, Marlines, Minoan Lines, Superfast Ferries, Catamaran Ferry Lines)
- Bari (Ventouris Ferries, Marlines, Poseidon Lines)
- Otranto (Utac Lines)
- Brindisi (Catamaran Ferry Lines, Ventouris Ferries, Minoan Lines, Marlines, Fraglines, Adriatica Lines, Hellenic Mediterranean Lines)

Die meisten Fähren laufen **Patras** auf dem Peloponnes an. Für eine Weiterreise zu den Sporaden ist jedoch der Fährhafen **Igoumenitsa** günstiger gelegen.

Sicherheit auf Fähren

Der **ADAC** testete in den letzten Jahren einige Fähren auf ihre Sicherheit hin.

Gut bewertet wurden folgende Schiffe: *Ionian Star* von Minoan/Strintzis Lines, *Ouranos* von Fraglines, *Ionian Victoria* von Minoan/Strintzis Lines und *Dame M* von Marlines.

Zufrieden war der ADAC mit *Superfast II* von Superfast Lines, *Erotokritos* von Minoan Lines, *Kriti II* von ANEK Lines und *Athens Express* von Ventouris Ferries.

Jedes Jahr werden weitere Schiffe getestet, die **aktuellen Ergebnisse** können unter Tel: 089-76762726 beim ADAC erfragt werden.

Die folgenden **Fährgesellschaften** betrachten wir als empfehlenswert:

- **Minoan/Strintzis Lines,** Tickets über DER-Reisebüros, Zentrale Tel: 069-95885800
- **Fraglines,** Tickets über DER
- **Superfast,** Tickets über J.A. Reinecke Tel: 04532-6517 (schnelle Schiffe!)
- **ANEK,** Tickets beim ADAC oder über IKON München, Tel: 089-5501041

Alle griechischen Reeder müssen in den kommenden Jahren ihre Schiffe aufrüsten, denn die Sicherheitsstandards werden **bald EU-weit angeglichen,** und das heißt für die Griechen, daß sie erhöht werden.

Das Einschiffen

Wichtig ist es, bereits **drei Stunden vor der Abfahrt** des Schiffes am Hafen zu sein. Dort wendet man sich an das Büro der Reederei, wo man seine Embarcation Card erhält, die man bei der Hafenpolizei abstempeln lassen muß. Am besten packt man sein Gepäck schon zusammen, bevor man mit dem Fahrzeug auf das Schiffsdeck fährt, so daß man das Auto auf dem Schiff zügig verlassen kann. Möglichst keine Wertgegenstände im Fahrzeug lassen!

Weiterfahrt

Von Igoumenitsa führt eine landschaftlich schöne Gebirgsstraße über Ioannina nach **Meteora**/

Kalampaka. Die **Klosteranlagen** sind einen Halt wert. Übernachten kann man in Kastraki. Dort gibt es Campingplätze, und die netten Privatzimmer von *Vasiliki Ziogas* sind preiswert.

Bei Larissa gelangt man auf die Autobahn Thessaloniki – Athen, und von dort aus ist es nicht mehr weit zum Fährhafen **Ag. Konstantínos** oder nach **Vólos,** von wo aus die Schiffe nach Skíathos, Skópelos und Alónnissos abfahren.

Nach Skýros fährt man von Larissa auf der Autobahn in Richtung Athen bis Chalkída. Dort führt eine Brücke nach Evvia. Man durchquert die Insel, und erreicht so **Kými,** den Fährhafen für Skýros. Eine Fährverbindung zwischen Skýros und Alónnissos besteht nicht mehr. Auf dieser Strecke fahren nur noch Tragflügelboote.

Zu den Möglichkeiten, die sich für einen Zwischenstop in Ag. Konstantínos, Vólos und Kými bieten, siehe auch „Stationen auf der Anreise".

Informationen zu **Verkehrsregeln** in Griechenland finden sich unter „Verkehrsmittel/Mietfahrzeuge".

Mit Zug, Bus und Fähre

Es ist auch möglich, mit dem Zug bis Italien zu fahren und dann mit der Fähre nach Griechenland weiterzureisen. Die Bahn bietet **Kombinationstickets** von Bahn und Fähre an, und auch im Inter-Rail-Ticket ist die Benutzung bestimmter Fähren eingeschlossen. Da Preise und Konditionen sich aber laufend ändern, ist es ratsam, im Reisebüro oder bei der Bahn aktuelle Informationen einzuholen.

Auf dem Flughafen von Athen

In Griechenland selbst ist das Zugnetz dünn. Igoumenitsa hat keinen Bahnhof. Man kann von dort **nur per Bus weiterreisen.** Der Bus fährt nach Ioannina, dann nach Meteora und von dort aus über Trikala nach Vólos. Alles in allem ist diese Art der Anreise langwierig und relativ teuer, aber **umweltschonend.**

Mit dem Flugzeug

Direktflüge Nur Skíathos und Skýros verfügen über einen Flughafen.

Der **Flughafen von Skíathos** ist per Charterflug direkt von vielen deutschen Flughäfen erreichbar, per Linienflug nur über Athen mit der Olympic Airways. Am Flughafen gibt es einen Wechselschalter. Da keine Busverbindung existiert, muß man ein Taxi zum Hafen nehmen. Dort fahren Busse, aber auch Schiffe zu den Nachbarinseln ab.

Der **Militärflughafen von Skýros** wird per Charter nur von Amsterdam und von London aus angeflogen. Die einzige andere Möglichkeit ist, über Athen per Linienflug mit der Olympic Air-

004s Foto: vb

ways anzureisen. Hier gilt es jedoch, rechtzeitig zu buchen, denn diese Maschinen sind oft ausgebucht. Auch auf Skýros muß man ein Taxi nehmen, um vom Flughafen wegzukommen.

Via Athen

Der Flughafen von Athen ist per **Charter** oder per **Linienflug** zu erreichen.

Bis Frühjahr 2001 gilt: Wer von Athen aus weiterfliegen möchte, muß dort zum **West Terminal.** Passagiere der Olympic Airways kommen bereits am richtigen Terminal an und brauchen sich um ihr Gepäck nicht zu kümmern, denn es wird automatisch weiterbefördert. Wer aber mit einer anderen Fluggesellschaft ankommt, erreicht den East Terminal oder den Charter Terminal. Dort muß man dann sein Gepäck abholen und mit dem Bus (Nr. 91/92 fährt vom Charter Terminal zum East Terminal, Nr 19 vom East zum West Terminal) oder mit dem Taxi zum West Terminal fahren und das Gepäck dort erneut aufgeben. Dieser Flugzeugwechsel dauert mindestens 1½ Stunden.

Der **neue Athener Großflughafen** ist gerade im Bau. Er liegt weit außerhalb der Stadt und soll im

150s Foto: vb

Frühjahr 2001 in Betrieb genommen werden. Dann entfallen die Unannehmlichkeiten beim Flugzeugwechsel. Der neue Flughafen wird per Metro erreichbar sein. Ob allerdings die Metro pünktlich mit dem Flughafen fertig sein wird, ist derzeit noch nicht klar.

Eine zweite Möglichkeit ist die, von Athen aus den **Bus nach Ag. Konstantínos** oder nach **Chalkída – Kými** zu nehmen und von dort aus per Schiff weiterzureisen (siehe auch Kap. „Athen" und „Stationen auf der Anreise").

Via Thessaloniki

Wer nach Thessaloniki fliegt, sollte von dort per **Tragflügelboot** weiterreisen. Während der HS fahren mehrmals wöchentlich Tragflügelboote direkt von Thessaloniki auf die Sporadeninseln. Fahrplanauskünfte gibt der EOT.

Ansonsten wird's zeitaufwendig: Zunächst muß man mit dem Bus vom Flughafen in die Stadt fahren (was natürlich auch nötig ist, um zum Hafen zu gelangen). Unweit vom Hauptbahnhof fahren die **Überlandbusse nach Vólos** ab. Für die Strecke Thessaloniki – Volos muß man rund vier Stunden Fahrtzeit einkalkulieren. (Es kann auch schneller gehen, aber darauf sollte man sich nicht verlassen.) Von Vólos aus geht's dann per Schiff weiter.

Preise

Der offizielle, von der IATA (International Air Transport Association) festgesetzte Preis für die Route Frankfurt – Athen liegt bei 1122 DM. Doch keine Angst, soviel bezahlt kaum jemand. Die Preise für Billig-Tickets nach Athen liegen in einem

Die Akropolis in Athen

Bereich von **450 bis 800 DM,** wobei es natürlich auch zu saisonalen Schwankungen kommt (HS für Athen ist zu Schulferienterminen).

Flüge ab Amsterdam, Brüssel oder Zürich liegen preislich gelegentlich unter denen ab deutschen Flughäfen, was für Anwohner der Grenzgebiete von Nutzen sein kann.

Billig-Tickets sind über spezielle Reisebüros wie beispielsweise Travel Overland in München zu beziehen. **Vergleichen** (auch über das Internet oder als Anfrage per Telefon) lohnt sich!

- **Travel Overland,** Barer Str. 73, 80799 München, Tel: 089-27276100, Fax 089/3073039, www.travel-overland.de

Bei längeren Aufenthalten (länger als vier Wochen) wird man von manchen Gesellschaften zusätzlich zur Kasse gebeten, und auch wer sein Rückflugdatum beim Abflug noch nicht konkret angeben kann, muß mit zusätzlichen Gebühren rechnen. Bei Charterflügen ist es grundsätzlich möglich, den Rückflug nach Antritt der Reise umzubuchen, aber gegen Aufpreis und nur dann, wenn die gewünschte Maschine nicht schon ausgebucht ist.

Last-Minute

Wer bei Abflugzeiten und -orten ungebunden ist, kann durchaus auf ein Last-Minute-Ticket spekulieren: Preise für ein Ticket nach Athen bereits **ab 309 DM.**

Bei Charterflügen auf die Sporaden sind die Last-Minute-Angebote unschlagbar, z.B. 299 DM für Hin- und Rückflug von Berlin nach Skíathos. Solche Angebote sind aber selten, und während der HS sieht es für Kurzentschlossene meist schlecht aus.

Häufig, aber nicht zwingend, werden mit dem Flugticket **Unterkünfte** auf Last-Minute-Basis angeboten. Der Rückflug ist bei Last-Minute-Flügen übrigens nicht umbuchbar.

Rückflug Bei allen Flügen sollte man nicht vergessen, sich rund zwei Tage vor dem Rückflug eine **Rückbestätigung** *(reconfirmation)* des Fluges geben zu lassen, d.h. bei der entsprechenden Flug- oder Chartergesellschaft anzurufen. Oft sind nämlich die Flugzeuge überbucht, und den letzten beißen die Hunde. Aber auch die Abflugzeit kann sich kurzfristig ändern. Die Telefonnummer für die Rückbestätigung erfährt man normalerweise beim Ticketkauf im Reisebüro, sie steht manchmal schon auf dem Ticket, man kann sich aber auch am Flughafen danach erkundigen.

Bei einem Preisvergleich ist darauf zu achten, ob alle **Gebühren** enthalten sind. Die griechischen Flughäfen erheben eine recht hohe Gebühr (umgerechnet ca. 60 DM).

Stationen auf der Anreise

Überblick Wie man **„Athen auf der Durchreise"** erkunden kann, beschreiben wir weiter unten in einem eigenen Kapitel.

Wer aber am späten Nachmittag in Athen ankommt und dort nicht übernachten möchte, kann auch per Bus nach **Kými** (Reiseziel: Skýros) oder nach **Ag. Konstantínos** (Reiseziele: Skíathos, Skópelos, Alónnissos) reisen. Dort bestehen Übernachtungsmöglichkeiten am Hafen, die sich ebenfalls anbieten, wenn man unterwegs einen Anschluß verpaßt hat. Man erreicht so ausgeruht das Schiff am frühen Morgen – während der Saison fahren zwei bis drei Schiffe täglich: eines morgens, eines am späten Nachmittag.

Mit dem Auto aus Igoumenitsa anreisend, bietet sich als weitere Zwischenstation **Vólos** an (neben der bereits unter „Weiterfahrt" beschriebenen Rast nahe der Klosteranlagen von Meteora).

Wer mit einem Auto auf die Sporaden übersetzen möchte, der sollte vorher einen Platz auf der **Fähre reservieren.** Gleiches gilt für denjenigen, der mit dem Tragflügelboot Freitag nachmittags

anreisen oder Sonntag nachmittags bzw. Montag morgens abreisen möchte, denn zahlreiche Wochenendausflügler aus den griechischen Städten pendeln dann hin und her.

Wer mit einem Fahrzeug **nach Skópelos** reist, sollte das Schiff schon am Hafen von Glóssa, Loutráki verlassen. Aber auch ohne Fahrzeug kann man in Erwägung ziehen, bereits in Loutráki von Bord zu gehen und per Bus weiterzufahren. Die Busfahrpläne sind größtenteils auf die Fähren abgestimmt. Nur in den Abendstunden fährt von Loutráki kein Bus mehr nach Skópelos-Stadt.

Ag. Konstantínos

Der **Bus** benötigt von Athen, Larissa Bahnhof bis nach Ag. Konstantínos ca. 2½ Stunden, das Busticket kostet rund 20 DM pro Person.

Skópelos, Kirche in der Chóra

Von hieraus wird die Reise mit der Fähre fortgesetzt. Die **Fährpreise** betragen für die einfache Fahrt pro Person nach Skíathos rund 20 DM, nach Skópelos rund 25 DM und nach Alónnissos 28 DM; für Motorräder bezahlt man 13-15 DM; für ein Auto die stolze Summe von 87 DM nach Skíathos und 105 DM für alle anderen Häfen. Die Preise für den Transport eines Autos von Insel zu Insel sind ähnlich hoch.

Die **Fähre** benötigt von Ag. Konstantínos nach Skíathos rund 3½ Stunden. Glóssa auf Skópelos erreicht sie in knapp 4½ Stunden und nach Skópelos-Stadt ist sie sechs Stunden unterwegs. Alónnissos erreicht man in gut sieben Stunden.

Das **Tragflügelboot** benötigt nach Skíathos 1¼ Stunden, Skópelos erreicht es nach einer weiteren Stunde, und nach Alónnissos dauert die Weiterfahrt rund eine halbe Stunde. Die Preise pro Person sind aber doppelt so hoch wie die der Fähren.

Für eine **Zwischenübernachtung** bieten sich folgende Unterkünfte an:

- **Hotel Poulia** liegt in der Verlängerung der Straße, die hinter der Kirche am Taxistand entlangführt, rund 100 m vom Hafen entfernt. Nette einfache Zimmer mit sauberem Gemeinschaftsbad, Balkon, viele Blumen, relativ ruhig, ab 38 DM, mit Bad 50-55 DM.
- **Hotel Astir** liegt rund 100 m nördlich des Hafens.
- **Campingplatz Blue Bay** befindet sich ca. 1 km südlich von Ag. Konstantínos am Strand.

- Die **Hafenbehörde** erreichen Sie unter Tel: 0235-31759, 3843220, 4296740 oder 31614.
- Büro der Fähren der **Nomicos** und **Goutos Lines,** Tel: 0235-31920, Fax: 32234.
- Büro **Minoan Lines Flying Dolphins,** Tel: 0235-31614, Fax: 31874.

Vólos

Die **Busfahrt** von Athen nach Vólos dauert fünf Stunden. Vom Hafen aus fahren mehrmals täglich **Fähren** und **Tragflügelboote** auf die Sporaden. Die Schiffe benötigen beinahe genauso lange wie die von Ag. Konstantínos, und die Kosten für die Überfahrt sind vergleichbar.

007s Foto: vb

Wer in Vólos landet hat eine größere Auswahl an **Hotels:**

- **Hotel Iolkos,** Platia Riga Fereou/Odos Dimitriados, einfach eingerichtete alte Villa, Gemeinschaftsbad, Balkon, 38-43 DM.
- **Hotel Agra,** Odos Solomos unweit des Hafens, einfache Zimmer mit Bad, sauber, 43-50 DM.
- **Hotel Iason,** am Hafen, Zimmer im 70er-Jahre-Stil eingerichtet, sauber, Bad, Balkon, Telefon, Kühlschrank, Blick auf den Hafen, Lift, ab 50 DM.

- Am Hafen von Vólos kann man sehr gut und ziemlich preiswert Fisch essen. Gute Fischgerichte z.B. in der **Taverne O Georgos,** gut besucht und bei Griechen sehr beliebt.

- **Hafenamt,** Tel: 0421-20115, 39283, 24758 oder 28888.
- Büro Fähren der **Nomicos** und **Goutos Lines,** Tel: 0421-31059 oder 32524, Fax: 34835.

Am Hafen von Vólos

●Büro **Minoan Lines Flying Dolphins,** Tel: 0421-39786, Fax: 24388.
●Büro des griechischen Fremdenverkehrsamtes **EOT**, Plateia Riga Fereou, hinter dem Hafen, Tel: 0421-23500 oder 36233, gibt gute Informationen über die Sporaden.

Kými

Der Abfahrtshafen nach Skýros ist Kými auf Evvia. Der **Bus** benötigt vom Larissa Busbahnhof in Athen bis Kými 3½ Stunden. Die **Fähre** fährt dann noch weitere zwei Stunden bis Skýros. Auch in Kými bieten sich zahlreiche **Übernachtungsmöglichkeiten.**

●**Hafenbehörde,** Tel: 0222-22606.
●**Büro Skýros Lines,** Tel: 0222-91789, Fax: 91791.

Behinderte unterwegs

Rollstuhlfahrer müssen damit rechnen, daß sie in Griechenland auf viele Schwellen und Stufen treffen und daß die Griechen auf Gehbehinderungen sehr schlecht eingestellt sind. Unsere Erfahrungen belaufen sich auf den Transport eines Kinderwagens, und wir hatten wirklich alle Mühe ihn durch griechische Städte zu schleusen. Die Gehwege sind zumeist schmal und die Bordsteine können 20-25 cm hoch sein. Es ist leider üblich, das Mofa auf dem Bürgersteig zu parken, so daß gar nichts anderes übrig bleibt, als auf die Straße auszuweichen. Dort werden Hindernisse aber auch nicht gerade respektvoll behandelt. Auf gut deutsch: Starke Nerven braucht der Mensch!

Mit dem Rollstuhl ist **Skíathos** wohl am einfachsten zu bereisen. Dort befinden sich Hotelanlagen mit geräumigen Zimmern und Aufzügen, man kann mit dem Auto an relativ viele Strände unmittelbar heranfahren und es gibt einen Flughafen auf der Insel.

Informationen für Behinderte, die eine Griechenlandreise planen, können beim „Club der Behinderten und ihrer Freunde" angefordert werden.

Wer sich aufgrund seiner Behinderung nicht traut, seine Reise selbst zu organisieren, kann dort auch Adressen von Reiseveranstaltern bekommen, die behindertengerechte Reisen organisieren.

- **Club der Behinderten und ihrer Freunde,** Eupnerstr. 5, 55131 Mainz, Tel: 06131-225514

Diplomatische Vertretungen

Griechische Botschaften und Konsulate

In Deutschland

- **Griechische Botschaft,**
Jägerstr. 54-55, 10117 Berlin,
Tel: 030-206260, Fax: 20626444
Konsularabteilung:
Wittenbergplatz 3a, 10789 Berlin,
Tel: 030-2137033-34, Fax: 2182663

Griechische Konsulate:

- Grafenberger Allee 128a, 40237 Düsseldorf, Tel: 0211-6878500, Fax: 68785033
- Zeppelinallee 43, 60325 Frankfurt, Tel: 069-9799120-24, Fax: 97991233
- Abteistr. 33, 20149 Hamburg, Tel: 040-440772-73, Fax: 449648
- Gellertstr. 43, 30175 Hannover, Tel: 0511-2819110, Fax: 2829707
- Universitätsstr. 45, 50931 Köln, Tel: 0221-9420390, Fax: 94203925
- Kommandant-Trufanow-Str. 29, 04105 Leipzig, Tel: 0341-5648090, Fax: 5645628
- Dingolfinger Str. 6, 81673 München, Tel: 089-492061-64, Fax: 409626
- Königstr. 34, 90402 Nürnberg, Tel: 0911-204655, Fax: 243873
- Hauptstätter Str. 54, 70178 Stuttgart, Tel: 0711-2229870, Fax: 22298740

In Österreich

- **Griechische Botschaft,**
Agentinierstr. 14, 1040 Wien,
Tel: 01-5055791, Fax: 5056217
Konsularabteilung:
Mattiellistr. 2-4, 1040 Wien,
Tel: 01-5127148

In der Schweiz

- **Griechische Botschaft,**
Hausmatweg 2, 3074 Mori (bei Bern)
Tel: 031-9510824, Fax: 9541234
- **Griechisches Konsulat,**
Rue Pedro Meylan 1, 1208 Genf,
Tel: 022-7353747, Fax: 7869844

Botschaften und Konsulate in Griechenland

- **Deutsche Botschaft,**
3 Odos Karaoli kai Dimitriou, 10675 Athen-Kolonaki,
Tel: 01-7285111, Fax: 01-7251205
- **Deutsches Konsulat,**
251 Leoforos Dimitriados, 38110 Vólos,
Tel: 0421-25379, Fax: 0421-62766
- **Österreichische Botschaft,**
26 Leoforos Alexandras, 10683 Athen,
Tel: 01-8211036, 8216800, Fax: 01-8219823
- **Schweizer Botschaft,**
2 Odos Iassiou, 11521 Athen,
Tel: 01-7230364, 7249208, Fax: 01-7249209

Ein- und Ausreisebestimmungen

Dokumente

EU-Bürger benötigen für einen Aufenthalt von bis zu drei Monaten nur einen bei der Einreise mindestens noch drei Monate gültigen **Paß oder Personalausweis.** (Bei der Einreise durch die Balkanländer ist ein Reisepaß erforderlich.)

Kinder, die keinen eigenen Ausweis haben, müssen bei einem Elternteil in den Ausweis eingetragen sein.

In Griechenland wurde nun auch das Schengener Abkommen ratifiziert; **an den Flughäfen** werden bei Flugzeugen, die aus EU-Ländern ankommen, daher keine Paßkontrollen mehr durchgeführt.

Wer mit dem eigenen **Fahrzeug** einreist, wird vom Zoll jedoch etwas genauer unter die Lupe genommen und benötigt zudem den Führerschein, die grüne Versicherungskarte und die Fahrzeugpapiere.

Wer **länger als drei Monate** bleiben möchte, sollte sich ungefähr zehn Tage vorher bei der Ausländerpolizei in Athen melden, Tel: 171. Eine Aufenthaltsgenehmigung erhält man dort in der Regel problemlos, wenn man nachweisen kann, daß die Reisekasse noch nicht ganz am Ende ist.

Zoll

Für Artikel, die innerhalb der EU erworben werden, gelten bestimmte Richtwerte zur Unterscheidung zwischen **privatem und gewerblichem Nutzen:**

- **Tabak:** 800 Zigaretten, 400 Zigarillos, 200 Zigarren, 1 kg Tabak
- **Alkohol:** 10 Liter Spirituosen, 20 Liter weinhaltige Getränke, 90 Liter Wein, 110 Liter Bier.

Für Waren, die außerhalb der EU an Bord eines Schiffes, Flugzeuges oder auf dem Flughafen zollfrei erworben werden, gelten folgende Limits:

005s Foto: vb

- **Tabak:** 200 Zigaretten oder 100 Zigarillos oder 50 Zigarren oder 250 g Tabak
- **Alkohol:** 2 l Wein und 1 l Spirituosen oder 2 l Wein und 2 l weinhaltige Getränke
- **Parfüm:** 60 ml
- **Eau de Toilette:** 250 ml

Fahrzeuge, die länger als sechs Monate im Land bleiben, müssen verzollt werden. Wer im Falle eines Totalschadens sein Auto in Griechenland zurücklassen möchte, der sollte sich den Schaden von der Polizei bestätigen lassen, damit es beim Zoll keinen Ärger gibt.

Bei **Drogen** gelten die gleichen Verbote wie in Deutschland, Marihuanabesitz wird jedoch strenger verfolgt als hierzulande.

Einkaufen

Artikel für den täglichen Bedarf

Billige Supermarktketten sind auf den Sporaden nicht zu finden. Natürlich werden alle Güter für das tägliche Leben angeboten, aber die Preise sind **nicht gerade günstig.** Das gilt auch für Drogerieartikel. Sonnencreme ist in Deutschland viel billiger. Griechisches Obst und Gemüse kostet in deutschen Supermärkten manchmal weniger als in Griechenland selbst. Ein Einkaufsparadies sind die Sporaden also nicht.

Die meisten Läden haben vormittags bis gegen 13 Uhr **geöffnet** und dann wieder abends zwischen 18 und 21 Uhr. (Siehe auch „Praktische Tips" in den Inselbeschreibungen)

Skópelos, Hauseingang in Glóssa

009s Foto: vb

Günstig kann man bei den **Händlern am Straßenrand** einkaufen. Mancher griechische Bauer nimmt nämlich die Vermarktung seiner Artikel selbst in die Hand und zieht mit Lieferwagen, Megaphon und Waage durch die Gegend. Es wird allerdings nur angeboten, was gerade reif ist. Auch Fischer verkaufen so ihren Fang.

Períptero nennt man in Griechenland den **Kiosk.** Ein griechischer Kiosk ist weit mehr als ein Kiosk bei uns: Vom Klopapier bis zur Sicherheitsnadel wird fast alles, was klein und praktisch ist, verkauft. Vorteil: die Öffnungszeiten der Kioske. Dort herrscht bis in den späten Abend und auch sonntags immer reger Betrieb.

Skópelos, Kiosk am Hafen der Chóra

Souvenirs Wer auf der Suche nach Souvenirs ist, der hat v.a. auf Skíathos eine große Auswahl. Billig sind sie aber nicht gerade. **Beliebte Mitbringsel** aus Griechenland sind Wein, Ouzo, Gewürze, Stickereien, Honig, gewobene Teppiche oder Keramikwaren. Die meisten der auf den Sporadeninseln angebotenen Souvenirs sind Industrieprodukte, die auf dem griechischen Festland hergestellt werden.

Elektrizität

In Griechenland gibt es wie bei uns **Wechselstrom** mit **50 Hertz** und **220 Volt.** Man muß allerdings mit Stromausfällen rechnen. Sie kommen in Griechenland häufig vor. Eine Taschenlampe im Reisegepäck kann jedenfalls nicht schaden.

Früher paßten oft nur die flachen Stecker in die Steckdosen. In den letzten Jahren hat sich dies allerdings geändert und jetzt ist es fast überall möglich, alle bei uns **üblichen Stecker** zu verwenden.

Auf griechischen Schiffen kann man seine elektrischen Geräte jedoch nicht anschalten, denn dort gibt es Gleichstrom mit 110 Volt.

Essen und Trinken

Griechische Eßgewohnheiten

Frühstück **Traditionell** essen die Bauern gegen 10 Uhr Schafskäse, Tomaten und Oliven mit Brot. Die Fischer essen Fisch und trinken *Oúzo,* wenn sie am späten Vormittag vom Meer zurückkommen.

Im **Cafenion** können Sie aber auch Kaffee, Tee, Milch, Brot mit Butter und Honig, Yoghurt mit Honig, *Tirópita* oder *Spanáki* (Blätterteig mit Schafskäse bzw. Spinat gefüllt) und Rührei bestellen. Noch größer ist die Auswahl in **größeren Hotels,** dort gibt's vom Sektorange über Müsli und Croissants bis zum weichen Ei alles, was das Herz begehrt.

Mittagessen Mittags ist **eigentlich keine Essenszeit.** Die Tavernen haben aber geöffnet und es werden Kleinigkeiten verzehrt.

Abendessen Dafür geht's abends richtig los. In touristisch erschlossenen Gegenden gibt es z.T. sogar englische und deutsche **Speisekarten,** manchmal aber auch nur eine griechische oder gar keine Karte, sondern eine Kreidetafel mit krakeliger Handschrift, die schwierig lesbar ist. In diesem Falle sollten Sie sich nicht davor scheuen, die Küche in Augenschein zu nehmen. Lassen Sie sich alles zeigen!

Lokalitäten Das **Cafenion** in Griechenland entspricht ungefähr unserem Café, allerdings ist oft kein Kuchen zu bekommen. Dafür werden meist Salate und andere herzhafte Kleinigkeiten angeboten.

Kuchen und klebrige Süßigkeiten gibt's in der Konditorei, der **Zacharioplastio.** Ähnlich wie bei uns haben manche, aber nicht alle Konditoreien ein Café angeschlossen.

In einer **Ouzerie** wurde ursprünglich nur *Ouzo* (Schnaps) mit kleinen Häppchen angeboten. Früher war sie am ehesten mit einer Kneipe vergleichbar. Heute haben manche Ouzerien allerdings ihr Angebot in puncto Essen deutlich erweitert, und oft trifft die Beschreibung „Kneipe" ganz und gar nicht mehr zu, das Gebotene entspricht vielmehr dem einer griechischen Taverne.

Eine **Taverne** ist zu vergleichen mit dem, was sich bei uns „Gasthaus" nennt. Es gibt zumeist bürgerliche Küche und Grillgerichte.

Die **Psarotaverna,** zu deutsch die „Fischtaverne", bietet v.a. Fischgerichte an.

Das **Estiatorio** oder Restaurant war ursprünglich etwas nobler als die Taverne, aber meist sind diese Unterschiede heute verwischt.

Die **Snack-Bar** oder das Fast-Food-Restaurant finden sich auch in Griechenland. Oft werden so die **Souvlaki-Grillbuden** bezeichnet, die *Souvlaki-Pita* (Fleischspieß in Brot eingewickelt) recht preisgünstig am Straßenrand verkaufen und die keine Sitzmöglichkeiten bieten.

Im Restaurant

In Speiselokalen war es früher generell üblich, daß **Leitungswasser und Brot** gratis auf den Tisch gestellt wurde. In den letzten Jahren findet man dies aber immer seltener. Das Wasser wird meist in der Plastikflasche gebracht, die natürlich bezahlt werden muß (meist rund 2 DM pro Flasche). Für Brot werden etwa 0,50-1 DM in Rechnung gestellt. Auch das Glas Wasser, das üblicherweise zum Kaffee gereicht wurde, wird heute gerne „vergessen". Wer aber gezielt danach fragt, dem wird sicherlich auch heute noch ein Wasserglas gratis serviert.

Und noch etwas hat sich geändert: Früher war es im ländlichen Griechenland nicht üblich, **Trinkgeld** zu geben. Mittlerweile sind, je nach Rechnungshöhe, 1-5 DM angebracht, bei Rechnungen über 100 DM kann es auch mehr sein. Es wird meist zum nächst höheren, geraden Betrag aufgerundet. In ländlichen Gegenden kann es aber immer noch passieren, daß dem Gast ein großzügiges Trinkgeld zurückgegeben wird, nach dem Motto „wir sind doch keine Wucherer". Von jüngeren Leuten mit der Ausstrahlung „Student" wird kein Trinkgeld erwartet, von Urlaubern, deren Äußeres auf bessere materielle Verhältnisse schließen läßt, dagegen schon (siehe auch „Verhalten").

Griechische und regionale Spezialitäten

Vorspeisen

Probieren Sie alle Vorspeisen einmal aus. Es gibt auch spezielle Vorspeisenteller (manchmal *mesé* oder *pikilia* genannt), wo von allem etwas drauf ist. Als Vorspeisen werden u.a. serviert:

010s Foto: vb

- **Tsatsíki:** Yoghurt-Knoblauch-Sauce
- **Taramá:** Fischeierpaste
- **Melizanosalata:** Auberginensalat
- **Skordaliá:** viel Knoblauch
- **Féta:** Schafskäse
- **Gigántes:** weiße Bohnen
- **Peperoni**
- **Oliven**
- **Dolmádes:** gefüllte Weinblätter
- **Oktopussalat**
- **Thunfischsalat**
- **Russischer Salat**
- **Gebratene Zucchinis** oder **Auberginen**
- **Fritierte Zucchinibällchen** oder **Käsebällchen**
- **Marídes:** Sardellen
- **Garídes:** Garnelen
- **Choriatiki** nennt man den Bauernsalat mit Tomaten, Gurken, Schafskäse, Zwiebeln und Oliven.
- **Krautsalat** ist im Winter ein viel verzehrtes Gericht.
- **Maroúli** ist Endivien- oder Römersalat
- **Chórta** ist ein gekochtes spinatähnliches Gemüse, das manchmal als *„Unkraut gekocht"* auf der Speisekarte zu finden ist. Häufig steht es aber gar nicht auf der Karte, obwohl es zu haben ist. Paßt zu Fischgerichten, fragen Sie danach *(„Echete Chórta?")*.

Haupt-speisen

Wenn Sie **Fisch** essen wollen, erkundigen Sie sich besser vorher nach dem Preis, denn Fisch kann recht teuer sein. Als Hauptspeisen werden folgende Fische angeboten:

- **Xifías:** Schwertfisch
- **Kalamarákia:** Tintenfisch
- **Ochtapódi:** Oktopus
- **Gavrosplakía:** kleine Sardinen
- **Barboúnia:** Barben, lecker aber teurer
- **Astakós:** Hummer, teuer!
- **Xinadrítha, Tsiopoúra, Lethrínia:** verschiedene Brassenarten, lecker aber teuer
- **Garídes:** Garnelen
- **Haifisch,** z.B. *Galéos* (Neunauge)
- **Tónnos:** Thunfisch
- **Mídia:** Muscheln
- **Makrelen**
- **Saláchi:** Rochen, wird oft als Salat angeboten
- **Chópes** und **Melanoúria** sind preisgünstigere Fische.

Folgende **Fleischgerichte** finden Sie häufig:

- **Stifádo:** Ragout mit Zwiebeln und Zimt
- **Souvláki:** gegrillte Spieße
- **Biftéki** oder **Kefthédes:** Hackfleischbällchen gegrillt oder gebraten
- **Souzoukákia:** Hackfleischbällchen gebraten in Sauce
- **Brisóles:** Schweinskoteletten
- **Arní** oder **Arnáki:** Lammfleisch *lemonáto* (in Zitronensauce) oder *kokkinistó* (in roter Tomatensauce)
- **Paidákia:** Lammkoteletten
- **Gazíka:** Ziegenfleisch vom Grill *lemonáto* oder *kokkinistó* (in Zitronen- oder Tomatensauce)
- **Kotópoula:** Hühnchen
- **Gýros:** Schweinefleisch in kleinen Stückchen vom Grill
- **Kleftikó:** eine Art Ratatouille
- **Mos chári kokkinistó:** Rindfleisch in rötlicher Sauce aus dem Backofen
- **Chirinó:** Schweinefleisch
- **Giuvétsi** (sprich: „Tschüwétsi") ist ein Auflauf mit Rind- oder Lammfleisch und Teigwaren in einer Sauce aus dem Ofen.
- **Lukániko:** Wurst, kann je nach Dorfmetzger sehr lecker sein und wird meist gebraten serviert.
- **Spetsofai** ist ein Wursteintopf mit Tomaten und Paprika.
- **Kokorétsi** sind Innereien, die meist gegrillt werden.

Gemüse-Hackfleischgerichte:

- **Moussaká:** Auflauf mit Kartoffeln und Auberginen, oben Bechamelsauce
- **Papoutsákia** oder **Melitsánes Imam:** gefüllte Auberginen
- **Pastízio:** Nudelauflauf
- **Kolokithákia jemistó:** gefüllte Zucchinis
- **Jemistá:** gefüllte Paprika oder Tomaten

Gemüse:

- **Briám:** Gemüseeintopf mit Kartoffeln
- **Fasolákia:** Bohnen
- **Revíthia:** Kichererbsen
- **Fáva:** Kichererbsenpüree, wird manchmal als Vorspeise angeboten

Nachtisch

Die Auswahl an Nachtischen ist in den **Tavernen** eher bescheiden, manchmal gibt es:

- **Baklavás:** Blätterteig mit Nußpüree, Honig und Zimt, sehr süß
- **Froúta:** Früchte
- **Pachotó:** Eis
- **Chalvá:** manchmal Griespudding, aber meistens aus Sesam gemachter Stollen, sehr süß

Bei der **Sacharioplastío** (Konditorei) oder beim Bäcker finden Sie aber noch zahlreiche, klebrige Süßigkeiten. *Pastéli* sind Karamelteile mit Sesam, typisch für Skópelos. Auch zahlreiche Mandelgebäcksorten lohnen einen Versuch. Lecker ist der süße Reispudding, *Risójalo* genannt.

Touristenmenüs

In touristischen Orten sind außerdem Pizza, Spaghetti, Schnitzel, Filet, Toast, Hamburger und was der Urlauber sonst noch zu mögen scheint, zu bekommen.

Getränke

Alkoholfreies

Kaffee trinken die Griechen viel, meistens den *kafé ellinikó,* den kleinen schwarzen in der Mokkatasse mit Satz. *Skéto* bedeutet ohne Zucker, *métrio* mit mäßig viel Zucker und *glikó* mit viel

Zucker. Filterkaffee finden Sie nicht überall, *Nescafé sestó* (heiß) dagegen schon. *Frappé* ist kalter Nescafé, mit dem Pürierstab und Eis verquirlt, *me chála* bedeutet mit Milch.

Tee *(Tschai)* trinkt der Grieche nur, wenn er krank ist, und beim Bestellen von *Tschai tou Vounoú* (Bergtee, guter Kräutertee) erntet man oft mitleidige Blicke. Er schmeckt jedoch recht gut.

Wasser wird zumeist in 1,5 l Plastikflaschen verkauft und hat keine Kohlensäure. Die halbvolle Flasche können Sie nach dem Tavernenbesuch mitnehmen. Wasser mit Kohlensäure wird in der Regel in kleinen 0,2 l Glasfläschchen angeboten und als *Sóda* bezeichnet.

Die bei uns üblichen **Limonaden** wie Cola, 7up, Sprite oder Fanta sind fast überall zu bekommen. Auch **Orangensaft** wird häufig angeboten.

Bier und Wein

Bei der Auswahl an **Biersorten** orientiert man sich in den verschiedenen Orten an den Gästen. Löwenbräu und die holländischen Marken Amstel und Heineken sind sehr oft im Angebot.

Mávro Krassí oder *Kokkinó Krassí* ist **Rotwein** (auch *Kokkinéli* genannt), *Aspro Krassí* ist **Weißwein** und *Retsína* ist **Harzwein,** der weiß oder rot sein kann (die meisten Sorten sind jedoch weiß).

Der **Harzgehalt** im Wein ist mittlerweile durch eine EU-Richtlinie geregelt, was zur Folge hat, daß der Wein heute zumeist weniger stark geharzt ist als noch vor ein paar Jahren. Auf diese Weise kann man nun auch schmecken, ob der verwendete Wein von guter Qualität ist. Ursprünglich war das Harz in den Wein gegeben worden, um ihn haltbar zu machen. Heute erledigen dies die handelsüblichen Konservierungsstoffe. Im Vergleich zu den meisten anderen griechischen Weinen ist der *Retsína* preiswert.

Auf Skópelos wird noch Wein angebaut und teilweise offen als **Hauswein** ausgeschenkt. Häufig wird aber auch Flaschenwein vom Festland angeboten. Die meisten Tavernenwirte haben sich dem Geschmack der ausländischen Gäste angepaßt und schenken überwiegend trockene Weine aus. Viele griechische Weinsorten sind aber eher fruchtig oder lieblich. Fragen Sie nach dem Hauswein. Er wird *Chíma* oder *Krassí apto varéli* („Wein aus dem Faß") genannt und ist auf den Sporadeninseln fast immer preiswert und gut.

Während die Taverne um die Ecke normalerweise einfache Weine anbietet, sind im Restaurant der gehobenen Klasse natürlich auch **Spitzenweine** zu bekommen.

Feste und Feiertage

In Griechenland haben die meisten Feste und Feiertage einen kirchlichen Ursprung (siehe auch Kap. „Staat und Gesellschaft: Die Griechen/Sitten und Gebräuche"). Folgende Tage werden auf den Sporaden gefeiert:

- **1.1.:** Neujahrsfest
- **6.1.:** Fota (Dreikönigsfest), wird auf Alónnissos in Patítiri besonders gefeiert
- **Feb./März:** Karnevalsfest nach orthodoxem Kalender, wird v.a. auf Skýros und Skópelos gefeiert, Termine für 2001-2003: 26.2.01, 18.3.02, 10.3.03 (jeweils 40 Tage vor Ostern)
- **25.2.:** Klosterfest Moní Ag. Rigínos auf Skópelos
- **12.3.:** Feiertag auf Skýros
- **25.3.:** Griechischer Nationalfeiertag
- **Apr./Mai**: Osterfest nach orthodoxem Kalender, Termine für 2001-2003: 16.4.01, 6.5.02, 28.4.03
- **23.4.:** Kirchfest aller Kirchen von Ag. Geórgios, wird auf Skýros groß gefeiert
- **1.5.:** Maifeiertag mit Blumenfest auf Alónnissos
- **Juni:** Pfingstfest nach orthodoxem Kalender, Termine für 2001-2003: 4.6.01, 24.6.02, 16.6.03 (jeweils 50 Tage nach Ostern), Pfingsmontag: Kirchfest von Ag. Triáda auf Skýros
- **1.7.:** Kirchfest von Ag. Anárgiri auf Alónnissos

- **26.7.:** Kirchfest in allen Kirchen namens Ag. Paraskeví, z.B. auf Skíathos bei Platanias und auf Alónnissos in Patítiri
- **27.7.:** Kirchfest in den Kirchen Ag. Panteleímonas, z.B. auf Skýros
- **6.8.:** Christi Verklärung, Klosterfest Moní Metamórphosis auf Skópelos
- **15.8.:** Maria Himmelfahrt, Kirchfest in allen der Panagía geweihten Kirchen
- **23.8.:** Kirchfest Panagía tis Epískopis in Skópelos
- **2.9.:** Kirchfest Ag. Mammas auf Skýros
- **14.9.:** Gedenktag an die Opfer eines von den Nazis versenkten U-Bootes auf Skíathos
- **28.10.:** Ochi-Tag, an dem die Griechen das griechische „Nein" zur Zusammenarbeit mit Hitler feiern
- **9.11.:** Klosterfest Moní Evangelístria auf Skópelos
- **21.11.:** Klosterfest Moní Panagía Kounistrá auf Skíathos
- **25.11.:** Kirchfest der Christuskirche auf Skópelos
- **25/26.12.:** Weihnachten nach orthodoxem Brauch

FKK

Die meisten Griechen mögen es nicht sehr gerne, wenn nackt gebadet wird. Noch vor wenigen Jahren ereigneten sich Szenen, die für den Nordeuropäer kaum vorstellbar sind und sehr zur Belustigung der Urlauber beitrugen: Die nackten Übeltäter wurden von der Polizei abgeführt.

Grundsätzlich ist FKK an Griechenlands Stränden verboten – mit einigen Ausnahmen: In den letzten Jahren entstanden in touristisch stark frequentierten Gegenden wie Skíathos und Skópelos **FKK-Strände,** an denen Nacktbaden erlaubt ist. Die Einheimischen verirren sich selten dorthin, und die internationale Fangemeinde des Nudismus in Griechenland wird mittlerweile wieder kleiner. Es scheint sich herumgesprochen zu haben, daß Griechen diesbezüglich weniger großzügig sind, und die meisten Nudisten wollen nicht provozieren. Wer gerne alle Hüllen fallen lassen möchte, der ziehe also nach Skíathos oder Skópelos.

Topless hat sich an manchen Stränden auf Skíathos und Skópelos durchgesetzt, aber Frauen, die auf ihr Bikinioberteil verzichten, können sich aufmerksamer Männerblicke sicher sein. In traditionelleren Gegenden wie Skýros oder Alónnissos kann auch topless sehr aufsehenerregend sein und als Provokation verstanden werden. Die griechische Gesellschaft ist noch viel stärker an traditionelle Normen gebunden, als wir dies aus Nordeuropa gewöhnt sind.

Was auf jeden Fall als Provokation gesehen wird, sind Touristen, die sich in Blickweite einer **Kapelle oder Kirche** entblößen. Dies ist eine Beleidigung des Heiligen, der dort verehrt wird. Strände, über denen sich Kapellen erheben, also bitte nur in sittsamer Badekleidung genießen!

FOTOGRAFIEREN

Filme

Filme sind in Deutschland billiger als in Griechenland. Es empfiehlt sich also, genügend **mitzunehmen.** In Griechenland werden sie im Sommer auch manchmal zu warm gelagert und sind dann schon vor dem Verfallsdatum unbrauchbar. Wenn Sie Filme nachkaufen müssen, gehen Sie am besten nur in Läden, die mit einer Klimaanlage ausgerüstet sind. Filme müssen möglichst kühl und im Schatten aufbewahrt werden. Zu empfehlen sind **100 Asa,** lichtempfindlichere Filme mit 200 oder 400 Asa liefern im grellen Licht der Ägäis oft Bilder mit Gelbstich, oder es kommt zu Überbelichtungen und die Fotos werden blaß. Solche Filme eignen sich nur für Innenaufnahmen oder für Fotos von Objekten im Schatten.

Tips zur Fotografie

Die beste **Tageszeit** zum Fotografieren ist dann, wenn die Sonne flach steht, also abends und morgens.

Der griechische Opa, in der Sonne sitzend, ist ein beliebtes Motiv. Meistens sind die älteren Her-

011s Foto: vb

ren auch gerne bereit, sich abbilden zu lassen, aber **gefragt werden** wollen sie schon (v.a. wenn jüngere Frauen fragen, schmeichelt dies). Griechen sind vielleicht nicht so modebewußt wie andere Völker, aber in der Arbeitskleidung (auch wenn sie malerisch ist) wollen sie sich oft nicht ablichten lassen. Sonntags, nach dem Kirchgang, dagegen schon.

Nicht fotografiert werden dürfen **militärische Anlagen.** Meist weist ein Schild auch unmißverständlich darauf hin.

- **Buchtip:** *Helmut Hermann:* Die Welt im Sucher. Handbuch für perfekte Reisefotos, Reise Know-How Verlag.

Skýros, Bauer mit Esel und Skýros-Pony

FRAUEN ALLEIN UNTERWEGS

In Griechenland ist es problemlos möglich, als Frau alleine zu reisen. Natürlich wird alleinreisenden Frauen mehr Aufmerksamkeit von griechischen Männern geschenkt, und es kommt recht häufig zu **Annäherungsversuchen.** Wenn die Urlauberin allerdings deutlich zu verstehen gibt, daß der Herr nicht auf Gegenliebe stößt, ist dieses Thema erledigt. Der *Kamaki,* der **Schürzenjäger,** pirscht sich dann eben an die nächste Frau ran. Aufdringliche Hartnäckigkeit ist nichts für griechische Männer, dazu sind sie in der Regel viel zu **stolz.** Achten Sie darauf, daß Sie den erfolglosen Helden in der Öffentlichkeit nicht blamieren, so daß er hoch erhobenen Hauptes abziehen kann. **Sprachprobleme** gibt es auf diesem Gebiet kaum, die Herren verstehen meist auch ohne Worte, ob ihre Aufmerksamkeit gewünscht ist oder nicht. Von gewaltsamen Übergriffen auf Frauen hört man kaum.

GELDFRAGEN

Währung

Die griechische Währung ist die Drachme (Δραχμη), abgekürzt „Drs." (bzw. „Δρχ."). Es gibt Münzen zu 5, 10, 20, 50 und 100 Drachmen und Scheine zu 100, 200, 500, 1000, 5000 und 10.000 Drachmen. Der Wechselkurs ist in Griechenland meistens günstiger als zu Hause.

Wechselkurs

1 DM = 171 Drs., 100 Drs. = 0,59 DM
1 Euro = 335 Drs., 100 Drs. = 0,30 Euro
1 ÖS = 24 Drs., 100 Drs. = 4,11 ÖS
1 SFr = 210 Drs., 100 Drs. = 0,48 SFr
1 NLG = 152 Drs., 100 Drs. = 0,66 NLG
(Stand: April 2000)

012s Foto: vb

Griechische Drachmen

Reisetips A–Z

Zahlungsmittel

Griechenland ist ein Land mit relativ geringer Kriminalität und manche Touristen führen auch größere Bargeldbeträge mit sich. Wir würden Ihnen raten, **nicht** auf **ein Zahlungsmittel alleine** zu setzen. Am besten ist es, sowohl Kreditkarte und Schecks als auch Bargeld mitzunehmen.

Kreditkarten werden nur von großen Hotels oder internationalen Autovermietern akzeptiert. Sie sind in Griechenland in vielen Restaurants unbrauchbar (auf Skíathos werden sie allerdings häufig angenommen). Mit der **EC-Karte** kann inzwischen an vielen Automaten Geld abgebucht werden. Man kann sich aber nicht darauf verlassen, daß genau dann, wenn man Geld braucht, ein funktionierender Automat am Wegesrand steht.

Wer **Euroschecks** bei der Bank einlösen will, muß wissen, daß normalerweise pro Tag und Bank nicht mehr als zwei Euroschecks von einer Person angenommen werden. Auf einen Euroscheck werden in Griechenland maximal 300 DM ausbezahlt.

Bargeld, insbesondere deutsches, ist fast überall einfach zu wechseln. Auf dem Postamt kann man nur Bargeld oder Reiseschecks eintauschen, es werden keine EC-Schecks angenommen. Außerdem kann man in Griechenland kein Geld vom Postsparbuch abheben.

Geldwechsel

Beim Geldwechsel muß häufig der **Paß oder Ausweis** vorgelegt werden. Das kann für Alleinreisende kompliziert werden, denn mancher Hotelbesitzer möchte auch den Paß des Urlaubers, da er mit Zechprellern schlechte Erfahrungen gemacht hat. Man kann dieses Problem aber umgehen, indem man sowohl Reisepaß als auch Personalausweis von zu Hause mitnimmt.

Die **Öffnungszeiten** der Banken finden sich in den Inselbeschreibungen unter „Praktische Tips“.

Preise

Griechenland ist kein Billigreiseland mehr. Die folgenden Zahlen mögen als ungefähre **Richtwerte** dienen. Wir benötigten 1999 pro Woche und Person für Übernachtung in Privatzimmern, täglich ein bis zwei Tavernenbesuche, Mietmofa, Eintritte für Museen: in der NS alleinreisend 500 DM, als Paar reisend 400 DM; in der HS alleinreisend 700 DM, bzw. als Paar 550 DM. Wer abends gerne ausgeht, etwas mehr Komfort bei der Unterkunft schätzt, einen Jeep mieten möchte, gerne einkauft und gerne Wassersport treibt, der muß natürlich mit mehr rechnen.

Wer **selber kochen** möchte, lebt etwas billiger, spart allerdings nicht sehr viel. Einfache Tavernen mit bürgerlicher Kost sind relativ preisgünstig, während die Supermärkte recht hohe Preise haben. Wer Geld sparen möchte, der mache sich selbst das Frühstück, denn das ist bei griechischen Pensionen oft nicht dabei.

Grundsätzlich gilt, daß Preise von Mietfahrzeugen und Pensionen oder Hotelzimmern **verhandelbar** sind (v.a. in der NS), während Busse, Museen und Tavernen feste Preise haben.

GESUNDHEIT

Ärzte und Krankenhäuser

Aus eigener Erfahrung können wir sagen: Im Notfall wird man kostenlos und gewissenhaft behandelt. Längere **Krankenhausaufenthalte** in Griechenland sind jedoch nicht zu empfehlen, v.a. wenn man alleine ist. Denn sobald die direkte ärztliche Behandlung gelaufen ist, bleibt man sich weitestgehend selbst überlassen. Abhilfe kann „eine kleine Aufmerksamkeit" ans Pflegepersonal bewirken. Bei schwereren Unfällen werden die Patienten per Hubschrauber von den Inseln oder abgelegenen Dörfern in die gut ausgerüsteten Krankenhäuser der großen Städte auf dem Festland geflogen.

Gut ist auch die zahnmedizinische Versorgung. In Griechenland gibt es viele zuverlässige **Zahnärzte.**

Notruf und **Adressen** von Ärzten siehe „Praktische Tips" in der jeweiligen Inselbeschreibung.

Grundsätzlich ist es möglich, ohne Barzahlung unter Vorlage des **Auslandskrankenscheins** behandelt zu werden, aber in der Praxis kann das auch anders aussehen. Zu **Krankenversicherungen** siehe „Versicherungen".

Im Falle eines **Schlangenbisses** (der im übrigen nicht so häufig vorkommt und meist ungefährlich ist) sollten Sie sich schnellstmöglich an einen Arzt wenden, meistens war die Panik umsonst. Aber es gibt in Griechenland Vipernarten, die giftig sind und deren Bisse, wenn sie unbehandelt bleiben, auch zum Tode führen können. Nach einem engeren Kontakt mit **Skorpionen** sollten Sie ebenfalls den Arzt aufsuchen.

Apotheken Wer im Urlaub „kleinere Wehwehchen“ wie Durchfall, Magenschmerzen, Brandblasen oder Halsweh hat, kann direkt in die Apotheke gehen. In Griechenland sind weniger Medikamente **rezeptpflichtig** als in Deutschland. Deshalb sollte man auf jeden Fall versuchen, den Beipackzettel zu lesen.

Kontaktlinsenträger sollten genügend Reinigungsmittel von zu Hause mitnehmen, denn das gibt's nicht überall zu kaufen.

Wer in Griechenland sexuelle Kontakte sucht, und auf dem Weg in die Apotheke ins Grübeln kommt, dem sei gesagt, daß **Verhüterlis** auf griechisch *kapota* oder *prophylaktika* genannt werden.

HYGIENE

„Pu íne tualéta?“, falls Sie ein gewisses Örtchen suchen. Männlein halte sich in Richtung *Andron,* Weiblein in Richtung *Ginaikon* (sprich: „Jinäkon“). Folgende Gebrauchsanweisung sei für **griechische Toiletten** mit auf den Weg gegeben: Klopapier *(Chartí ijías)* gehört nicht ins Klo, sondern in den Eimer daneben. Manchmal weisen die Hausbesitzer extra mit einem Schild daraufhin, aber auch ohne den entsprechenden Hinweis geht Ihr Gastgeber davon aus, daß er in seiner Grube kein ertrunkenes Klopapier findet, denn Kläranlagen sind in Griechenland eher selten, und die Abwasserrohre sind meist ziemlich filigran und schnell verstopft.

Wer einfachere Herbergen mit **Gemeinschaftsduschen** aufsucht, dem sei geraten, sich Badeschlappen für die Dusche mitzunehmen. Die Bäder werden zwar fast überall täglich geputzt, aber bei Etagenbädern reicht ein Mitbenutzer, der so richtig spritzt und planscht, und das ganze Bad schwimmt ...

013s Foto: vb

Die Nördlichen Sporaden gehören zwar zu den wasserreicheren Gegenden Griechenlands, aber auch hier kann es gegen Ende des Sommers zu Wasserknappheit kommen. Beim Duschen ist der **sparsame Umgang mit Wasser** daher eine Selbstverständlichkeit (was nicht heißen soll, daß man auf die Dusche verzichten muß).

INFORMATIONEN

Griechische Zentrale für Fremdenverkehr EOT

In Deutschland

- Neue Mainzer Str. 22, 60311 Frankfurt, Tel: 069-23656-1/2/3, Fax: 069-236576
- Pacellistr. 2, 80333 München, Tel: 089-222035/6, Fax: 089-297058
- Abteistr. 33, 20149 Hamburg, Tel: 040-454498, Fax: 040-454404
- Wittenbergplatz 3a, 10789 Berlin, Tel: 030-2176262/3, Fax: 030-2177965

Österreich

- Opernring 8, Postfach 330, 1015 Wien, Tel: 01-5125317/8, Fax: 01-5139189

Schweiz

- Loewenstr. 25, 8001 Zürich, Tel: 01-2210105, Fax: 01-2120516

Ortsbüros

- **Athen:** Odos Amerikis 2, Tel: 322311-1 oder -2 bis -9, außerdem am Flughafen
- **Vólos:** Platia Rigas Ferreou, unweit von Bahnhof und Hafen, Tel: 0421-23356 oder 38130
- **Skíathos:** Eine EOT-Informationsstelle gibt es am Hafen, jedoch nur während der Saison. Informationen können außerdem bei der **Touristenpolizei,** Tel: 22005, oder beim **Bürgermeisteramt,** Tel: 22022, 22233, eingeholt werden.
- **Skópelos:** Ebenfalls am Hafen befindet sich neben dem Rathaus, in einem weißen, kleinen Häuschen das Büro des EOT. Es ist aber auch nur während der Saison geöffnet, Tel: 23220. Ansonsten hilft die **Touristenpolizei** weiter, Tel: 22235.
- **Alónnissos:** Die **Touristenpolizei** ist unter Tel: 65205 zu erreichen, am Hafen wird während der HS ein Infostand betrieben. Es gibt kein EOT-Büro.
- **Skýros:** Auf Skýros gab es lange Jahre ein Informationsbüro der Gemeinde, das aber wieder geschlossen wurde. Helfend steht hier nun nur noch die **Touristenpolizei** zur Verfügung, Tel: 91274.

Weitere Informationsstellen

- **Informationen zur Anreise** mit dem eigenen Fahrzeug erteilt der ADAC, der in vielen deutschen Städten Zweigstellen unterhält. In Athen ist der ADAC unter Tel: 01-9601266 zu erreichen.

- **Informationen zum Meeresnationalpark Nördliche Sporaden,** entweder bei der Stiftung Europäisches Naturerbe, Konstanzer Str. 22, 78315 Radolfzell, Tel: 07732-927240, Fax: 927242 oder auf Alónnissos, im Robbenmuseum, am Hafen von Patítiri (siehe auch Kap. „Alónnissos").

INTERNET

Infos

- Aktuellste Infos und Tips zur Ergänzung dieser Auflage sowie weiterführende Links finden sich auf der **Verlags-Homepage** unter den Stichwörtern „Latest News" und „Travellinks". Diesen Service bietet der Verlag zu allen Reiseführern von Reise Know-How: http://www.reise-know-how.de/
- Die **griechische Zentrale für Fremdenverkehr EOT** bietet auch Informationen im Internet an, zumeist auf griechisch oder englisch. Dieser Service ist jedoch noch im Aufbau, Änderungen sind daher möglich: www.eexi.gr/gnto oder www.gnto.gr, e-mail: gnto@eexi.gr, grec@vienna.at oder eot@bluewin.ch.
- Auf der Suche nach **Last-Minute-Flügen** kann eine Recherche im Internet ebenfalls hilfreich sein. Zahlreiche Reisebüros und Veranstalter bieten ihre Dienste dort an, z.B. www.travel-overland.de.

Internet-cafés

- **In Athen:** Stadiou 5, 30 Minuten im Internet kosten ca. 6,50 DM, www.sofokleous.com, Tel: 3248105.
- **In Skíathos:** Odos Miaouli, für ca. 4 DM kann man 30 Minuten im Netz surfen, www.skiathosinfo.com, e-mail: info@skiathosinfo.com, Tel/Fax: 49473.

KARTEN

Für die Anreise

Als **Autokarte** ist die im Verlag Freytag, Berndt & Artaria erschienene Karte „Pelion, Skíathos, Skópelos" zu empfehlen (Maßstab 1:100.000, knapp 11 DM). Man kann sie schon vor der Reise in Deutschland kaufen. Für Wanderungen ist der Maßstab allerdings zu ungenau, weshalb man sich noch eine detailliertere Karte leisten sollte.

Auf den Sporaden

Auf den Inseln werden Touristenkarten verkauft, deren Qualität sehr unterschiedlich ist. Einige dieser Karten, die für rund 3 DM angeboten werden, sind völlig unbrauchbar.

Skíathos

Die meisten Karten von Skíathos sind schlecht. Die **Karte von Panajotis Lianaridi** im Maßstab 1:25.000 kann nur als grobe Orientierungshilfe dienen, zum Wandern ist sie nicht geeignet. Dafür enthält sie aber einen Plan von Skíathos-Stadt.

Skópelos

Auf Skópelos ist 1999 eine Karte erschienen, die ihr Geld absolut wert ist. Die Engländerin *Heather Parsons* hat hervorragende Arbeit geleistet. Die Karte nennt sich **„The Sotos map of Skópelos"** und ist hellblau mit gelb. Auf der Rückseite findet sich ein guter Stadtplan, mit dessen Hilfe man auch das Gassengewirr der Chóra ergründen kann. Es werden auf Skópelos noch weitere Karten angeboten, auf die man jedoch getrost verzichten kann.

Alónnissos

Auf Alónnissos sind neben den schlechten Touristenkarten auch die guten **Karten von Hans Jörg Rothenberger** aus der Schweiz zu bekommen. Er erstellte eine Inselkarte im Maßstab 1:50.000, eine Wanderkarte von Südalónnissos im Maßstab 1:20.000 sowie Stadtpläne von Patítiri, Rsoúm Gialós, Vótsi und von der Chóra. Diese Karten erhalten Sie nur beim Reisebüro Ikos Travel in Patítiri. Es sind einfache Kopien, und wer den markierten Wanderwegen folgt, wird auch auf die ein oder andere Schwachstelle stoßen (z.B. um Megálo Chorávi herum). Trotzdem: Es lohnt sich, diese Karten zu besorgen; sie sind viel besser, als alles andere, was angeboten wird.

Skýros

Auf Skýros wird eine brauchbare Karte im Maßstab 1:67.500 verkauft. Sie wird von **Skýros Travel** herausgegeben und ist an den Ponys auf dem Cover zu erkennen. Die Wanderpfade sind hier nicht korrekt eingezeichnet, aber es ist trotzdem sinnvoll, sich diese Karte anzuschaffen, denn die übrigen Karten, die man auf der Insel erhält, sind absolut unbrauchbar.

KINDER

Griechenland eignet sich **gut für Reisen mit Kindern** – Griechen mögen Kinder sehr gern. Kinderwagen werden aber vielerorts nur als Hindernis betrachtet. Manche Hotels und Pensionen

014s Foto: vb

bieten dem Urlauber auch zeitweise Kinderbetreuung an. Auf Skíathos gibt es sogar einen Kinderarzt. Ein kulturelles Angebot, das auf Kinder zugeschnitten ist, findet man auf den Sporadeninseln aber kaum. Im Mittelpunkt des Interesses stehen beim Nachwuchs meist die Sandburg oder bei größeren Kindern die Sportangebote am Strand. Viele Strände auf den Sporaden sind sandig und fallen flach ab. Spaghetti, Moussaká, Pastízio, Pommes, Eis und viele Süßigkeiten – der Nachwuchs kommt auch beim Essen nicht zu kurz.

Wer mit Kindern auf Alónnissos unterwegs ist, für den bietet es sich an, einen Besuch im **Robbenmuseum** zu machen. Dort gibt es auch einen Film mit lebendigen Robben zu sehen. Auf einem Ausflug in den Nationalpark bekommt man nämlich meist keine zu Gesicht – auf den zahlreichen Zeichnungen, die die Kinder im Museum hinterließen, hingegen schon.

Auf Skíathos bietet der **Reitstall** von Koukounariés Reitstunden für Anfänger. Diese sind besonders bei größeren Kindern beliebt.

Nachtleben

Wer nachts lieber unterwegs als im Bett ist, der sollte sich auf den Weg nach **Skíathos** machen. Dort gibt es ein großes Angebot an **Bars, Clubs** und **Diskotheken.**

Die anderen Sporadeninseln sind nachts ruhiger, aber während der HS wird auch dort nächtliche Unterhaltung geboten, so etwa in Skópelos-Stadt.

Auch Patítiri auf Alónnissos erwacht während der HS aus seinen Träumen, aber für richtige Nachtschwärmer ist es nun doch nicht geeignet.

Ein **Nachtleben der ganz anderen Art** findet man auf Skýros. Auf dieser Insel sind die Griechen noch häufig unter sich, und am späten Abend geht hier auf griechisch die Post ab. Skýros ist beliebtes Urlaubsziel der Athener, und viele junge Soldaten sind hier stationiert. Ganz nach deren Geschmack wird abends gefeiert.

NOTFÄLLE

Wer in größere Schwierigkeiten gerät (Verkehrsunfall, Verlust von Ausweisen, schwere Krankheit), der sollte sich an seine **Botschaft** oder an ein **Konsulat** wenden (siehe „Diplomatische Vertretungen"). Erste Anlaufstation kann auch die griechische **Touristenpolizei** sein (siehe „Praktische Tips" in den jeweiligen Inselbeschreibungen). Die Adressen und Telefonnummern von **Ärzten** und **Krankenhäusern** sind ebenfalls in den Kapiteln zu den einzelnen Inseln zu finden.

Bei **Verlust der EC-Karte** ist es ratsam, das Konto in Deutschland telefonisch sperren zu lassen.

Im Falle einer **Autopanne:** Der Partnerverein des ADAC ist der ELPA. Auf den Autobahnen des

Notrufe

- **Polizei,** Tel: 100,
- **Feuerwehr,** Tel: 199
- **Krankenhäuser und Ärzte:**
  Skíathos und Skópelos, Tel: 22222
  Alónnissos, Tel: 65208, 65470
  Skýros, Tel: 91207, 92222
  Athen (Erste Hilfe), Tel: 166
  Athen (Ärzte), Tel: 178
- **Sperrung EC-Karte,** Tel: 0049-69-740987
- **ADAC** (Athen), Tel: 01-961266
- **ELPA** (Athen), Tel: 01-7775644
- **Pannenservice** auf dem Festland, Tel: 104
- **Auskunft,** Tel: 131

Die Nummern von **Krankenhäusern** und **Ärzten** auf den Inseln finden sich in den jeweiligen Kapiteln unter „Praktische Tips/Service".

griechischen Festlandes sind die gelben Pannenhilfsdienste unterwegs. Anders auf Nebenstrecken. Dort muß man oft lange warten, und auf den Inseln wartet man vergeblich, denn der ELPA hat dort keinen Pannenhilfsdienst eingerichtet. Bei Motorschäden am eigenen Fahrzeug kann man sich aber an den ELPA in Athen wenden (Odos Messogion 2-4, 11527 Athen) oder aber an den ADAC in Athen. Bei Mietfahrzeugen sollte der Vermieter weiterhelfen. Automechaniker gibt es auf allen Inseln.

Post

Karten und Briefe werden **im Schneckentempo** befördert, aber wenn Sie wieder zu Hause sind kommt meist nach wenigen Tagen auch Ihre Urlaubspost an...

Briefmarken für Karten und Briefe sind gleich teuer. Die Preise ändern sich häufig, entsprechen aber ungefähr denen der Deutschen Post. Briefmarken gibt's natürlich im Postamt. Oft werden sie aber auch mit den Postkarten zusammen am Kiosk oder im Souvenirgeschäft verkauft, dort wird allerdings häufig eine Aufgebühr verlangt. Briefmarke heißt *grammatósima,* Briefumschlag *fágelos* und Postamt *tachidromío.*

Man kann sich auch **Post Restante,** eine postlagernde Sendung, auf das Postamt schicken lassen.

Außerdem ist es möglich, **Bargeld oder Reiseschecks** zu tauschen. EC-Schecks werden hingegen nicht angenommen und Automaten sucht man meist vergebens.

Post und **Telefongesellschaft** OTE sind zwei verschiedene Unternehmen, die meist räumlich weit auseinander liegen (siehe „Telefonieren").

Griechische Postämter haben Mo-Fr vormittags bis 14 Uhr und Sa vormittags bis 12 Uhr **geöffnet.**

REISEZEIT

Hinweise zur Reisezeit sind im Kapitel „Land und Natur: Klima und Reisezeit" zu finden.

SICHERHEIT

Nach wie vor wird in Griechenland nicht viel gestohlen. Wir waren dort schon sehr oft und sehr lange unterwegs, aber wir haben noch nie jemanden getroffen, der direkt betroffen war. Trotzdem kann Vorsicht nie schaden: In vielen Hotels und Pensionen ist es möglich, **Wertgegenstände** gegen eine Quittung **abzugeben.**

Die Touristenpolizei erzählte uns, daß v.a. in Athen und in den Touristenzentren **Diebstähle** gemeldet werden. Beliebte Objekte sind Handtaschen und Foto- oder Videokameras.

In den Großstädten hat wohl auch die **organisierte Kriminalität** in den letzten Jahren an Land gewonnen, denn es gibt mittlerweile Berichte über Motorräder, die von Lkws abtransportiert werden. Aber die Gefahr, bestohlen zu werden, ist in Athen nach wie vor deutlich geringer als in Berlin, Frankfurt oder Zürich. (Siehe auch „Notfälle")

SPORT UND ERHOLUNG

Segeln

Auf Skíathos ist es möglich, am Hafen **Segelboote zu mieten** oder auf Segelbooten **Tagesausflüge** zu machen. Allerdings ist dieser Spaß recht teuer. Eine solche Tour kostet rund 100 DM pro Person und Tag inkl. Verpflegung.

Der **EOT** gibt kostenlos ein Heft mit Informationen für Segler heraus. Weitere Infos sind über den griechischen **Seglerverband,** Odos Xenophonos 34, Athen, Tel: 01-3236313, erhältlich. Zahlreiche

Segeltörns werden außerdem von deutschen **Reisebüros** vermittelt (allerdings scheint es die meisten Segler noch weiter in den Süden zu ziehen).

Surfen

An den Stränden von Skíathos werden überall Surfbretter vermietet. Auf Skópelos wird dieser Service nur während der HS geboten, während auf Alónnissos und Skýros Surfen lediglich im Rahmen von Cluburlaub möglich ist. Schade, denn das Meer bei Skýros ist eigentlich ein **gutes Surf-Revier.** Der Windsurferverband in Athen kann weitere Auskünfte geben: Odos Filellinon 7, Athen, Tel: 01-3230068.

015s Foto: vb

Boots-ausflüge Auf jeder Insel findet man Angebote zu Bootsausflügen. Teilweise sind diese Touren **sehr lohnend.** Badesachen nicht vergessen!

Wasserski, Tretboote Wasserski und Tretboote kann man auf **Skíathos an vielen Stränden** ausleihen. Ebenso auf Skópelos am Strand von **Miliá.** Auf Skýros ist dies nur während der HS am Strand von **Aspoús** möglich, auf Alónnissos hingegen nicht.

Tauchen, Schnorcheln Tauchen ist fast überall verboten, da in der Vergangenheit viele antike Fundstücke von Tauchern gestohlen worden sind. **Tauchschulen auf Skíathos** bieten jedoch Tauchkurse an. Schnorcheln ist überall erlaubt, Harpunen sind an Badestränden und für Jugendliche verboten. Schnorchel, Taucherbrille und Flossen werden auf jeder Insel zum Kauf angeboten.

Volleyball An **zahlreichen Sandstränden** sind Volleyballfelder angelegt, die am späten Nachmittag oft und gerne von den Strandbesuchern genutzt werden.

Paragliding Paragliding wird auf **Skíathos** und auch auf **Skópelos (Miliá)** angeboten (siehe Strandbeschreibungen).

Basketball **Was in Deutschland der Fußball ist,** ist in Griechenland der Basketball. Die griechische Nationalmannschaft ist auch recht erfolgreich. Klar, daß bei wichtigen Spielen im Cafenion die Glotze läuft.

Segelboote im Hafen von Skópelos

Wandern

Auf allen Sporadeninseln gibt es **ausgezeichnete Wandermöglichkeiten.** In den Kapiteln zu den einzelnen Inseln sind einige Routen beschrieben. Aber auch wer lieber organisiert wandert, wird fündig: Auf Skýros, Alónnissos und Skópelos werden organisierte Wanderungen von Reisebüros angeboten.

Radfahren

Auf Skíathos, Skópelos und auch auf Alónnissos werden **Mountainbikes** verliehen. Allerdings muß man entweder auf den stark befahrenen Teerstraßen oder auf den sehr holperigen Splittpisten fahren. Zu bedenken ist außerdem, daß alle Sporadeninseln ziemlich hügelig sind und daß das Wetter im Sommer sehr, sehr warm wird.

Reiten

Auf Skíathos in Koukounariés gibt es eine Reitschule. Man hat sich darauf spezialisiert, **Anfänger** in gemütlichem Tempo auf braven Pferden durch die Dünen zu schaukeln. Erfahrene Reiter wird dies eher langweilen. Eine Anmeldung am Tag zuvor ist notwendig.

Reiten wird außerdem noch auf der Insel Skýros angeboten. Informationen hierzu bei *Niko Sikkes* (siehe „Skýros: Praktische Tips“).

Tennis

Auf Skíathos gibt es einen **Tennisclub** mit Schwimmbad. Er liegt am östlichen Stadtrand auf dem Weg zum Flughafen und ist ausgeschildert. Außerdem stehen in zahlreichen größeren Hotelanlagen Tennisplätze für die Gäste zur Verfügung. So bieten etwa die Hotels **Del Sol** auf Skópelos und **Melikari** in Mólos auf Skýros Tenniscourts auch für hotelfremde Gäste an. Schläger können in der Regel geliehen werden. Auf Alónnissos ist Tennis allerdings zwingend mit **Cluburlaub** verbunden.

Golf, Minigolf

Einen Golfplatz gibt es auf den Sporaden nicht, dafür aber einen einfachen **Minigolfplatz,** der zum Hotel Caravos in Koukounariés auf Skíathos gehört.

016s Foto: vb

Musik Im Sommer laufen immer wieder Musikveranstaltungen. **Was, wann und wo** geboten wird, erfährt man beim EOT oder bei der Touristenpolizei, auf Skýros außerdem im Faltaits-Museum.

Tanzen Tanzen ist eine **Lieblingsbeschäftigung der Griechen,** und in der griechischen Disco ist auch immer wieder griechischer Volkstanz angesagt.

Veranstaltungen ganz anderer Art sind die Showtänze griechischer **Folklore, die für Touristen** dargeboten werden. Sie haben mit Brauchtum heute nur noch recht wenig zu tun.

Auf Skíathos findet samstags in der Taverne am Strand von Asélinos griechischer Tanz statt. Auf Skýros kann man in der HS aber eher typisch griechischen Tanzveranstaltungen beiwohnen.

Kino

Open-Air-Kino ist in Griechenland ein sehr beliebtes Sommervergnügen. Die Filme laufen zumeist in englischer Sprache mit griechischen Untertiteln. Sehr beliebt ist auch bei Urlaubern das Kino von Skíathos. Ansonsten kann man noch auf Skópelos einen netten Kinoabend verbringen.

Tavli

Tavli ist das gleiche Spiel wie **Backgammon.** In Griechenland ist es eine Art Volkssport. In zahlreichen Cafenien stehen Spielbretter zur Verfügung, und fast jeder ältere Grieche beherrscht das Spiel sehr gut. Wettkämpfe werden aber selten ausgefochten. Es wird meist als eine Art Zeitvertrieb in der Mittagshitze oder am frühen Abend gespielt.

Sprache

Auf den Sporadeninseln ist es meist kein Problem, sich auf englisch zu verständigen. Auf Skíathos, Skópelos und Skýros trafen wir aber auch zahlreiche Griechen mit guten Deutschkenntnissen. Straßenschilder sind wie Speisekarten und vieles andere sowohl mit griechischer als auch mit lateinischer Schrift versehen.

Im Anhang dieses Buches befindet sich eine kleine **Sprachhilfe,** in der einige grundlegende Begriffe aufgeführt sind und die bei alltäglichen Verständigungsproblemen zu Rate gezogen werden kann.

Wer jedoch mehr Griechisch lernen möchte, dem sei der passende **Kauderwelsch-Sprechführer** aus dem REISE KNOW-HOW Verlag empfohlen:

- Spitzing, Karin: **Griechisch – Wort für Wort,** Reihe Kauderwelsch, Bd. 4, Reise Know-How Verlag Peter Rump.

TELEFONIEREN

Telefonkarten

Für die Telefonzellen benötigen Sie Telefonkarten, die es beim **OTE** (große und kleine Karten) und in **Kiosken** (nur kleine Karten mit 100 Einheiten) zu kaufen gibt. Achtung: Die Karte erst wieder aus dem Telefon ziehen, wenn der Hörer auf der Gabel liegt, sonst wird die Karte ungültig. Telefonkarten haben auch in Griechenland ein Verfallsdatum. Halbvolle Karten für den nächsten Urlaub aufzubewahren kann daher zu Enttäuschungen führen.

OTE-Büro

Münzgeldtelefonzellen gibt es so gut wie gar nicht mehr. Im OTE-Büro (Telefongesellschaft) ist es aber möglich, **gegen Bares** zu telefonieren. Sie

Vorwahlnummern

- **Deutschland:** 0049
- **Österreich:** 0043
- **Schweiz:** 0041
- **Griechenland von Deutschland:** 0030

- **Skíathos:** 0427
- **Skópelos:** 0424
- **Alónnissos:** 0424
- **Skýros:** 0222
- **Athen:** 01
- **Vólos:** 0421
- **Kými:** 0222
- **Chalkída:** 0221

Bei Auslandsgesprächen ist die auf die Landesnummer folgende Ortsvorwahl ohne die Null zu wählen.

haben meist vormittags bis gegen 13 Uhr und abends 18-21 Uhr **geöffnet.** Je nach Jahreszeit kann sich dies allerdings ändern. Im Winter oder in der NS haben die Büros nicht so lange geöffnet, man ist da recht flexibel...

Tarife

Es ist viel **teurer, von Griechenland nach Deutschland** anzurufen als umgekehrt. (Von Deutschland nach Griechenland bezahlte man im März 2000 11 Pfennig/Minute mit 01024-0030-...). Die Preise ändern sich im Telefongebühren-Dschungel allerdings schnell.

Wer **im Hotel** telefonieren möchte, muß wissen, daß dort meist ein höherer Tarif abgerechnet wird als vom OTE. Man kann sich aber von zu Hause billig anrufen lassen...

Mobiltelefone

Wer sein Handy mitnehmen möchte: Über **D1, D2** und **E-plus** ist man in Griechenland erreichbar. Allerdings befinden sich auf den Inseln immer noch „weiße Flecken", in denen die Handys nicht funktionieren (z.B. im Nordteil von Alónnissos. Dort hatten wir eine Mofapanne und das Handy half uns nicht weiter...).

Fax

Faxen kann man am besten vom **Reisebüro** aus. Auf Skopelos half uns diesbezüglich „Thalpos Leisure" weiter. Die Telefonämter auf den Inseln sind keine High-Tech-Dienstleister.

Uhrzeit

In Griechenland gilt die **Osteuropäische Zeit (OEZ),** d.h. der Zeitunterschied zu Mitteleuropa beträgt eine Stunde. Wenn es in Deutschland 18 Uhr ist, ist es dort bereits 19 Uhr. Da es auch in Griechenland die bei uns übliche Sommerzeit gibt, besteht diese Zeitverschiebung das ganze Jahr über.

UNTERKUNFT

Pauschal

Natürlich kann man seine Unterkunft schon in Deutschland im Reisebüro buchen. Leute, die auf **Komfort** Wert legen, sind auf diese Weise vielleicht nicht schlecht bedient. Nachteil: Auch das **Reisebüro verdient** daran und wird letztendlich vom Urlauber bezahlt.

Wer über die großen Reiseveranstalter bucht, kann Glück haben, doch es werden auch **Hotelburgen** angeboten, die nicht jedermanns Geschmack sind (z.B. auf Skíathos). Solche Unterkünfte haben andere Qualitäten, wie Unterhaltungs- und Freizeitprogramm, oft haben die Zimmer auch einen schönen Blick aufs Meer.

Last-Minute

Schöne Unterkünfte haben auch in Griechenland ihren Preis, und während der HS sind selten Schnäppchen zu machen. Bei der Buchung einer Last-Minute-Reise sollte man auf jeden Fall die Angebote mehrerer Veranstalter miteinander **vergleichen.** Oft verbirgt sich hinter dem vermeintlichen Glücksgriff nämlich eine ganz normale, kaum günstigere Pauschalreise.

Last-Minute-Angebote gibt's im **Internet** und in Reisebüros. Spezialisiert haben sich hierauf z.B. die Ketten **L-Tours** (Tel: 0190-575700) oder **Zentralflug** (Tel: 0180-5252555). Regional unterschiedlich gibt es natürlich weitere Anbieter, die häufig in den Veranstaltungszeitschriften der Großstädte inserieren. In Berlin haben wir auch bei Passat Reisen schon sehr gute Angebote gesehen.

Ferienwohnung

Familien mit Kindern bevorzugen in aller Regel eine Ferienwohnung. Auch darauf haben sich einige kleinere Reisebüros spezialisiert. Achtung: Griechen sind Zauberkünstler wenn es darum geht, **möglichst viel auf engen Raum** zu packen und dann die beengten Wohnungen als großzügig zu vermarkten!

Privatzimmer, Hotels

Privatzimmer finden sich im Frühjahr und im Herbst fast überall. Die Preise sind verhandelbar. Im Juli und August kann es aber zu Engpässen kommen, wenn man unangemeldet anreist.

Hotels und Zimmer, die beim Fremdenverkehrsamt EOT gemeldet sind, werden von diesem in Kategorien eingeteilt und mit **Mindestpreisen** für die jeweilige Saison versehen. Die EOT-Tafeln hängen in allen Zimmern aus, nicht selten nach Tipp-Ex-Bearbeitung. Aber schon im Original ist die Preisfestlegung recht willkürlich und oft nicht nachvollziehbar. Obwohl die Preise Mindestpreise sein sollen, haben wir noch kein einziges Mal mehr bezahlt. In der NS kann der Preis sogar unter die Hälfte des Mindestpreises fallen, je nach Verhandlungsgeschick und Aufenthaltsdauer.

Einzelzimmer sind selten, und meistens landet man in einem Doppel- oder Mehrbettzimmer, für das man beinahe soviel bezahlt, wie, wenn sich zwei oder mehr Personen im selben Zimmer niederlassen.

Schauen Sie sich die Zimmer an, und wenn Ihnen ein Zimmer nicht zusagt, scheuen Sie sich nicht, es abzulehnen.

Oft muß beim Vermieter ein **Paß** als Sicherheit abgegeben werden.

Camping, Jugendherbergen

Campingplätze gibt es auf Skíathos, Alónnissos und Skýros (siehe im Kapitel der jeweiligen Insel unter „Praktische Tips" sowie unter „Vor der Reise: Welche Art Urlaub ist wo möglich?".

Detaillierte Informationen über Campingplätze bieten aber auch die alljährlich herausgegebenen **Campingführer** des Deutschen Camping-Clubs (DCC) und des ADAC.

Auf den Sporaden gibt es leider keine **Jugendherbergen.**

VERHALTEN

Im großen und ganzen verhalten sich Griechen nicht anders als Nordeuropäer. In moralischen Dingen sind sie aber **nicht immer so freizügig,** wie der Urlauber dies von zu Hause gewohnt ist (Siehe auch Kapitel „Staat und Gesellschaft: Die Griechen/Gestern und heute". Verhaltenshinweise finden sich außerdem unter „FKK", „Fotografieren" und „Hygiene".)

Körpersprache

Das Leben der Griechen verläuft oft etwas **geräuschvoller –** Emotionen finden Ausdruck in lautstarker und gestenreicher Kommunikation. Wenn eine weibliche Stimme Sirenenklang annimmt, muß das nicht heißen, daß die Dame sauer ist. Was sich für fremde Ohren wie Streit anhört, ist manchmal nur eine intensiv geführte Unterhaltung.

Körpersprache ist in Griechenland wichtig, und durch falsche **Gestik** kann es zu ungewollten Beleidigungen kommen. Eine solche ist es, wenn man die Handflächen hebt und jemandem entgegenstreckt. Auch das bei uns ganz anders gedeutete Zeichen, bei dem Daumen und Zeigefinger einen Kreis beschreiben und die anderen Finger leicht abgespreizt werden, bedeutet nicht „hervorragend", sondern sinngemäß „Idiot!". Wenn ein Grieche den Kopf in den Nacken wirft, bedeutet dies „Nein", während „Ja" kein direktes Nicken, sondern mehr ein Kopfschütteln ist.

In Cafés und in Tavernen

Urlaubern wird mancher Fehltritt nachgesehen, aber ein verächtliches Achselzucken kann z.B. die Folge sein, wenn Gäste in der Taverne sich **getrennte Rechnungen** ausstellen lassen. Griechen haben für groß angelegte Rechenaktionen am Tavernentisch gar kein Verständnis. Einer bezahlt für die ganze Gruppe, und beim nächsten Mal übernimmt ein anderer die Rechnung. Auf Heller und Pfennig den Ausgleich zu suchen gilt als Kleinkrämerei. Wer getrennt Kasse führen möchte, der rechne dies nicht am Tavernentisch, sondern später auseinander, sonst macht er sich lächerlich.

Wenig locker sehen die Griechen es auch, wenn Urlauber einen **„türkischen Kaffee" bestellen.** Wer das landesübliche Getränk bestellen möchte, der nenne es bitte nie (!) „türkisch", auch wenn es bei uns so genannt wird, denn alles, was gut ist, kommt für die Griechen überall her, nur nicht aus der Türkei. Griechischer Kaffee heißt übersetzt *kafé ellinikó*. In der Praxis ist das zwar genau das gleiche Getränk, aber es folgen der Bestellung keine bösen Blicke.

An alkoholischen Getränken bevorzugen viele Griechen Wein und auch Whisky. Allzu **übermäßigen Alkoholkonsum** schätzen sie jedoch weniger. Alkoholprobleme gibt es in Griechenland wie überall, aber betrunkene Gäste sind nun mal eher lästig.

Waldbrände in Griechenland

Die Nördlichen Sporaden sind lange Jahre von Großbränden verschont geblieben, aber im Frühjahr 1999 brannten größere Flächen der Insel Skíathos ab. In Griechenland brennen jedes Jahr die Wälder. Im 19. Jh. waren noch 50% der **Fläche** Griechenlands bewaldet, heute sind es gerade mal 17%. Und in den letzten Jahren wurden nur 8% der abgebrannten Wälder wiederaufgeforstet, was natürlich dazu beiträgt, daß die bewaldete Fläche im Land immer weiter sinkt.

Die **Ursachen** für die Waldbrände sind bekannt. Nur 3% der Brände entstehen durch Selbstentzündung, und nur 30% haben Fahrlässigkeit als Ursache. Weit mehr als 50% der Waldbrände Griechenlands sind auf Brandstiftung zurückzuführen.

Da es im Frühjahr 1999 fast gleichzeitig an über 20 Stellen auf Skíathos zu brennen begann, ist **Brandstiftung** naheliegend. Auf Skíathos werden sehr viele Grundstücke zur Bodenspekulation angeboten. Es ist anzunehmen, daß das Feuer auf Skíathos auch damit zusammenhängt. In bewaldeten Gebieten sind keine Bau-

Mittagsschläfchen Wer **zwischen 14 und 17 Uhr** bei einer griechischen Familie anruft oder gar einen Besuch machen möchte, sollte wissen, daß dies bei den meisten Griechen die Zeit fürs Mittagsschläfchen ist. Besucher kommen dann meist ganz und gar nicht gelegen.

In Kirchen und in Klöstern Für den Besuch von Kirchen und Klöstern sei angemerkt: Urlauber werden gerne als Besucher gesehen, aber die **Kleiderordnung** der orthodoxen Kirche ist streng. Männer sollten lange Hosen und schulterbedeckende Oberteile tragen. Letzteres gilt auch für Frauen, die außerdem einen kniebedeckenden Rock oder ein Kleid anziehen sollten. Kirchenbesucherinnen in langen Hosen sind unerwünscht. Praktisch sind Wickelröcke, die sogar an mancher Klostertür verteilt werdern.

genehmigungen zu bekommen. Ist der Wald aber erst einmal abgebrannt, läßt sich in aller Regel etwas machen. Man baut dann ohne Genehmigung und bezahlt hinterher Strafe und Schmiergeld. Die griechischen Behörden machen eben den Fehler, daß sie Gebäude, die auf diese Art und Weise erbaut wurden, nicht wieder abreißen lassen.

Touristen sind selten Brandverursacher. Trotzdem wollen wir Sie bitten, dazu beizutragen, daß nirgends Waldbrände entstehen. **Rauchen** Sie daher bitte nicht außerhalb der Ortschaften. Hinterlassen Sie keinen **Müll** im Grünen, und wenn Sie **Glasscherben** oder **Blechdosen** liegen sehen, versuchen Sie sie bitte zu entsorgen, denn wenn die Sonne in einem ungünstigen Winkel einfällt, kann sich schnell ein Feuer entzünden. Melden Sie auch kleine Feuerchen schnellstmöglich der Feuerwehr. „Feuer" heißt auf griechisch *Fotiá*. In den Sommermonaten ist das Land sehr trocken, und oft weht ein starker Wind, so daß auch aus ganz kleinen, unscheinbaren Flämmchen sehr schnell ein Großbrand werden kann. Kiefernwälder sind besonders gefährdet, da die Bäume viel Harz in sich tragen. Brennen Kiefern, so entstehen sehr hohe Temperaturen, was die Löscharbeiten ziemlich erschwert.

VERKEHRSMITTEL

Verkehrsregeln

Die zugelassene **Höchstgeschwindigkeit** auf griechischen Autobahnen liegt bei 120 km/h, auf Landstraßen bei 90 km/h für Autos und bei 70 km/h für Motorräder, in Ortschaften jeweils bei 50 km/h.

Die Fahrtüchtigkeit wird in Griechenland an einer **Alkoholgrenze** von 0,5 Promille gemessen.

Gelbe Striche am Straßenrand markieren **Parkverbot.** In griechischen Städten werden oft Parkgebühren verlangt. Parksünder müssen damit rechnen, daß Krallen angebracht oder die Nummernschilder abmontiert werden. Manchmal werden sie sogar heruntergerissen. Um das Fahrzeug danach wieder flott zu bekommen, sind langwierige Behördengänge nötig, und saftige Strafen setzt's obendrein. Dies gilt v.a. für den Fährhafen Igoumenitsa.

Mietfahrzeuge

Grundsätzlich gilt: Erst eine **kostenlose Probefahrt** unternehmen, bevor der Mietvertrag unterzeichnet wird. Bei technischen Mängeln sollte man das Fahrzeug besser stehenlassen.

017s Foto: vb

Meistens muß man unterschreiben, daß das **Fahrzeug in einwandfreiem Zustand** übernommen wurde. Auch deshalb sollte alles genau überprüft werden. Zerbrochene Spiegel, abgebrochene Schutzbleche – lassen Sie dies in den Vertrag eintragen. Schauen Sie sich die Reifen (Luftdruck, Profiltiefe) an, prüfen Sie den Ölstand (Mofas, die viel Öl verbrauchen stinken nicht nur, auch die Gefahr eines Motorschadens ist größer), die Blinker, den Rückwärtsgang, das Licht, die Bremsen, bei Zweirädern die Kette und beim Auto das Reserverad.

Wer ein **Motorrad** mieten möchte, braucht einen Führerschein Klasse 1a. Wer den Führerschein Klasse 3 (BDE) hat, kann Mofas (50 ccm) problemlos mieten. Fast überall in Griechenland werden außerdem Zweiräder mit 80 ccm, für die in Deutschland der 1b Führerschein notwendig ist, auch an Leute mit Führerschein Klasse 3 (BDE) vermietet. Diese Maschinen geben an steilen Hängen den Geist nicht auf, selbst wenn zwei Personen darauf sitzen. Im Falle eines Unfalls kann sich die Versicherung aber weigern zu bezahlen. Daher sind die Autovermieter auf Skíathos mittlerweile vorsichtiger geworden und verlangen den 1b Führerschein, nicht aber auf Skópelos und Alónnissos. Mit Mietmofas passieren leider viele Unfälle, da viele Mieter keine geübten Zweiradfahrer sind und manche Wege wirklich gute Fahrkenntnisse erfordern. Die Straßenbeläge vieler griechischer Straßen werden bei Nässe aalglatt. Beim Ausleihen eines Zweirades also niemals auf den schützenden Helm verzichten, auch wenn's warm ist.

Achten Sie auch grundsätzlich darauf, daß im Vertrag der **Bruttopreis** inkl. Nebenkosten genannt wird. Ein Trick mancher teurer Vermieter ist es, die Preise ohne Kaskoversicherung oder ohne Steuer anzugeben. Eine Kilometerbegrenzung ist auf den Sporaden nicht üblich. Wer in der HS ein Auto mieten will, fährt manchmal billiger, wenn er in Deutschland vorbucht. Erkundigen Sie sich mal, was Ihnen die internationalen Autovermieter so anbieten.

Fragen Sie nach, ob bei der **Kaskoversicherung** *(all-risk-insurance)* eine Eigenbeteiligung anfällt, und wenn ja, wie hoch diese ist. Wir würden Ihnen zu einer Vollkaskoversicherung raten, denn auf Skíathos und Skópelos passieren relativ viele Unfälle. (Zu **Fahrzeugversicherungen** siehe „Versicherungen")

Lassen Sie sich die Telefonnummer des Vermieters geben. Seriöse Vermieter bieten an, Sie **im Falle einer Panne** abzuholen. Umgekehrt wird natürlich auch von Ihnen erwartet, daß Sie das Fahrzeug sorgsam behandeln.

Bevor es losgeht, sollte schließlich noch nachgesehen werden, wieviel Benzin im Tank ist, denn

018s Foto: vb

wenn der **Benzinstand** bei der Rückkehr niedriger ist, wird nachgezahlt, und manche Vermieter haben für diese Differenz eigenartig hohe Preisvorstellungen. Besser vor der Rückgabe des Fahrzeugs auftanken.

Öffentliche Verkehrsmittel

Das wichtigste öffentliche Verkehrsmittel ist in Griechenland überall der **Bus.** Von Insel zu Insel fahren **Fähren** und **Tragflügelboote.** Konkrete Informationen zu Fortbewegungsmöglichkeiten auf den einzelnen Inseln siehe „Praktische Tips" im jeweiligen Kapitel.

Versicherungen

Allgemeines

Am unkompliziertesten ist es, gleich mit der Reisebuchung eines der von den Reiseveranstaltern angebotenen **Versicherungspakete** abzuschließen. Ein solches umfaßt Kranken-, Unfall-, Gepäck- und Haftpflicht-Versicherungen. Günstiger ist hingegen der gezielte Abschluß **einzelner Policen,** z.B. bei Banken oder freien Versicherungsmaklern.

Für Leute, die viel reisen, lohnen sich **Jahresversicherungen.** Notieren sollte man sich die auf den Versicherungsscheinen oder -karten angegebenen Notfall-Rufnummern.

Inwieweit Versicherungen im Einzelfall tatsächlich sinnvoll sind, muß jeder selbst entscheiden. **Unfall und Haftpflicht** können beispielsweise bereits durch bestehende Versicherungen abgedeckt sein; die Deckungssummen sind jedoch zu überprüfen. Als Schadensnachweis ist der Versicherung ggf. ein Polizeiprotokoll vorzulegen.

Die Chóra von Skópelos

Krankenversicherung

Um Leistungen der gesetzlichen Krankenkasse beanspruchen zu können, ist es nötig, einen **Auslandskrankenschein** anzufordern. Bei Privatversicherten hängt der Schutz von der Art der jeweiligen Versicherung ab. Die Behandlung wird meistens übernommen, wenn die Kosten im Urlaubsort nicht höher sind, als sie in Deutschland wären (und dies ist in Griechenland derzeit kein Problem). Man sollte sich aber dennoch erkundigen, welche Leistungen im einzelnen gewährt werden.

Auf jeden Fall empfehlenswert ist eine **Auslandsreise-Krankenversicherung.** Sie kann im Reisebüro kurzfristig und unkompliziert für unterschiedliche Zeitdauer abgeschlossen werden, meist günstiger sind jedoch die Angebote von Privatversicherern. „Universa" bietet z.B eine Krankenversicherung für beliebig viele Reisen von jeweils maximal zwei Monaten Dauer innerhalb eines Jahres für weniger als 20 DM pro Person an.

Bei Versicherungsabschluß sollte auf **Vollschutz ohne Summenbegrenzung** geachtet werden. Außerdem ist zu überprüfen, ob ein **Rücktransport** übernommen wird, bzw. an welche Bedingungen (z.B. Krankenhausaufenthalt) dieser geknüpft ist, denn im Falle eines Unfalls oder einer schweren Krankheit möchte man vieleicht gerne zu Hause weiterbehandelt werden, ist aber nicht in der Lage, aus eigener Kraft in ein Flugzeug zu steigen. **Automatische Verlängerung** der Versicherung im Krankheitsfall ist ein weiterer wichtiger Punkt. Die Leistungspflicht sollte bei verhinderter Rückreise weiter gelten, andernfalls gehen die enormen Behandlungskosten sofort nach Ablauf zu Lasten des Patienten.

Bei Eintreten eines Notfalles sollte die Versicherungsgesellschaft telefonisch verständigt werden. Ausführliche **Quittungen** (mit Datum, Namen, Bericht über Art und Umfang der Behandlung, Betrag) sind Voraussetzung, damit die Auslagen von der Versicherungsgesellschaft erstattet werden.

Gepäckversicherung

Wir sind auf den Sporaden noch nie bestohlen worden. Wer aber auf Nummer sicher gehen will, kann eine Reisegepäckversicherung im Reisebüro abschließen. Wichtig ist dabei, das **Kleingedruckte** zu lesen, denn oft sind Wertgegenstände wie Schmuck, Foto und Video, Laptop oder Sportgeräte, derentwegen man ja die Versicherung abschließt, ausgenommen. Bei Verlust oder Beschädigung von versichertem Gepäck müssen, abgesehen von einer Bestätigung des entsprechenden Beförderungs- oder Beherbergungsunternehmens, eine genaue Auflistung der fehlenden/beschädigten Gegenstände sowie schlimmstenfalls Kaufquittungen vorgelegt werden.

Reiserücktrittskostenversicherung

Eine Reiserücktrittskosten-Versicherung kann extra vereinbart werden. In Anbetracht der relativ **hohen Kosten** sind die Bedingungen hierfür jedoch genau zu studieren. Nur in speziellen Fällen zahlt die Versicherung bei Nichtantritt einer Reise oder eines unfreiwilligen Abbruchs tatsächlich.

Sicherungsschein

Jeder, der eine **Pauschalreise** bucht, hat das Recht darauf, sich zu vergewissern, daß sein Reiseveranstalter gegen eine Insolvenz (Pleite)-abgesichert ist. Eine Pauschalreise ist jede Kombination zweier gleichwertiger Reiseleistungen, also beispielsweise bereits die kombinierte Buchung von Flug und Mietwagen.

Spätestens bei der ersten (An-)Zahlung muß der Veranstalter bzw. das Reisebüro dem Kunden deshalb einen **Sicherungsschein** aushändigen. Wenn ein Veranstalter aus welchen Gründen auch immer diesen Sicherungsschein verweigert, kann man davon ausgehen, daß er gegen eine Pleite nicht versichert ist. Das muß kein Grund sein, die Reise nicht zu buchen, es schließt allerdings das Risiko mit ein, bereits bezahlte Reiseleistungen im Pleitefall nicht zu erhalten – beispielsweise den Rückflug ...

019s Foto: vb

Fahrzeugversicherungen

Unabhängig davon, ob man nun in Deutschland oder in Griechenland ein **Fahrzeug mietet –** eine Haftpflichtversicherung muß im Preis enthalten sein. Allerdings übernimmt die in Griechenland übliche Haftpflicht nur Schäden bis zu rund 80.000 DM. Ist der Schaden größer, wird aus eigener Tasche draufgezahlt! Es ist aber möglich, in Deutschland eine Zusatzhaftpflichtversicherung („Mallorcapolice") abzuschließen, die u.a. von den Automobilclubs angeboten wird. Sie stockt die Versicherungssumme der Haftpflicht auf 1 Mio. DM auf. Wer in Deutschland ein Fahrzeug mietet, kann die Haftpflichtversicherung auch für eine Deckungssumme von 2 Mio. DM abschließen. Ebenfalls möglich ist der Abschluß einer Vollkaskoversicherung mit oder ohne Eigenbeteiligung. In jedem Fall ist es empfehlenswert, die Versicherungen für ein Mietauto vorab in Deutschland zu klären, auch wenn man das Fahrzeug erst in Griechenland mieten möchte.

Wer mit dem **eigenen Fahrzeug** reist, sollte die grüne Versicherungskarte nicht vergessen. Der ADAC bietet für Mitglieder außerdem Schutzbriefe für Notfälle an. Diese können im Falle einer größeren Panne eine Menge Ärger ersparen. Der Pannenservice und Abschleppdienst ist für Mitglieder der Automobilclubs mit den entsprechenden Versicherungen in Griechenland kostenlos.

Zeitungen

Während der Urlaubersaison werden in den Touristenzentren **internationale Zeitungen** verkauft.

Es gibt aber auch griechische Zeitungen in englischer Sprache, z.B. **Athens News.**

Eine griechische Zeitung, die in deutscher Sprache erscheint, ist die **Athener Zeitung.** Sie enthält interessante Nachrichten über Griechenland, die in keinem deutschen Blatt Erwähnung finden.

Normalerweise erhält man immer die Ausgabe vom Vortag. Einzige Ausnahme ist die amerikanische **Herald Tribune.** Sie ist immer aktuell auf den Inseln zu haben, da sie in Athen gedruckt wird. Interessantes Detail: Stets wird ein Teil der griechischen Zeitung Kathimerini auf englisch veröffentlicht.

Wenn keine deutschsprachige Zeitung zu finden ist, kann man den **Zeitungshändler ruhig fragen,** ob es möglich ist, eine in Athen zu bestellen.

020s Foto: vb

LAND UND NATUR

Geographie

Griechenland erstreckt sich über eine Fläche von rund 131.990 km² und hat etwa 15.000 km Küste. Im Landesinneren erheben sich teils hohe Gebirgszüge. Der höchste Berg, der 2917 m hohe Olymp, wurde in der Mythologie zum Wohnsitz der Götter gemacht. Dem griechischen Festland sind zahlreiche Inseln vorgelagert, so auch die Nördlichen Sporaden.

Entstehung der Gebirge und Inseln

Noch bevor das Mittelmeer entstanden war, bildete sich im Urmeer der Erde mit Hilfe von Korallen Kalkstein, der durch die Bewegungen der Kontinentalplatten gefaltet und teilweise hochgehoben wurde. Während der Tertiärzeit (vor 65-18 Mio. Jahren) kam es in Europa zu stärkeren **geologischen Verwerfungen** und so entstanden die großen europäischen Gebirgszüge. Auch das Pindosgebirge und der Olymp entstanden als Folge dieser Bewegungen. Der Gebirgszug des Olymps fällt nach Süden langsam ab und setzt sich im Pelion fort. Das Peliongebirge ist durch das tief eingeschnittene Tempital vom Olymp getrennt. Ähnlich verhält es sich mit den **Sporaden**. Sie sind die Gipfel des gleichen Kalksteingebirges, das immer weiter abfällt und von tiefen Tälern zerschnitten wird.

Das Mittelmeer

Das Mittelmeer entstand vor 5 Mio. Jahren und trocknete dann im Laufe der Zeit immer wieder aus, denn während der Eiszeiten im Quartär wurden größere Mengen Wasser als Eis gebunden, und der **Meeresspiegel fiel stark ab.** Vom Meer blieben nur Salzablagerungen zurück, die man heute bei Bohrungen auf dem Meeresgrund finden kann.

Vorhergehende Seite:
Skýros, Bucht bei Asperounes

Land-brücken

Durch das Absinken des Meeresspiegels (er lag bis zu 200 m tiefer als heute) ragte das Gebirge wieder aus dem Meer. Nur Skýros blieb noch als Insel vor dem Festland liegen, denn das Tal, das diesen Gipfel von den anderen trennt, ist tiefer. Zu dieser Zeit müssen **Tiere** wie Nashörner und Zwergpferde vom Festland auf die nördlicheren Inseln gewandert sein. Auf Alónnissos wurden vor einigen Jahren ihre Knochen gefunden. Warum und zu welcher Zeit die Tiere ausstarben, ist nicht eindeutig bekannt. Vermutet wird, daß sich nach Vulkanausbrüchen in der Ägäis die Lebensbedingungen in kurzer Zeit stark verändert haben und daß die Tiere sich dem so schnell nicht anpassen konnten.

Platten-tektonik

Die euroasiatische, die anatolische und die afrikanische Kontinentalplatte treffen im Mittelmeer aufeinander. Durch die **Verschiebung der Kontinente** drückt sich die afrikanische Platte ganz langsam unter die euroasiatische und die anatolische Platte. Die anatolische Platte wandert nach Südwesten, was u.a. zu Vulkanbildungen und Erdbeben im Mittelmeerraum führt.

Geologen fanden heraus, daß Griechenland sich mit einer durchschnittlichen Geschwindigkeit von 2,2 cm pro Jahr auf Libyen zubewegt. Die stärksten Bewegungen machen dabei die Ionischen Inseln. Die Insel Zakynthos wanderte in den letzten 10 Jahren 30 cm (!) von der Küste Epiros weg. **Skýros bewegt sich** rund 2,5 cm pro Jahr in Richtung Südwesten.

Mit Erdbeben muß man in den kommenden Jahren in der Türkei und in Griechenland weiter rechnen, während Vulkanausbrüche wohl eher selten vorkommen werden. **Erdbeben** zerstörten auf den Sporaden immer wieder Dörfer. Das letzte starke Beben legte 1965 die alte Chóra von Alónnissos und das Dorf Klíma auf Skópelos in Trümmer.

021s Foto: vb

Eine schönere Seite des rumorenden Untergrunds sind **Thermalquellen,** die in Griechenland in vulkanisch geprägten Gegenden recht häufig zu finden sind.

Gesteine und Böden

Die Sporadeninseln bestehen also mehrheitlich aus Ablagerungen und metamorphen Gesteinen wie **Kalkstein** und **Mergel** oder **Marmor, Gneis** und **Schiefer.** Während das Gestein auf Skíathos, Skópelos und Alónnissos meist weiß bis grau und wenig spektakulär ist, finden sich auf Skýros bunte Marmorsorten. Marmor entsteht, wenn Kalkstein gepreßt wird. Die bunten Verfärbungen rühren von „Verunreinigungen" durch Metallerzadern her.

Die geologische Entwicklung der Nördlichen Sporaden hat auch dazu geführt, daß hier überwiegend **helle Sand- und Kieselstrände** zu finden

Blick von Alónnissos nach Skópelos

sind. Die einzige Sporadeninsel vulkanischen Ursprungs ist Psathoúra, die ganz im Norden der Schutzzone A im Meeresnationalpark liegt und unbewohnt ist.

Kalksteine sind nicht gerade wasserfest und unter Einwirkung von Regen entstehen häufig **Höhlen.** Auch **Tropfsteine** können sich bilden. Ein schönes Beispiel hierfür ist die Tropfsteinhöhle von Gioúra, die aber in der Kernzone des Nationalparks liegt und von Touristen nicht mehr betreten werden darf.

Auf den Kalksteinen befindet sich meist **rotbrauner Ton- oder Lehmboden,** der sich durch Ablagerung von Pflanzenteilen gebildet hat und sehr dünn ist. Fehlt die Pflanzendecke, z.B. nach Waldbränden, kann es sehr leicht zur Abtragung des Bodens durch Wind und Wasser kommen. Dann wird der nackte Fels sichtbar.

KLIMA UND REISEZEIT

Griechenland hat ein mediterranes Klima – die Sommermonate sind trocken und heiß, während es im Winter kühl und regnerisch ist. Im Gebirge auf dem Festland fällt im Winter sogar Schnee.

Winter

Auf den Sporadeninseln ist es im Winter **eher ungemütlich.** Es regnet viel und stürmt kräftig. Der Winterwind wird *Vorias*, „Nordwind", genannt. Er bläst so stark, daß die Sporadeninseln im Winter oft mehrere Tage, manchmal sogar Wochen per Schiff nicht zu erreichen sind. Einen Winterurlaub auf den Sporaden würden wir nicht empfehlen. Eine Ausnahme macht der **Karneval** auf Skýros, der zahlreiche Besucher anzieht. Man muß aber damit rechnen, daß die Temperaturen im Februar sehr niedrig sind.

Frühling

Im **März** fängt es auf den Sporaden an zu blühen, allerdings ist dann noch viel Regen angesagt,

022s Foto: vb

denn rund ein Drittel aller Märztage sind verregnet. Die meisten Hotels und Tavernen halten noch Winterschlaf, den Urlauber erwarten 10-17°C am Tag.

Im **April** regnet es dann schon merklich weniger, aber es ist immer noch recht kühl. Da die meisten Touristenunterkünfte nicht beheizbar sind, kann es abends recht frisch werden. Die Griechen bereiten dann alles für die Saison vor. Im April blüht es v.a. auf Skíathos und Skópelos herrlich, aber an Baden im Meer ist noch nicht zu denken.

Der **Mai** ist der ideale Monat für einen Wanderurlaub. Die Tagestemperaturen liegen zwischen 16 und 23°C, das Meerwasser ist allerdings noch 18°C kalt. An einzelnen Tagen kann das Thermometer auch mal auf über 25°C steigen, und dann ist ein Bad im Meer angenehm. Aber

Skópelos, Strand Perivoliou

Perivoliou bei Sturm

023s Foto: vb

auch einen Regenschirm und wärmere Kleidung kann man Anfang Mai durchaus noch gut gebrauchen.

Sommer

Während das Frühjahr noch relativ windstill ist, setzt gegen Ende Mai dann der **Meltemi** ein. *Meltemi,* so nennen die Griechen den Wind, der in den Sommermonaten meist aus nördlicher Richtung über die Ägäis fegt. Er entsteht dadurch, daß sich die Luft über dem heißen Land stärker erwärmt als über dem kühleren Meer. Die heiße Luft bildet ein Hochdruckgebiet, von dem aus dann ein warmer Wind über das kühlere Wasser streicht und es erwärmt. Je größer die Temperaturunterschiede sind um so schneller weht der Wind. Segler und Surfer kommen dann voll auf ihre Kosten. Manchmal ist der Wind allerdings so stark, daß Surfen für Nichtprofis kaum mehr möglich ist. Auch die Schiffsfahrpläne können dann leicht durcheinander geraten.

Im **Juni** füllen sich die Inseln allmählich. Die Tagestemperaturen betragen 20-27°C, Baden ist bei 21°C warmem Meerwasser gut möglich.

Im **Juli und August** steigt das Thermometer auf 21-30°C am Tag, an einzelnen Tagen kann es auch über 35°C gehen. Mit Regen ist nun nur noch sehr selten zu rechnen. Die Meerestemperatur beträgt 24°C. Dies ist aber auch die Zeit, in der der Meltemi am stärksten bläst. Zum Wandern ist es nun eigentlich zu heiß und fast alle Urlauber zieht es an die Strände. Die Preise liegen im Juli und August deutlich höher als in anderen Monaten.

Herbst

Im **September** ziehen die Urlaubermassen wieder ab, aber auch dann sind die Sporadeninseln immer noch gut besucht. Die Preise fallen wieder merklich. Das Meerwasser ist 24°C warm, die Lufttemperatur beträgt noch 20-26°C am Tage. Im Herbst kann man auf den Sporadeninseln Baden und Wandern sehr gut kombinieren.

Im **Oktober** endet dann die Urlaubersaison. Es wird kühler und man muß wieder mit mehr Regentagen rechnen. Das Meerwasser ist noch relativ warm und in manchen Jahren ist das Wetter im Oktober noch recht freundlich.

Im **November** fällt dann schon deutlich mehr Regen, und es wird merklich kühler, die Urlaubssaison ist vorbei.

FLORA UND FAUNA

Die Pflanzenwelt

Griechenland ist in weiten Teilen ein recht trokkenes Land, und vielerorts wächst im Sommer gar nichts, wenn nicht bewässert wird. Die Nördlichen Sporaden gehören aber zu den etwas regenreicheren Gebieten Griechenlands.

Natürliche Vegetation

Die ursprüngliche Vegetation der Sporaden bestand aus **Kermes- oder Steineichenwald.** Aber schon während der Antike wurden von den Römern große Waldflächen im Mittelmeerraum abgeholzt. Das Holz wurde damals für den Schiffsbau benötigt.

Als erster Bewuchs nach einer Rodung oder einem Waldbrand entsteht auf brachliegender Fläche im Mittelmeerraum Macchia oder, wenn die Gegend dafür zu trocken und eher steinig ist, Phrygana.

Phrygana

Die Phrygana ist ein **dorniges, duftendes Gestrüpp,** das 30-100 cm hoch wird. Es besteht aus Dornkugelbüschen, wie z.B. Bibernelle, Dornbuschwolfsmilch, dorniger Wundklee oder Ginster. Dazwischen wachsen Kräuter wie Thymian, Rosmarin, Lavendel, Salbei oder Knabenkraut. Auch Zistrosen und Knollengewächse wie Meerzwiebeln gedeihen hier. Bäume und Sträucher wie Kermeseichen, Wacholder oder Mastix kommen zwar auch vor, aber nur als niedrige Sträucher. Diese Pflanzen wachsen nur zu Bäumen heran, wenn sie etwas mehr Wasser bekommen.

Macchia

Dort, wo etwas mehr Wasser zur Verfügung steht, wächst Macchia. Die Macchia ist ein **undurchdringliches Dickicht** von 1,5-5 m Höhe. Sie besteht aus Bäumen und Büschen wie Stein- und Kermeseichen, Dorngewächsen, Ginster, Judas-Lorbeer- und Johannisbrotbäumen, Wacholder, wilden Oliven, Stechwinden, Zistrosen, Aleppokiefern, Baumheide, Mastix und Myrten.

Oft gehen Macchia und Phrygana ineinander über. Beides findet man an vielen Stellen auf den Nördlichen Sporaden. Der nördliche Teil von Alónnissos ist z.B. damit überzogen. Sehr schön sind die Dornkugelbüsche der Phrygana, die von der Straße Linariá – Chóra (auf Skýros) aus zu sehen sind.

Einfluß des Menschen

Aus der Macchia entsteht im Laufe der Zeit wieder Eichenwald, wenn die Pflanzen ungehindert wachsen können. Macchia und Phrygana eignen sich allerdings als Ziegenfutter, und auf den meisten griechischen Inseln wird durch die **Ziegenhaltung** verhindert, daß Steineichen- oder Kermeseichenwald entstehen kann.

Der Mensch greift schon lange Zeit in dieses natürliche Gleichgewicht ein, indem er nämlich manche Pflanzenarten nutzt und bevorzugt wachsen läßt, während er andere beseitigt. So sind auch die Aleppokiefernwälder auf Skíathos und Skópelos entstanden.

Kiefer und Pinie

Die **Aleppokiefern** kommen zwar hier als natürliche Vegetation vor, allerdings nicht als Monokultur. Diese wurde vom Menschen angelegt und macht die Wälder für Schädlinge und Waldbrände sehr anfällig. Für den Schiffsbau wurde Holz benötigt. Kiefern wachsen viel schneller als Eichen, aber sie brauchen etwas mehr Wasser. Heute wird den Kiefern auch Harz abgezapft, mit dem u.a. der Retsinawein geharzt wird. Dazu wird die Rinde der Bäume V-förmig angeritzt und das Harz wird in einem Gefäß darunter aufgefangen. Das blutende Harz duftet herrlich.

Die **schirmförmigen Pinien** sind zwar mit den Aleppokiefern verwandt, sie wachsen allerdings nur auf sandigem, feuchten Boden und sind daher seltener zu finden, so z.B. am Strand Koukounariés auf Skíathos.

Oliven- und Obstbäume

In trockeneren Gegenden legten die Bewohner **Olivenhaine** an, da Olivenbäume mit der sommerlichen Hitze und Trockenheit sehr gut zurecht kommen. Früher wurde auf den Inseln auch viel Wein angebaut, aber Feuer und Schädlinge zerstörten im Laufe der Jahre viele Reben. Heute werden mehr **Obstbäume** gepflanzt. Im Frühjahr verwandeln sich Olivenhaine und Obstgärten in **Blumenmeere.** Dort blühen dann Klatschmohn, gelbe Kronenwucherblumen, Habichtskraut und verschiedene Lattiche. Auch Königskerzen und rosa blühende wilde Malve wachsen unter den Bäumen. Olivenhaine gibt es auf Skíathos, Skópelos und Alónnissos. Obstbäume stehen insbesondere auf Skópelos zwischen Stáfilos und Chóra.

Auf dem Dorfplatz Weitere Bäume, die die Griechen gerne pflanzen sind **Zypressen, Platanen** und **Eukalyptus.** Zypressen sind häufig bei Kirchen oder Klöstern zu finden, während die schattenspendenden Platanen auf den Dorfplätzen stehen.

So üppig grün und bunt sich die Natur im Frühjahr auf den Sporaden auch zeigen mag, im September sieht die Welt ganz anders aus. Zwar strahlen auch dann noch die Kiefernwälder von Skópelos und Skíathos saftig grün – in den Olivenfeldern herrschen nun aber graugrüne und gelbbraune Farbtöne vor.

Tierwelt

Säugetiere Die trockene Vegetation und die Jagdlust der Menschen haben dazu geführt, daß außer **Mäusen, Ratten, Fledermäusen** und **Mardern** kaum wilde Säugetiere auf den Inseln leben. Auf Alónnissos wurden vor einigen Jahren **Igel** ausgesetzt. Sie haben dort kaum natürliche Feinde und vermehren sich stark. Zu ihrer Nahrung gehören aber u.a. auch die Eier von Vögeln, die am Boden brüten, und diese haben jetzt Mühe, sich auf der Insel zu behaupten. Auch **Kaninchen** hat man auf den Inseln ausgesetzt, und die **Ziegen,** die auf der Insel Gioúra verwildert leben, wurden ebenfalls vom Menschen dorthin gebracht. Biologen haben festgestellt, daß es sich um ganz normale Hausziegen und nicht um Wildziegen handelt. Auf der unbewohnten Insel Pipéri lebten noch bis 1990 **Zwergrinder,** die mittlerweile ausgestorben sind.

Insekten In Kiefernwäldern stellen die Griechen häufig Bienenkästen auf. Neben den vom Menschen gehaltenen **Hausbienen** leben auf den Sporaden aber auch **Wildbienen** und **Hornissen.** Überhaupt gibt es viele Insektenarten auf den Inseln. Besonders schön sind verschiedene **Schmetter-**

lingsarten, die man auf den Sporaden beobachten kann, wie z.B. den Schwalbenschwanz, den Segelfalter, den Braunen und den Schwarzen Bär oder das Taubenschwänzchen.

Reptilien

Auch zahlreiche Reptilien bevölkern die Inseln. Überall kriechen die bunt schillernden **Smaragdeidechsen** herum. Selbst **Riesensmaragdeidechsen,** die bis zu 45 cm lang werden können, sind keine Seltenheit. **Geckos** klettern an den Hauswänden entlang und sind manchmal sogar im Hotelzimmer anzutreffen. Auch **Schildkröten** kann der Wanderer oft beobachten. Außerdem leben auf den Sporaden verschiedene ungiftige **Natternarten,** wie z.B. die Ringelnatter. Die einzige giftige Schlange, die ockerfarbige **Sandviper** (die am Kopf vorne ein kleines Horn hat), kommt v.a. auf den unbewohnten Dio-Adelfi-Inseln, südlich von Alónnissos im Meeresnationalpark, vor.

Vögel

Auf den Inseln und um sie herum leben zahlreiche Vögel. In der Macchia und Phrygana brüten z.B. **Fasane** und **Rebhühner.**

Je nach Jahreszeit kann man aber unterschiedliche Vögel auf den Sporaden beobachten. Denn während manche Vögel ständig auf den Inseln leben, bewohnen einige **Zugvögel** dieses Gebiet nur im Winter, andere benutzen die Sporaden als Zwischenstop im Frühjahr und im Herbst und wieder andere Vögel, wie z.B. die **Eleonorfalken,** verbringen hier den Sommer und ziehen im Winter auf die Südhalbkugel der Erde.

Während der Urlaubersaison sind verschiedene **Schwalben-** und **Falkenarten, Lerchen, Mäusebussard, Habicht, Sperber, Sperlinge** oder **Grasmücken** zu beobachten. Etwas seltener tauchen auch **Adler** hier auf. Manchmal sind **Eulen** oder **Nachtigallen** zu hören.

Nicht zu übersehen und überhören sind natürlich die **Möwen.** Sie fliegen häufig mit den Schiffen mit, denn manchmal geraten Fische in

den Strudel der Schiffsschraube und werden dadurch an die Wasseroberfläche geschleudert. Dann können die Möwen leichte Beute machen. Die seltenste Möwenart ist die Korallenmöwe. Die zierlichen, knapp 40 cm großen Vögel brüten im Meeresnationalpark. Mit etwas Glück bekommt man auch mal einen **Kormoran** zu Gesicht.

Meerestiere Das Mittelmeer ist eines der Meere mit relativ hohem Salzgehalt. In der Ägäis enthält das Wasser 3,1-3,9 % Salz. Die Wassertemperaturen liegen in der Tiefe das ganze Jahr bei 13 °C, während sie an

Langsamer Weggefährte

der Wasseroberfläche je nach Jahreszeit zwischen 11 und 26°C schwanken. Manche Meeresbewohner sind recht flexibel, andere aber können nur unter genau diesen Bedingungen leben und sind nicht fähig sich anzupassen. Die **Artenvielfalt** in der Ägäis ist relativ hoch, obwohl die absolute Anzahl der Lebewesen im Wasser in den letzten Jahren stark abgenommen hat. Daß heute in der Ägäis so wenig Fische leben ist v.a. eine Folge der **Überfischung** der letzten Jahrzehnte. In den Gewässern rund um die Sporaden sind u.a. folgende Lebewesen zu finden:

Am Meeresboden wachsen in größerer Tiefe **Schwämme, Korallen** und **Seegraswiesen.** In diesen Seegraswiesen leben zahlreiche **Muscheln, Schnecken, Seeigel** und **Garnelen.**

In den Küstengewässern tummeln sich Schwärme von schwarzen **Mönchsfischen,** manchmal sind auch **Meerbarben, Meerbrassen,** verschiedene **Rochenarten, Seeteufel, Oktopusse** oder **Seepapageienfische** zu sehen. An Felsenküsten seien Schnorchler vor **Muränen** und dem giftigen **Roten Drachenkopf** gewarnt. Diese Tiere können, wie die **Rote Feuerqualle,** für den Menschen gefährlich werden.

Im offenen Meer leben **Schwertfische, Delphine, Thunfische** und auch kleinere **Haie.** Im Meeresnationalpark kommen **Mönchsrobben** und unechte **Karettschildkröten** vor.

Die meisten dieser Meeresbewohner bekommt man kaum zu Gesicht. Was wir allerdings auf den Sporaden schon oft gesehen haben, sind **Streifendelphine.** Delphine leben meist in Gruppen und haben vor Booten keine Scheu. Häufig schwimmen und springen sie um Fähren und Fischerboote herum. Es scheint fast, als wären die Boote für die Tiere ein lustiges Spielzeug – oft schwimmen sie kilometerlang neben ihnen her.

Umwelt- und Naturschutz

Abwasser

Griechen sind nicht gerade Vordenker, wenn es um Umwelt- und Naturschutz geht. Es fehlt oft an Dingen, die bei uns selbstverständlich sind. So hat Skópelos bis zum heutigen Tag keine Kläranlage. Die Abwässer fließen **ungeklärt ins Meer.** Da der Wind aber häufig aus nördlicher Richtung bläst, kam es in der Vergangenheit in Skópelos-Stadt nicht selten dazu, daß all das, was man dem Meer anvertraut hatte, in der Hoffnung es nie wieder zu sehen, plötzlich im Hafenbecken wieder auftauchte. Die Konsequenz war leider nicht, daß eine Kläranlage gebaut wurde, sondern daß jetzt das Abwasser an einer anderen Stelle ins Meer eingeleitet wird, so daß die Strömung die lästigen Hinterlassenschaften abtransportiert. Auf **Skíathos** dagegen hat man aus den Klagen der Urlauber die einzig richtige Konsequenz gezogen: Man baute eine **Kläranlage.**

Hausmüll

Ähnlich verhält es sich mit der Beseitigung von Hausmüll. Jahrelang war es üblich, den Müll zwar zu sammeln und abtransportieren zu lassen, aber die Müllfahrzeuge kippten Plastikflaschen, Blechdosen und was der Mensch sonst noch so alles loswerden will, an einer Steilküste **ins Meer.** Plastik ist jedoch bekanntlich sehr langlebig, und so kam es recht häufig vor, daß der Müll später wieder am Badestrand auftauchte. Daraus hat man jetzt folgende Schlüsse gezogen: Der Müll wird irgendwo **ins Grüne** gekippt und manchmal mit etwas Erde zugeschüttet.

Verantwortung

In Griechenland fühlt man sich für das eigene Areal – die Wohnung, das Haus – zuständig. Lange Zeit endete das Verantwortungsgefühl aber an der Haustür. In den letzten Jahren hat sich dieser Bereich zwar etwas erweitert, er reichte dann bis zur Dorfgrenze und zum Stadtstrand, aber alles, was sich außerhalb dieser Zone befand, war den meisten Griechen nach wie vor egal. Heute ist

FISCHEN IN DER ÄGÄIS

Wer ans Meer fährt und dort seinen Urlaub verbringt, erwartet meist auch, daß an der Küste frischer Fisch zu günstigen Preisen auf dem Teller landet. In Griechenland wird diese Erwartung allerdings oft enttäuscht. Jahrzehntelang wurde im Mittelmeer zu viel gefischt, und zwischenzeitlich ist es ein **fischarmes Meer** geworden. Griechenland muß Fisch importieren. Manchmal stammt der „frische Fisch" aus dem Atlantik.

Die Art und Weise, wie gefischt wird, hat auf das ökologische Gleichgewicht einen großen Einfluß. Unstrittig ist heute, daß **Dynamitfischerei** zu den übelsten Techniken der Fischerei gehört. Dabei wird alles Leben, auch Schwämme, Korallen und Seegras, um den Explosionsherd herum zerstört. Oft ist der Fang dadurch zerstückelt. Sinnvoll genutzt werden kann nur ein kleiner Teil der getöteten Tiere, der Rest wandert ins Fischmehl oder treibt als verfaulende Masse im Meer. Die Dynamitfischerei ist heute in ganz Griechenland verboten. Illegal wird sie aber immer wieder von uneinsichtigen Fischern betrieben.

Ebenfalls ein Problem stellt das Fischen mit **engmaschigen Schleppnetzen** dar. Dabei wird alles, was sich im Meer bewegt, zusammengetrieben. In kleinen Maschen verheddern sich auch Jungfische, und der Nachwuchs fehlt später im Meer. Dies ist einer der Gründe für die Fischarmut in der Ägäis heute. Schleppnetze werden aber auch oft zur tödlichen Falle für geschützte Tiere wie Robben, Delphine oder Schildkröten. Delphine sind, wie Robben, Säugetiere und haben keine Kiemen. Sie müssen also von Zeit zu Zeit an die Wasseroberfläche kommen, um zu atmen. Wenn sie sich in einem Netz verheddern und keine Luft tanken können, ertrinken sie. Diese Fangmethoden werden aber von Fischfangflotten nach wie vor auf allen Meeren ausgeübt, auch in der Ägäis. Die Boote, die auf diese Art und Weise fischen, werden **Gri-Gri-Boote** genannt.

Weit weniger Schaden wird nach der **althergebrachten Methode** mit den kleinen **Kaiki-Booten** beim Fischen verursacht: Die Maschen der Netze sind groß genug, damit die Jungfische wieder entkommen können, und es werden keine Ring- oder Schleppnetze eingesetzt, die alle Lebewesen aus einem Küsten-

manchmal zu erkennen, daß sich der Zuständigkeitsbereich auf die ganze Insel auszudehnen beginnt. **Der eingeschlagene Weg läßt hoffen!**

abschnitt „abschöpfen". Nach den alten, unrentablen Fischereimethoden kann man keine großen Renditen erzielen, aber den Inselfischern ist es trotzdem möglich, ihre Familien zu ernähren. Sie sind allerdings oft auf Zwischenhändler angewiesen, und die Fischer verdienen weit weniger als die Händler.

Auf Alónnissos haben die Fischer eine Handelskooperative gegründet, mit Erfolg. Man kann dort den günstigsten **Fisch essen.** Auch auf Skíathos und Skópelos wird Fisch aus der Umgebung angeboten, insbesondere auf Skíathos ist der gleiche Fisch allerdings viel teurer. Preisgünstig kann man auch am Hafen von Vólos Fisch essen. Dieser stammt dann allerdings von einem Gri-Gri-Boot, denn Vólos ist der Sitz einer größeren Fischereifangflotte. Diesen Booten ist es nicht erlaubt im Meeresnationalpark zu fischen.

025s Foto: vb

Alónnissos, Fischer in Kalamakia

Der Meeresnationalpark Nördliche Sporaden

Vor einigen Jahren drehte ein deutscher Biologe, der Alónnissos schon seit vielen Jahren kennt, einen Film über die vom Aussterben bedrohten Mönchsrobben fürs ZDF. Dann entstand 1981 an der Universität von Athen ein Arbeitskreis zur Erhaltung der Mönchsrobben. Schließlich formierte sich die **„Griechische Gesellschaft zur Erforschung und zum Schutz der Mönchsrobbe"** mit zahlenden Mitgliedern im In- und Ausland. Die Naturschützer hatten schnell erkannt, daß ein Schutz der Robben nur möglich ist, wenn die auf den umliegenden Inseln lebenden Fischer mit einbezogen werden. Ein größeres Problem ist nämlich, daß die Robben mit treuherzigem Blick den Fischern ihre Netze streitig machen. Jede Robbe frißt mehrere Kilo Fisch täglich.

Den Naturschützern gelang es 1986 in Zusammenarbeit mit der griechischen Regierung, eine **Schutzzone** einzurichten, in der es den größeren Fischerbooten der Fangflotten, die meist aus Athen, Vólos, Thessaloniki oder Kavalla stammen, verboten wurde zu fischen. Diese Boote betreiben das Fischen meist mit Schleppnetzen.

Im Laufe der Jahre bildete sich ein gutes Verhältnis zwischen den Naturschützern, den Fischern von Alónnissos und der Touristenbranche heraus. Die Touristenbranche wirbt heute mit Robbenfotos und preist einen **naturverbundenen Urlaub** an. Die Urlauberzahlen steigen ständig, so daß immer mehr Bewohner von Alónnissos Einnahmen aus dem Tourismus erzielen.

1991 gab es allerdings einen **Rückschlag** für das Naturschutzprojekt, denn die Fischereiflottenbesitzer setzten bei der griechischen Regierung durch, daß das Fangverbot, das gegen sie verhängt worden war, wieder aufgehoben wurde. Zwischenzeitlich hatten die Naturschützer aber neben der Unterstützung der Bewohner von Alónnissos auch zahlreiche Anhänger im Ausland gefunden, und es gelang schließlich 1992, das Gebiet zum **ersten Meeresnationalpark Griechenlands** zu erklären.

Der Meeresnationalpark hat mittlerweile einige wenige fest angestellte Mitarbeiter, die mit Schnellbooten das Einhalten der Schutzbestimmungen im Park überwachen sollen. Mit Hilfe von holländischen Forschern wurden auf Alónnissos einige Robbenbabys, die an verschiedenen Stellen Griechenlands ohne Muttertier aufgefunden worden waren, aufgezogen und wieder ins Meer entlassen. Im Meeresnationalpark soll aber nicht nur der **Lebensraum** für die Mönchsrobben erhalten bleiben. Es leben dort auch zahlreiche andere **seltene Tierarten** wie z.B. Habichtsadler, Korallenmöwen oder Eleonorfalken. Am Hafen von Patitíri auf Alónnissos gibt es ein kleines Museum mit Informationsstand.

Teilweise dürfen die unbewohnten Inseln im Nationalpark zum Schutz der dort lebenden Tiere **nicht betreten** werden. Wer einen Ausflug in den Nationalpark unternehmen möchten, sollte dies möglichst nicht auf eigenen Faust tun. Auch überzeugte Individualreisende tun gut daran, sich hier **einer Gruppe anzuschließen.** Besucher stören die Tiere immer, es bedeutet für sie aber weniger Streß, wenn einmal eine Gruppe vorbeikommt, als wenn jeder dieser Besucher einzeln anreist. Wer mit dem Boot die Sporadeninseln ergründen möchte, der sollte im Hafen von Patítiri den Informationsstand aufsuchen. Dort gibt man gerne Auskunft über die Spielregeln, die von Kapitänen im Nationalpark beachtet werden sollten.

026s Foto: vbFoto:

Staat und Gesellschaft

GESCHICHTE

Älteste Spuren

Die ältesten Spuren menschlicher Siedlungen auf den Sporaden wurden beim Kap Kokkinókastro auf Alónnissos entdeckt. Archäologen fanden dort Tierknochen aus der **Altsteinzeit,** aber auch Werkzeuge und Gefäße, die Menschen dort in der **Jungsteinzeit** hinterlassen haben. Eine Siedlung aus der **Bronzezeit** wurde auf Skýros entdeckt. Sie wird gerade ausgegraben.

Urvölker

Die Urbevölkerung in der Ägäis bestand aus Stämmen wie **Karer, Leleger** oder **Pelasger.** Um 2000 v. Chr. vermischte sich diese Urbevölkerung mit einwandernden **indogermanischen Stämmen** wie den Äoliern, Achäern oder den Ioniern.

Minoer und Mykener

Die **erste Hochkultur,** die sich in dieser Region entwickelte, war die minoische Kultur auf Kreta, die bald schon Einfluß auf weite Teile der Ägäis hatte. Etwas später übernahm dann Mykene die Vormachtstellung. Alónnissos und Skópelos waren zu dieser Zeit bereits besiedelt und standen unter dem Einfluß dieser mykenischen Kultur, wie Funde belegen. Aus jener Zeit stammt z.B. das Grab des *Stáfilos,* das auf Skópelos entdeckt wurde.

Ionier

Um 1200 v. Chr. kamen während der **ägäischen Völkerwanderung** Ionier auf die Sporaden. Skýros wurde um 1000 v. Chr. zu einer wohlhabenden Stadt, wie die im Museum ausgestellten Funde aus dieser Zeit belegen.

Vorhergehende Seite: Skíathos-Stadt

Skýros, Ausgrabungsstätte Palamári

027s Foto: vbFoto:

Staat und Gesellschaft

Stadtstaaten Um 800 v. Chr. kam es in Griechenland zu starken gesellschaftlichen Veränderungen, in deren Folge sich die griechischen Stadtstaaten herausbildeten. Einflußreiche Städte waren neben **Athen, Theben** und **Sparta** auch **Chalkída** und **Eretria** auf der Insel Euböa (heute Evvia) Unter ihrem Einfluß standen nun auch die Sporaden.

Perserkriege Als 546 v. Chr. das Lydische Reich auf dem Gebiet der Zentraltürkei zerbrach, rückten die Perser bis an die Küste Kleinasiens vor und versuchten, Griechenland zu erobern. Der Historiker *Herodot* erwähnt in seiner Beschreibung der Seeschlacht von Artemission auch Skíathos. Die Athener und die mit ihnen verbündeten griechischen Städte trafen mit ihrer Flotte 480 v. Chr. zwischen Skíathos und Evvia auf die Flotte des Perserkönigs *Xerxes*. Die **Seeschlacht** endete unentschieden, einen größeren Sieg konnte Athen erst 450 v. Chr. in der Seeschlacht von Salamis erreichen. Danach zogen die Perser sich zurück.

Athen Skópelos hatte während der Perserkriege keine der beiden Parteien unterstützt, während Skíathos den Athenern geholfen hatte. Athen war nun zur **Schutzmacht** gegen die Perser geworden. Die Inselstädte mußten Steuern an Athen bezahlen und bekamen dafür militärischen Schutz zugesagt. Skíathos war damals eine arme Insel und mußte nur wenig bezahlen. Dagegen wurden das reichere Skópelos und auch Alónnissos, das zu der Zeit als *Ikos* bekannt war, kräftig zur Kasse gebeten. Skýros hatte damals Athen unterstützt und wurde von Zahlungen befreit. Diese Steuervorteile machten die Insel bald wohlhabend.

Makedonien

In der Folgezeit kam es zwischen den griechischen Städten immer wieder zu Kriegen um die Vormachtstellung im ägäischen Raum. Das schwächte sie natürlich, und diese Schwäche nutzte **König Philipp II. von Makedonien** aus. Er eroberte weite Teile Nordgriechenlands, 338 v. Chr. auch Skíathos, Skópelos und Alónnissos. Sein Sohn *Alexander der Große* dehnte dann das Makedonische Reich weiter aus, er besiegte 333 v. Chr. die Perser und regierte bald ein riesiges Weltreich. *Alexander* starb jung, und nach seinem Tod zerfiel sein Reich in die Diadochenreiche.

Römisches Reich

Skíathos, Skópelos und Alónnissos wurden dann um 200 v. Chr. von den Römern erobert, Skýros folgte 168 v. Chr. Rom war den Griechen gegenüber teilweise **großzügig.** 42 v. Chr. schenkte *Marcus Antonius* Skíathos und Alónnissos den Athenern, *Kaiser Hadrian* erklärte 128 n. Chr. Skíathos sogar für unabhängig.

Die römischen Kaiser dieser Zeit waren dem Hellenismus mit all seinen Gottheiten sehr zugetan und bekämpften das neu aufkommende Christentum erbittert. Erst 313 n. Chr. wurde von *Kaiser*

Konstantin das Christentum als erlaubte Religion anerkannt. 347 n. Chr. wurde Skópelos zum **Bischofsitz,** aber 362 n. Chr. wurde der damalige *Bischof Rigínos,* der heute noch auf der Insel verehrt wird, von den Römern hingerichtet. Auch Skýros wurde schon im 4. Jh. Bischofsitz.

Byzantinisches Reich

Als 395 n. Chr. das Römische Reich in zwei Teile zerbrach, fiel Griechenland an das Oströmische oder auch Byzantinische Reich, dessen Hauptstadt das heutige Istanbul war (früher hieß die Stadt Konstantinopel, dann Byzanz).

Piraten

Ab dem 6. Jh. begannen Piraten in der Ägäis ihr Unwesen zu treiben. Sie mordeten, plünderten, verschleppten Menschen und wurden zu einer argen Last für die Zivilbevölkerung. Es erfolgten zwar immer wieder Militärschläge gegen die Seeräuber, aber das Byzantinische Reich wurde nicht mehr sicher vor ihnen. Das führte dazu, daß die Bewohner der Inseln ihre Siedlungen teilweise aufgaben, wie z.B. auf Skópelos, oder daß sie sich neue **Festungsstädte in den Bergen** bauten, wie z.B. auf Skíathos. Dort wurde die alte Hauptstadt

028s Foto: vbFoto:

verlassen, und die Bewohner zogen nach Kástro. Skýros-Stadt lag schon recht günstig und baute seine Festung weiter aus. Auch die alte Chóra von Alónnissos liegt strategisch sicher auf dem Berg. Die Menschen lebten in ständiger Bedrohung vom Meer zurückgezogen. Dafür ließen sich die Piraten auf einigen Sporadeninseln an der Küste nieder.

Venezianer Das Byzantinische Reich wurde immer schwächer, und **italienische Kaufleute** eroberten oder kauften einzelne Gebiete. Die Sporaden wurden 1204-1276 n. Chr. von Venezianern regiert. Dann folgte wieder eine Zeit unter byzantinischer Herrschaft. 1453-1538 n. Chr. zogen aber erneut die Venezianer ein.

Osmanen Während das Byzantinische Reich immer mehr zerfiel, übernahm das aufstrebende Osmanische Reich die Vormachtstellung im östlichen Mittelmeerraum. Die Osmanen waren Moslime und sind die Vorfahren der heutigen Türken.

1538 rückte der osmanische **Großadmiral Chaireddin Barbarossa** mit seinen Truppen auf den Sporaden ein. Die Osmanen hatten den Ex-Piraten *Hizir* zum *Großadmiral Barbarossa* aufsteigen lassen. Hizir stammte aus Lesvos und war der Sohn einer griechischen Popenwitwe und eines türkischen Besatzers, ein „Bastard" also. Seine Chancen in der damaligen Gesellschaft mit einer derartigen Abstammung waren nicht allzu rosig. Er baute eine Piratenflotte auf, die sich bei Gefahr nach Algier zurückzog und die in der Ägäis Angst und Schrecken verbreitete. Die Osmanen erkannten bald schon sein kriegerisches Organisationstalent, und da sie gefährliche Leute lieber in den eigenen Reihen als in denen des Gegners sahen, bekam Hizir im osmanischen Heer die Chance seines Lebens. Er verhalf den Türken zu vielen Siegen. Auch die Sporadeninseln mußten sich ihm geschlagen geben.

Unabhängigkeitskrieg

Die besiegten Griechen mußten sich nun also mit den neuen Herren im Land arrangieren. Als aber im 18. Jh. die **Willkür** der verwöhnten osmanischen Administration zunahm, begann es bei den Griechen zu brodeln. Der Widerstand formierte sich zunächst in abgelegenen Klöstern. Schließlich kam es zu **Revolten,** die von den Osmanen blutig niedergeschlagen wurden. Die Fronten verhärteten sich immer mehr, und die Osmanen rächten sich häufig in großen Massakern. Die Abscheu vor diesen Gemetzeln brachte den Griechen die notwendige Unterstützung im europäischen Ausland. Die Bewohner der Sporaden beteiligten sich rege am Widerstand gegen die Osmanen.

Es blieb nicht bei einzelnen Revolten, es kam zum Krieg. Der griechische **Unabhängigkeitskrieg** dauerte von 1821 bis 1830. Ab 1825 wurden die Griechen massiv von den Russen, den Engländern und von Frankreich unterstützt, und so gelang es, die Osmanen aus Teilen des Landes zu vertreiben.

Königreich Griechenland

England, das den Kriegsverlauf entscheidend beeinflußt hatte, setzte durch, daß es 1830 zur Gründung eines griechischen Königreiches kam. Der englische Wunschkandidat war **Otto von Bayern.** Er wurde also der erste griechische König, aber seine Residenzhauptstadt Athen war zu jener Zeit ein Provinznest. Die Sporaden und Evvia gehören schon seit 1830 zum griechischen Königreich. Aber das gegenüberliegende Pelion auf dem Festland war noch in türkischer Hand.

1878 kam es zu einem blutigen **Aufstand der Griechen im Pelion,** den die Besatzer niederschlugen. Die in Bedrängnis geratenen Anführer flohen nach Skíathos, das dadurch beinahe wieder zum Kriegsschauplatz geworden wäre. Die Engländer setzten schließlich durch, daß auch Thessalien zum griechischen Königreich kam.

Der Einfluß Englands war sogar so groß, daß der griechische König 1862, als er gegen das Interesse Englands handeln wollte, kurzerhand entmachtet wurde. Die Engländer wollten nun den *Prinzen Wilhelm von Dänemark* in diesem Amt sehen. Er wurde zu **Georg I. von Griechenland** ernannt. Seine Dynastie regierte mit Unterbrechungen bis 1975 das Land und erhebt auch heute noch Anspruch auf den Monarchentitel, obwohl 1975 die Monarchie per Volksentscheid abgeschafft wurde.

Balkankriege und Umsiedlung

Griechenland war auch am **Anfang des 20. Jh.** immer wieder in Kriegshandlungen gegen die Türken verstrickt, häufig unterstützt von Engländern und Franzosen. Der englische Dichter *Brooke,* der auf Skýros begraben liegt, starb 1915 auf einem Kriegsschiff der Engländer (allerdings nicht durch Kriegsgeschehen). Griechenland gewann auch häufig Gebiete hinzu, aber als *Atatürk* die Türkei regierte, versagten die alten Verbündeten ihre Unterstützung, denn der Westen wollte *Atatürk* nicht schwächen.

Die Griechen erlitten Anfang der 20er Jahre eine vernichtende Niederlage bei Smyrna (Izmir).

029s Foto: vbFoto:

Im Friedensvertrag wurde ein **Bevölkerungsaustausch** beschlossen. So mußten 500.000 Türken, die bisher im griechischen Königreich gelebt hatten, in die Türkei ziehen. Alle Griechen, die nicht zum Islam übertreten wollten und an der kleinasiatischen Küste lebten, mußten diese verlassen. Dabei handelte es sich um 1,5 Mio. Flüchtlinge. Die meisten dieser **Rembetika** ließen sich in Athen oder Thessaloniki nieder, einige wenige kamen auch auf die Sporaden. Die Inseln waren zu jener Zeit allerdings arm und boten Flüchtlingen kaum Möglichkeiten sich niederzulassen. Es kam zu großen Integrationsproblemen. Bis heute bekannt ist die Musik der Rembetika, die vom Schmerz über die verlorene Heimat und von ihrer trostlosen Lage handelt. In Skópelos-Stadt lebt der bekannte Rembetikasänger *Xintaris*.

Deutsche Besatzung

In den folgenden Jahren **wechselten die Regierungen** in Athen häufig. Das Land war arm und politisch instabil. In den 30er Jahren setzte sich **Metaxas** durch. Er ließ die Linken im Land verfolgen und inhaftierte sie, aber er weigerte sich 1940 mit *Mussolini* oder *Hitler* zusammenzuarbeiten.

Das nützte den Griechen aber nicht viel, denn nun rückten die Deutschen eben als ungebetene Gäste ins Land. Der **Widerstand** der Griechen organisierte sich in den abgelegenen Bergdörfern. Die Deutsche Wehrmacht rächte sich für diese Partisanenüberfälle oft durch Massaker an der Zivilbevölkerung. In vielen griechischen Dörfern stehen Denkmäler, die an diese Opfer erinnern. Auf Skíathos wird alljährlich am 14. September der Opfer eines griechischen U-Boots gedacht, das von den Deutschen damals versenkt wurde.

Auch **La Kaloyerina** ist noch Jahre nach ihrem Tod hoch angesehen. Sie lebte auf Skíathos und half dabei, alliierte Soldaten, die in Griechenland auf damals deutschem Territorium verloren gegangen waren, vom Pelion aus nach Skíathos zu bringen und sie dort zu verstecken. Die Flüchtlinge wurden zunächst in die Ruinen von Kástro gebracht. Ein weiteres Versteck lag auf der Insel Peristéra, unweit von Alónnissos. Anschließend führte man die Soldaten aufs türkische Festland, das damals nicht deutsch besetzt war, und so wurde ihnen die Rückkehr zu ihren Truppen ermöglicht. Den Deutschen war dieses illegale Treiben allerdings nicht entgangen. Sie machten mehrfach Razzien auf der Insel Peristéra, wurden dort aber nie fündig. Anders auf Skíathos: *La Kaloyerina* wurde entdeckt und inhaftiert. Sie überlebte aber den Krieg und wohnte bis zu ihrem Tod als alte Frau auf Skíathos. Dort ist sie heute noch eine Art Volksheldin.

Bürgerkrieg

Der Widerstand gegen die deutschen Besatzer hatte sich aus unterschiedlichen Ecken formiert. Die **EDES** war eine Widerstandsgruppe mit eher konservativen Mitgliedern, die die Vorkriegsordnung wieder einführen wollten, während sich in der **EAM** die Kommunisten zusammengeschlossen hatten. Letztere hatten in der griechischen Bevölkerung einen großen Rückhalt. Kaum war der gemeinsame Feind besiegt, zogen diese beiden Gruppen gegeneinander in den Krieg.

Mit massiver Hilfe aus England und Amerika, die die Kommunisten zu jener Zeit bekämpften so gut sie nur konnten, gewannen schließlich die konservativen Kräfte 1949 den griechischen Bürgerkrieg. Die **Wunden,** die dieser Krieg im Land geschlagen hat, sind bis heute **noch nicht verheilt.** Bis in die 60er Jahre wurde Griechenland von konservativen Kräften regiert. Die Linken wurden inhaftiert und auf abgelegene Inseln verbannt.

Militär-diktatur Als Mitte der 60er Jahre **Georg Papandreou** (der Großvater des heutigen Außenministers) die Wahlen gewann, kam es zu Spannungen mit dem zu jener Zeit sehr einflußreichen, konservativen Königshaus. Die Wahlen hätte *Papandreou* 1967 wohl wieder gewonnen, aber die gewählte Regierung wurde von einer Militärjunta weggeputscht.

General Papadopoulos regierte das Land mit eiserner Hand, alle vermeintlich Linken wurden in Arbeits- oder Folterlager gesteckt. Viele flüchteten ins Ausland. Eines jener Arbeitslager, in dem Frauen inhaftiert waren, befand sich auf der Insel Palio Trikeri unweit von Skíathos. Es wurde nach der Militärjuntazeit aufgelöst.

Die Militärjunta hatte sich zum Ziel gesetzt, einige Inseln zu **Touristenzentren** auszubauen. Skíathos gehörte auch zu diesen Orten. Es wurden damals die Grundlagen und die Infrastruktur für die Entwicklung als Touristenort gelegt.

Demokratie 1973 revoltierten die Studenten in Athen, aber erst nach dem Mißerfolg im Zypernkrieg war das Militär so sehr geschwächt, daß eine konservative Zivilregierung unter **Konstantin Karamanlis** (Onkel des heutigen Oppositionsführers) eine Chance bekam. *Karamanlis* führte das Land in die Demokratie zurück.

Per Volksentscheid wurde 1975 die Monarchie abgeschafft. Griechenland ist seither eine **republikanische Demokratie.**

Verwaltung

Griechenland ist in 13 Verwaltungsbezirke eingeteilt. Da das System aber **stark zentralistisch** angelegt ist, haben die einzelnen Provinzen wenig Eigenständigkeit. Die politischen Entscheidungen werden größtenteils in Athen gefällt. Auch der Provinzchef, der die von der Regierung zur Verfügung gestellten Gelder verwaltet, wird von der Regierung in Athen ernannt.

Die Inseln Skíathos, Skópelos und Alónnissos gehören zur **Provinz Magnesia** mit Provinzhauptstadt **Vólos,** während Skýros von **Chalkída, auf Evvia** verwaltet wird. Diese Zugehörigkeit zu verschiedenen Provinzen war auch der Ursprung der schlechten Verkehrsverbindungen zwischen Skýros und Alónnissos, denn mitten hindurch verläuft die „Landesgrenze".

Aktuelle Politik

1996 starb nach längerer Krankheit der regierende Ministerpräsident *Andreas Papandreou* (der Sohn von *Georg Papandreou*). Der Kampf um seine Nachfolge hatte schon zu seinen Lebzeiten begonnen, und *Kostas Simitis* übernahm schließlich die Ämter. Damit ging eine Ära in Griechenland zu Ende, die dieses Land über lange Jahre geprägt hat.

030s Foto: vbFoto:

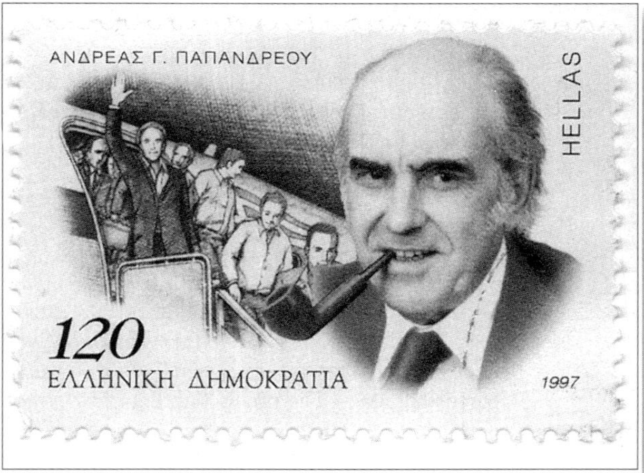

Die Volksparteien

Andreas Papandreou hatte nach der Militärdiktatur die linksgerichtete Partei **PASOK** gegründet. Sein Gegenspieler *Karamanlis* gründete damals die eher konservativ gerichtete Partei **Nea Demokratia.** Diese beiden großen Volksparteien stellten in den letzten 25 Jahren abwechselnd die Regierungen, ohne daß es bis Mitte der 90er Jahre große Veränderungen gegeben hätte.

Eines der Grundübel der griechischen Politik war nämlich die **Vetternwirtschaft,** die wirklich bis auf die Spitze getrieben wurde. Ein anderes Problem war und ist die **Korruption,** die es in Griechenland in allen Bereichen des täglichen Lebens gibt.

Von den beiden großen Parteien läßt keine etwas Gutes auf die andere kommen. Dabei haben beide aus der Distanz betrachtet viele Gemeinsamkeiten. Beide schafften es lange nicht, dem Land zu einer soliden finanziellen Grundlage zu verhelfen. Die **Inflationsrate** war hoch, die **Arbeitslosigkeit** ebenso. Die **EG-Gelder** wurden verschleudert und versickerten oft auf äußerst merkwürdige Art und Weise.

Das Sparprogramm von Simitis

Im Herbst 1996 wurde Kostas Simitis, der Nachfolger Papandreous, für die folgende Legislaturperiode zum Regierungschef gewählt. Simitis hatte den Griechen im Wahlkampf angekündigt, daß sie zu sparen lernen müßten. Vermutlich hing sein Wahlerfolg nicht mit seinem Programm, sondern mit seinem schwachen Gegenkandidaten von der Nea Demokratia zusammen. Als Simitis nun im Spätherbst 1996 begann, sein Sparprogramm zu

Andreas Papandreou

verwirklichen, **streikte halb Griechenland.** Aber Simitis blieb hart. Der kleine, unscheinbare Mann hat viel verändert in den letzten Jahren, sehr zum Positiven für die wirtschaftliche Entwicklung seines Landes.

Simitis hat ein von Andreas Papandreou ziemlich abgewirtschaftetes Land übernommen. In Sachen Währungsunion wollte er Griechenland auf Kurs trimmen, und wenn es ihm auch beim ersten Anlauf nicht gelang, die Stabilitätskriterien einzuhalten, so **verbesserte er die Wirtschaftsdaten** doch erheblich. Zu Papandreous Zeiten betrug die Inflationsrate im Jahr 1991 noch 19,5%, sie sank 1998 auf unter 5% und lag 1999 bereits bei rund 2,5%. Die Neuverschuldung des Haushalts betrug 1996 noch 8% des Bruttoinlandprodukts, 1998 lag sie bei 2,4%.

Hinter all diesen Zahlen stehen natürlich Sparmaßnahmen, die den Griechen ganz und gar nicht schmecken. Aber **Simitis Pläne gehen weiter:** Das Sozialversicherungssystem soll reformiert und die Staatsbetriebe privatisiert werden. 1997 begann Simitis eine Verwaltungsreform auf den Weg zu bringen, gegen die im September desselben Jahres heftig gestreikt wurde. Aber die Griechen mußten lernen, daß Streiks die Regierung nicht mehr zum Einlenken bringen.

Zum Musterland in Sachen Wirtschaft wird Griechenland trotzdem so schnell nicht werden, denn das Land schleppt noch immer einen riesigen **Schuldenberg** mit sich. Aber Simitis will Griechenland dazu verhelfen, in Zukunft nicht mehr als Schlußlicht Europas dazustehen, und er hat seine Regierungszeit in diesem Sinne bislang gut genutzt.

NATO-Mitglied

Griechenland ist Mitglied der NATO. Im **Kosovokonflikt** geriet die Regierung deswegen jedoch mächtig unter Druck. Die Regierung verhielt sich bündnistreu, während eine Umfrage im April 1999 ergab, daß 94,4% der Griechen US-Präsident *Clin-*

ton ablehnten, 63,3% aber hinter *Milosevic* standen und 25,5% sich sogar für einen baldigen Austritt Griechenlands aus der NATO aussprachen. In griechischen Zeitungen wurde im Frühjahr 1999 gar gefordert, Clinton vor das Kriegsverbrechertribunal in Den Haag zu stellen.

Aus der NATO auszutreten kann sich Griechenland nicht erlauben. Damit ginge es auf Distanz zur Europäischen Union und Konflikte mit der Türkei könnten leicht zur Eskalation führen. Das wissen die politisch Verantwortlichen im Land, aber die Bevölkerung machte sich darüber keine Gedanken und solidarisierte sich mit den Serben.

Wahlen

Der Krieg endete gerade noch rechtzeitig vor der **Europawahl 1999,** aber die PASOK, die Partei von Simitis, verlor die Wahl trotzdem, wenn auch lange nicht so hoch wie erwartet.

Im April 2000 fanden in Griechenland **Parlamentswahlen** statt, die Simitis knapp gewann. Er kann seine Politik nun also für die nächste Legislaturperiode fortsetzen.

Wirtschaft

Landwirtschaft

Griechenland war lange Jahre ein wirtschaftlich unterentwickeltes Gebiet. Der Agrarsektor spielte eine **wichtige Rolle**, aber die griechische Landwirtschaft ist nicht zu vergleichen mit beispielsweise der der Niederlande. Die griechischen Bauern sind **keine Großunternehmer,** sie können über die Eigenversorgung hinaus nicht einmal ganz den griechischen Markt versorgen.

Landflucht

In den 50er Jahren fand eine erste **Welle der Industrialisierung** in Griechenland statt, aber die Unternehmen ließen sich überwiegend in den wenigen **Großstädten** auf dem Festland nieder.

Das Problem, das sich daraus ergab, war die Landflucht. Zahlreiche Inselbewohner verließen ihre Heimat, weil sie sich auf den Inseln kaum ernähren konnten, und die Städte, v.a. Athen, wuchsen unkontrollierbar vor sich hin.

Die griechische Regierung mußte versuchen, dieser **Entwicklung etwas entgegenzuhalten** und setzte dabei auf die einzige sich bietende Branche - den Tourismus. Es wurde ein Ministerium gegründet, das fortan die Aufgabe hatte, sich um die Entwicklung des Tourismus auf den Inseln zu kümmern.

Auf den Sporaden

Auf allen vier Sporadeninseln gibt es so gut wie gar **keine Industrie.** Früher lebten die Bewohner von der Landwirtschaft, heute leben sie vom **Tourismus.** Gearbeitet wird im Sommer, es gibt keinen Ladenschluß. Nicht selten beträgt die tägliche Arbeitszeit für Leute, die in der Tourismusbranche arbeiten, dann 16 Stunden bei einer Sieben-Tage-Woche. In vier bis fünf Monaten wird das Geld fürs ganze Jahr verdient.

Tourismus

In manchen Gegenden Griechenlands wurde der Tourismus derart gefördert, daß sich **das Leben der Bewohner völlig verändert** hat. So wurden orthodoxe Fischer mit FKK-Stränden konfrontiert, Bauern trauten ihren Augen nicht, wenn das wertvolle Wasser im Schwimmbad und in der Dusche verschwand, und die junge Generation verkaufte geschäftstüchtig die Olivenfelder der Großeltern als Bauplätze für Hotelanlagen und vermietet heute Mofas oder betreibt Tavernen. Man kann verstehen, daß die Bewohner der Sporaden sich der einfacheren und besser bezahlten Arbeit im Tourismus gerne zuwenden.

Touristische Entwicklung

Skíathos war eine jener Inseln, die eine **Vorreiterrolle** in der touristischen Entwicklung der Region übernahmen. Der Flughafen wurde schon zu Zeiten der Militärdiktatur 1971 gebaut, und die Urlauberzahlen stiegen bis in die 90er Jahre ständig an. 1996 war jedoch für Griechenland ein **hartes Jahr,** denn der Tourismus brach ein. Während es in den 80er Jahren für Nordeuropäer sehr billig war, in Griechenland Urlaub zu machen, haben die Preise in den letzten Jahren während der HS deutsches Niveau erreicht. 1996 kam dann noch die Verunsicherung über den Grenzkonflikt mit der Türkei um die Insel Imia dazu, und die Urlauber blieben aus. Seither steigen die Besucherzahlen wieder, aber die Branche hat begriffen, daß ihrem Wachstum **Grenzen** gesetzt sind.

Die einzelnen Inseln

Skíathos ist nach wie vor die Sporadeninsel, die die meisten Touristen anlockt, aber auch **Skópelos** ist bei Urlaubern sehr beliebt. **Alónnissos** versucht in den letzten Jahren Anschluß an die Entwicklung der anderen beiden Inseln zu bekommen, und obwohl der Insel kulturelle Attraktionen fehlen, ist sie als Bade- und Wanderinsel bei Erholungssuchenden zusehends beliebt.

Die Entwicklung von **Skýros** verläuft dagegen ganz anders. Hier reisten in früheren Jahren mehr ausländische Urlauber an als heute. Skýros wurde von der EU so umfangreich mit Subventionen bedacht, daß man sich keine Mühe mehr gab, den Tourismus speziell zu fördern. Das griechische Militär hat sich vor einigen Jahren hier niedergelassen, und auch von dieser Seite besteht kein großes Interesse an steigenden Besucherzahlen, ganz im Gegenteil. Der Flughafen ist fest in militärischer Hand, für Zivilmaschinen ist es nicht gerade einfach, Landegenehmigungen zu erhalten. Auf Skýros machen jetzt mehrheitlich Athener Urlaub, der internationale Tourismus ist auf dem Rückzug.

Die Griechen: Tradition und Moderne

Die orthodoxe Kirche

Ursprünge Schon im 1. Jh. n. Chr. kam das **Christentum** durch den missionierenden *Apostel Paulus* nach Griechenland, das damals Teil des Römischen Reiches war. Um 1000 n. Chr. führte der bis dahin schwelende Streit der östlichen Gemeinden mit Rom zum Bruch. Die orthodoxe Kirche **spaltete sich** von der römisch-katholischen ab.

Ikonen in der orthodoxen Kirche

Kunstsammler schätzen sie, Gläubige beten sie an, und Touristen besichtigen sie. Oft versteht der Urlauber aber nicht, was an diesen teils perspektivisch schlecht gemalten Bildchen so besonderes dran sein soll.

Die **ältesten Ikonen,** die heute noch erhalten sind, stammen aus dem 4. Jh. n. Chr. und sind in ägyptischen Kirchen zu finden. In Griechenland wurden zahlreiche Ikonen während des Byzantinischen Reichs gemalt, es sind aber nur noch wenige aus dieser Zeit erhalten. Die meisten Stücke, die heute in Griechenland verehrt werden, stammen aus dem 17./18. Jh. oder sind noch jünger. Ikonen werden meist mit Mineralfarben auf Holz gemalt und erhalten dann einen Schutzüberzug aus gekochtem Leinöl.

In jeder orthodoxen Kirche finden sich Ikonen, und zumeist nicht nur eines, sondern zahlreicher Heiliger. Die Ikonenverehrung findet aber nicht nur in der Kirche statt, auch jeder griechische **Haushalt** hat seine Heiligenbilder daheim. Jeder Heilige ist für bestimmte Dinge zuständig. Der *Heilige Georg* ist z.B. Schutzpatron der Bauern, der *Heilige Nikolaus* ist Schutzpatron der Fischer.

Auf den Ikonen werden die Heiligen dargestellt. Dabei geht es nicht um die Abbildung einer Person. Der Maler einer Ikone ist kein Künstler, der sich selbst zum Ausdruck bringen will. Er wird nach orthodoxer Meinung göttlich inspiriert und ist daher in der Lage, ein Bild zu schaffen, das den **Geist des Heiligen** vergegenwärtigt. Die Ikonen bringen also für den Gläubigen den Heiligen näher. In der Ikone ist der Heilige anwesend.

Der Gläubige richtet Gebete an die Ikone, meist mit **Bitten** verbunden. Um den Bitten Nachdruck zu verleihen, kann man an der Ikone

Wesen der orthodoxen Kirche

Eine wichtige Rolle innerhalb der orthodoxen Gemeinden spielen die **Marienverehrung,** das Verehren unzähliger **Märtyrer** und das Anbeten von **Ikonen.** Im Gottesdienst werden die Gläubigen nicht wie bei den Katholiken oder Protestanten zu guter Lebensweise ermahnt. Es geht nur darum, die Heiligen und Gott zu lobpreisen. Daher ist es auch nicht verwerflich, wenn man nur kurz mal in der Kirche vorbeischaut und nicht die ganze Zeit dort bleibt, die der Gottesdienst andauert. Der Streit mit den Katholiken entzündete sich damals v.a. an der Frage, von wem der **Heilige Geist** ausgehe. Für die Orthodoxen geht dieser nur von Gott aus, während er für die Katholiken auch von Jesus ausgeht.

auch kleine Briefe oder Votivtäfelchen, die den Heiligen daran erinnern sollen, um was er gebeten wurde, befestigen. Manchen Ikonen wird eine Wunderwirkung nachgesagt, und Gläubige pilgern durchs ganze Land, um vor der Ikone zu beten.

Die Ikone wird vom Gläubigen geküßt. Dabei gilt der **Kuß** dem Heiligen und nicht dem Bild. Auch die Blumen und der Basilikum, mit denen man die Ikone schmückt, sind ein **Geschenk** an den Heiligen und sind nicht als Verzierung eines Bildes gedacht. Unterhalb der Ikone wird meist eine Opferkerze entzündet, als Symbol für das ewige Leben.

Jeder Heilige wird mit bestimmten **Symbolen** dargestellt. Der *Heilige Georg* tritt immer hoch zu Roß als Drachentöter auf, der *Heilige Dimitrios* bekämpft meist vom Pferd aus den Teufel, der am Boden liegt, die *Heilige Paraskevi* ist für Augenkrankheiten zuständig und hält meist ein Augenpaar in einer Schüssel vor sich.

Die Darstellungen der orthodoxen Kirche sind symbolische Malereien, und eine **kunstgeschichtliche Weiterentwicklung** ist kein Thema. Die Figuren schweben in der Landschaft, die Perspektiven sind verzerrt, Flächen werden meist durch Striche und nicht durch Schattierungen getrennt, Farbmischungen sind eher selten. Manchmal werden die Ikonen auch mit Silber überzogen und nur das Gesicht des alten Bildes bleibt sichtbar.

In jeder orthodoxen Kirche befindet sich eine Altarwand, die **Ikonostase,** in Griechenland auch *Templon* genannt. In der Wand befindet sich eine Tür und der Altar ist hinter der Wand, für den Gläubigen verborgen. Hinter die Altarwand dürfen nur Pfarrer und Mönche, alle anderen Gläubigen (und Ungläubigen) haben normalerweise keinen Zutritt. Große Ikonostasen haben einen festen Aufbau. Neben der Tür hängen *Christus* und *Maria,* rechts außen hängt eine Ikone von *Johannes* und links außen hängt die Ikone des Heiligen, dem die Kirche geweiht ist.

Feste

Das wichtigste Fest in Griechenland ist das **Osterfest,** das nach dem orthodoxen Kalender nicht zeitgleich mit unserem Osterfest gefeiert wird. Neben **Weihnachten,** das auch zentrale Bedeutung hat, werden noch zahlreiche andere kirchliche Feste begangen. Im familiären Bereich wird nicht nur der Geburtstag, sondern v.a. der Namenstag gefeiert.

Kirchliche Positionen

Die orthodoxe Kirche ist **streng hierarchisch** aufgebaut. Priester und Diakone müssen sich vor ihrer Weihe entschließen: Entweder sie heiraten, oder sie werden Mönch. Die meisten entschließen sich aber für die Ehe und gründen eine

031s Foto: vbFoto:

Familie. Mönche und Bischöfe dürfen nicht heiraten. Die Bischöfe, die alle gleichrangig sind, wählen ihr Oberhaupt, den Erzbischof von Athen. Die Kirchenoberen mischten ganz kräftig mit in der Politik dieses Jahrhunderts. Jeder Regierungswechsel wird bis heute durch eine Messe begleitet.

Politischer Einfluß

Politik hat in der griechischen Kirche eine **lange Tradition,** denn als Griechenland noch Teil des Osmanischen Reiches war, hatten die Türken ihr Sonderrechte eingeräumt. Den Kirchenoberen ging es materiell gut, ihr Einfluß auf das Volk war groß, und fremden Einflüssen wurde das Volk nicht ausgesetzt, so daß die Kirchenoberen um ihre Zukunft nicht bangen mußten.

Die Kirche nutzte ihre starke Stellung aber auch, um das griechische Nationalbewußtsein zu stärken und um das kulturelle Erbe zu pflegen. Daher ging die Rechnung der Türken nicht ganz auf, denn der **Widerstand** begann sich in abgelegenen Klöstern zu formieren, und als die Türken begannen, die Klöster anzugreifen, nutzte die Kirche ihre starke Stellung und rief das Volk zum Kampf auf.

Die **Entflechtung von Kirche und Staat** begann spät und ist noch nicht ganz perfekt. So war es bis 1982 nicht möglich, nur standesamtlich und nicht kirchlich zu heiraten. Die PASOK-Regierung hat zu dieser Zeit einige Gesetze gegen den Widerstand der Kirche verabschiedet und deren weltlichen Einfluß deutlich vermindert.

Heiligenschrein auf Alónnissos

Kirche und Gesellschaft

Kirchenaustritte sind aber nach wie vor **selten.** Über 95% der Bevölkerung gehören der orthodoxen Kirche an. Kirchensteuer muß in Griechenland nicht bezahlt werden.

In vielen Gemeinden sitzt der **Pope** (also der Pfarrer, auf griechisch nennt man ihn *Papás)* abends zum Tavlispielen im Cafenion und wacht bei Klatsch und Tratsch über die Moral seiner Schäfchen. Obwohl die Herren in ihren langen, schwarzen Gewändern und mit ihrem hochgesteckten Zopf überall respektvoll behandelt werden, nimmt ihr Einfluß auf das alltägliche Leben mehr und mehr ab.

Das bedeutet aber nicht, daß man die kirchlichen Feiertage nicht mehr feiert oder daß in den Kirchen keine Kerzen und kein Weihrauch mehr entzündet werden. In jedem Haus steht nach wie vor die geschmückte Ikone und das Öllämpchen, auch wenn es um die Jungfräulichkeit des unverlobten Töchterchens nicht immer ganz so gut bestellt ist wie in früheren Jahren.

Sitten und Gebräuche

Feiern

Die meisten Griechen mögen es, viele Menschen um sich zu haben. Ein willkommener Anlaß dafür sind Feste. Diese haben oft kirchlichen Ursprung wie z.B. Taufen, Namenstage, Verlobungen, Hochzeiten, Ostern und Weihnachten oder das regionale Kirchenfest. Zu großen Festen, wie Hochzeiten, wird **das halbe Dorf eingeladen.** Nach einem größeren Festschmaus beginnt dann die ganze Gesellschaft zu tanzen, stundenlang. Jeder, der sich auf den Beinen halten kann, hüpft mit. Die sorgfältige Garderobe wird im Laufe eines solchen Abends etwas in Mitleidenschaft gezogen. Die Kinder werden nicht wie in unseren Breiten um acht oder neun Uhr ins Bett gesteckt. Sie hüpfen so lange mit, bis sie genug haben und dann in irgendeinem Eckchen einschlafen.

032s Foto: vbFoto:

Staat und Gesellschaft

Karneval

Auf **Skýros** wird der Karneval nach wie vor nach altem Brauch gefeiert. Der ursprüngliche Gedanke war, ähnlich wie bei uns, die Dämonen des Winters zu vertreiben. Die Kirche übernahm in diesem eigentlich heidnisch-vorchristlichen Brauch aber im Laufe der Zeit eine zentrale Rolle. So ziehen die Maskierten durch die Gassen von Skýros hoch zum Kloster Ag. Geórgios. Dort klettern sie aufs Kirchendach und läuten die Kirchenglocken. Danach ziehen sie in einer Art Triumphzug durch das Dorf hinunter auf den Platz und feiern dort den Beginn des Frühjahrs.

Ostern

Auch das Osterfest wird fast überall in Griechenland noch nach altem Brauch gefeiert. Am Ostersamstag geht man **mit einer Kerze am späten Abend zur Kirche.** Der Gottesdienst beginnt um 23 Uhr. Kurz vor Mitternacht werden alle Lichter

Griechen beim Tanz

in der Kirche gelöscht. Christus steht nun für die Gläubigen an der Schwelle zum Totenreich. Dann tritt der Pope mit einer brennenden Kerze aus dem Altarraum durch die Hauptpforte der Altarwand in die dunkle Kirche. Die Kirchenbesucher entzünden ihre Kerzen an der des Popen und nehmen das **Licht des Lebens** mit nach Hause für den Hausaltar. *Christós anésti,* „Christus ist auferstanden", ist die Botschaft. Zuhause schlagen sie dann rot bemalte **Ostereier** aneinander. Die heidnischen Fruchtbarkeitssymbole stehen nach orthodoxem Glauben für das Blutopfer Christi, durch das der Mensch das ewige Leben erhalten hat.

Weihnachten

An Weihnachten war es früher üblich, die **Boote zu schmücken.** Heute wird meist in der Wohnung ein **Christbaum** aufgestellt. Die Kinder ziehen am Vorabend von Tür zu Tür und singen **Lieder,** ähnlich wie dies in Süddeutschland am Dreikönigsfest Brauch ist.

Silvester, Neujahr

Silvester ißt man den **Vasilópita,** den Vasílis-Kuchen, in den eine Münze eingebacken wird, die dem Finder im folgenden Jahr Glück bringen soll. Der Kuchen wird folgendermaßen aufgeteilt: Das erste Stück ist für den *Heiligen Vasílis,* dann werden Stücke abgeschnitten für Mitglieder der Familie, die nicht anwesend sind, und erst dann wird der Kuchen unter den Anwesenden aufgeteilt. Den Neujahrsabend feiert die **Familie traditionell zusammen.** Die Kinder erwarten den Ag. Vasílis, der sie beschenkt.

Taufen

Auch Taufen werden nach zeremoniellen Bräuchen gefeiert. Die Kinder werden einer **Ganzkörpertaufe** unterzogen und mit **geweihtem Öl** eingerieben, meist ganz und gar nicht zur Freude der Kleinen.

Heutzutage wird das Ganze **auf Video** festgehalten. Die Gesellschaft hat sich in den letzten dreißig Jahren eben stark gewandelt und der moderne Grieche lebt heute ganz anders als seine Großeltern damals. Viele alte Bräuche und Sitten sind auf dem Rückzug.

Gestern und heute

Politisieren Griechen machen viel Lärm um nichts. Beim Politisieren schlagen die Herzen höher, und es kommt leicht zum Streit. Toleranz gegenüber Andersdenkenden ist eine nordeuropäische Erfindung. So kommt es auch, daß man vielerorts das Cafenion nach der **Parteizugehörigkeit** aussucht, denn damit wird Streit vermieden.

Gastfreundschaft Traditionell sind die Griechen ein sehr **gastfreundliches Volk,** und Gastfreundlichkeit ist auch immer noch ein zentrales Thema in der griechischen Gesellschaft. Sie hat allerdings nicht immer etwas mit offener Herzlichkeit zu tun, sondern ist vielmehr eine Pflicht, der man sich nicht entziehen kann. An manchen Plätzen trifft man immer noch Menschen, die einen einfach zu einem Kaffee mit nach Hause nehmen, um ein bißchen zu reden. **In den Touristenzentren** kann man jedoch mitunter bemerken, daß Griechen zwar oft fröhliche, lebenslustige Menschen sind, die sich aber auch einem guten **Geschäft** nicht verschließen, und die Fröhlichkeit stößt im Business nun mal häufig an ihre Grenzen. Nicht zuletzt dadurch, daß viele Griechen als Gastarbeiter die nordeuropäische Gastfreundschaft als weniger großzügig kennengelernt haben, wurde manch einer davon überzeugt, daß es auch anders geht.

Ehe und Moral Der griechische Mann hat im allgemeinen ein gut ausgeprägtes Selbstbewußtsein und übt sich häufig im **Imponiergehabe.** Das sollte aber nicht darüber hinwegtäuschen, daß in vielen Familien die **Mama das Sagen hat.**

Die Kirche hat in der griechischen Gesellschaft noch einen anderen Stellenwert als bei uns. Früher

033s Foto: vbFoto:

war es üblich, daß der Mann **Erfahrungen sammeln** sollte, bevor er sich „ewig bindet“, die Frau sollte aber **jungfräulich in die Ehe** kommen. Letzteres scheint sich in den letzten Jahren zu verändern, aber frau tut meistens wenigstens so, als ob.

Bis vor wenigen Jahren kam es häufig vor, daß männliche **Urlauber,** die sich an junge Griechinnen ranmachten, mit dem großen Bruder, dem Vetter, dem Papa, dem Onkel oder sonst einem Wach-Wau-Wau unangenehme Bekanntschaften machten. Urlauberinnen hingegen, die zu verstehen gaben, daß sie männliche Aufmerksamkeiten suchten, mußten nicht lange warten, bis einer anbiß. Ein *Kamaki,* ein **„Schürzenjäger“,** wird auch heute noch als „ganzer Kerl“ angesehen.

Heutzutage verteilt sich die Aufmerksamkeit der griechischen Männer etwas stärker, denn **Grie-**

chinnen sind **nicht mehr tabu.** Wenn man Zeitungsberichten glauben darf, so ist es nach wie vor gang und gäbe, daß griechische Männer außerehelich Kontakte suchen, manchmal sogar mit Billigung der Ehefrau.

Die griechischen Zeitungen berichten auch, daß Kondome bei Griechen sehr unbeliebt sind und daß **AIDS** sich in den letzten Jahren weiter verbreitet hat, was in anderen europäischen Ländern nicht der Fall zu sein scheint. Hoch ist auch die Zahl der **Schwangerschaftsabbrüche,** sie soll bei 200.000-300.000 pro Jahr liegen, bei einer Bevölkerung von gerade mal 10,5 Mio. Menschen.

Einerseits ist die Gesellschaft ziemlich **prüde,** während andererseits jede **Diskretion** und **Moral** fehlt. So werden Nacktbader meist als öffentliches Ärgernis betrachtet, während Ehebruch häufig toleriert wird.

Die Frau in der Gesellschaft

Rechte

Griechische Frauen haben erst seit 1952 das **Wahlrecht,** vorher war Politik reine Männersache. Die Regierung von *Andreas Papandreou* änderte manches, gegen den erbitterten Widerstand der orthodoxen **Kirche,** denn dort haben Frauen einen schlechten Stand. Unter Andreas Papandreou wurde *Melina Merkouri* sogar Kulturministerin. Das **Familienrecht** wurde 1982 von Papandreou reformiert. Vorher waren **Scheidungen** unmöglich. Von juristischer Gleichstellung von Mann und Frau konnte keine Rede sein. Die Frau hatte die Pflicht, eine **Mitgift** in die Ehe zu bringen, und der Mann hatte das Recht und die Pflicht die **Kinder** zu erziehen. Den Frauen gehörte also meist das **Haus** und der Hausrat, dem Mann das verdiente **Einkommen.**

Mitgift

In Griechenland ist der Mann das Oberhaupt der Familie, zumindest nach außen hin. Oft regiert aber hinter den Kulissen die Dame des Hauses.

Traditionell wurden in Griechenland die **Ehen verkuppelt.** Der Verkuppler handelte die Mitgift aus. Es ist aber schon seit vielen Jahren üblich, daß die jungen Griechen und Griechinnen sich ihre **Partner selbst aussuchen**.

Eine Tochter reicher Eltern, deren Mann eine gute Partie gemacht hatte und der in der **sozialen Hierarchie** durch die Heirat aufgestiegen war, hatte meist die Fäden in der Hand, und der Mann hatte, sobald er die Wohnungstür überschritt, nicht mehr viel zu melden. Umgekehrt mußte sich eine Frau ihrem Mann völlig unterwerfen, wenn sie ihm finanziell nichts bieten konnte. Sie mußte sogar froh sein, überhaupt einen Mann abbekommen zu haben. Töchter ärmerer Familien landeten häufig im **Kloster,** ob sie wollten oder nicht. Sie hatten keine andere Wahl.

Die Gesetze wurden zwar verändert, aber bis in die heutige Zeit spielen **finanzielle Aspekte** bei der Partnersuche eine große Rolle. Es ist nach wie vor üblich, den Töchtern etwas in die Ehe mitzugeben, wenn dies nur irgendwie möglich ist.

Bildung, Beruf, Familie

In Griechenlands **Großstädten** hat sich die Gesellschaft in den letzten Jahren teilweise verändert. Lange Jahre war es für Frauen kaum möglich, eine gute Stellung im Berufsleben zu bekommen. Heute werden die Hälfte aller **Hochschuldiplome** an Frauen überreicht. Junge Frauen mit guter Ausbildung stehen nun auch finanziell unabhängig im **Berufsleben.** Dennoch werden fast alle Spitzenpositionen von Männern gehalten. Frauen heiraten, bekommen Kinder und scheiden dann meist aus dem Berufsleben aus, bevor sie Karriere machen können. Beruf und Familie unter einen Hut zu bringen funktioniert in Griechenland noch schlechter als in unseren Breiten. **Kinderbetreuung** ist einzig und alleine dann möglich, wenn die Großmutter lenkend in die junge Familie eingreift, denn kein Grieche, der etwas auf sich hält, wird Hausmann. Und eine Schwiegermutter, die zu

Hause den Ton angibt, macht die Lage auch nicht gerade einfacher. In den letzten Jahren haben einige Frauen in der Politik Karriere gemacht, in der Wirtschaft haben Frauen aber nach wie vor wenig Einfluß.

Schulkinder auf Skópelos

035s Foto: vbFoto:

Athen auf der Durchreise

ÜBERBLICK

Geschichte

Die griechische Hauptstadt ist eine Stadt mit Geschichte. In antiker Zeit war sie sowohl **geistiges** als auch **religiöses Zentrum.** Als sich aber im Römischen Reich die christliche Religion durchsetzte, begann der Niedergang Athens. 529 n. Chr. verbot der römische Kaiser *Justinian* alle nichtchristlichen Lehren und ließ die Akademie der Stadt schließen. Der Einfluß Athens ging daraufhin immer weiter zurück, bis die Stadt schließlich im Byzantinischen Reich in der **Bedeutungslosigkeit** verschwand. Der Kreuzzug 1205 endete dann damit, daß Athen immerhin für mehrere Jahre **Hauptstadt** eines italienischen Herzogtums wurde, bevor 1458 die Türken kamen. Während der osmanischen Herrschaft in Griechenland verkam Athen für lange Zeit zu einem **Bauerndorf.**

Auf Drängen Englands wurde die Stadt dann 1834 Hauptstadt des neugegründeten Griechischen Königreichs. Damals hatte die **Residenzstadt** von *König Otto von Bayern* gerade 4000 Einwohner. Der König und seine Gemahlin *Amalia* sorgten dafür, daß ihre Residenzstadt im klassizistischen Stil erweitert wurde. Aber schon im 19. Jh. kamen die **Stadtplanungen** der realen Entwicklung der Stadt nicht hinterher. In den folgenden Jahren ließen sich zahlreiche neue Bewohner am Stadtrand nieder, v.a. arme Bevölkerungsgruppen aus den ländlichen Regionen wanderten in die Stadt ein. 1860 hatten die Stadtplaner eine Stadt für 50.000 Einwohner entworfen, aber bis die Pläne realisiert werden konnten, hatte Athen schon beinahe doppelt so viele Bewohner. Völlig außer Kontrolle geriet die Entwicklung dann 1922, als sich 300.000 Rembetika, Flüchtlinge aus

Vorhergehende Seite: Die Akropolis

Kleinasien, in Athen niederließen. Die Slums, die sich in der Folgezeit am Rande der Stadt bildeten, boten viel **sozialen Zündstoff.**

Stadtbild Diese geschichtliche Entwicklung erklärt, daß der Stadt mittelalterliche Sehenswürdigkeiten fehlen. Außerdem führten die rasant fortschreitenden Veränderungen im 19. und 20. Jh. dazu, daß auch aus den letzten 200 Jahren nur noch sehr wenige Gebäude erhalten sind. Das Stadtbild wird geprägt von **Betongebäuden der neueren Zeit.**

Kulturell bietet Athen viel. Sehenswert sind neben **antiken Tempelanlagen** v.a. die **Museen.**

Bedenken sollte man bei einem Besuch im Sommer allerdings, daß es zu dieser Jahreszeit sehr heiß werden kann. Die Stadt ist hektisch und der **Verkehr** chaotisch. Es gibt **kaum Parks** oder Grünanlagen, und die Luft ist schlecht.

Immerhin ist die **Kriminalitätsrate** niedriger als in anderen Großstädten, und die **Menschen** sind überwiegend freundlich und hilfsbereit.

Auch wenn Athen nicht die Atmosphäre von Rom oder Paris bietet, so ist die griechische Hauptstadt dennoch **einen Besuch wert.** Wer über Athen anreist, der sollte sich auch ein bis zwei Tage Zeit zum Kennenlernen der Stadt nehmen.

Ein kleiner Rundgang

Orientierung Das **Zentrum** Athens liegt um die Metrostation Omonia herum, die Altstadt **Plaka** ist allerdings besser von der Station Monasteraki aus zu erreichen. Der erste Gang in Athen sollte ins staatliche **Touristenbüro EOT** am Sintagmaplatz führen (Mo-Fr 9-19, Sa 9-14 Uhr). Hier erhält man einen kostenlosen Stadtplan, und die freundlichen Damen und Herren versuchen, alle Fragen der Reisenden zu beantworten.

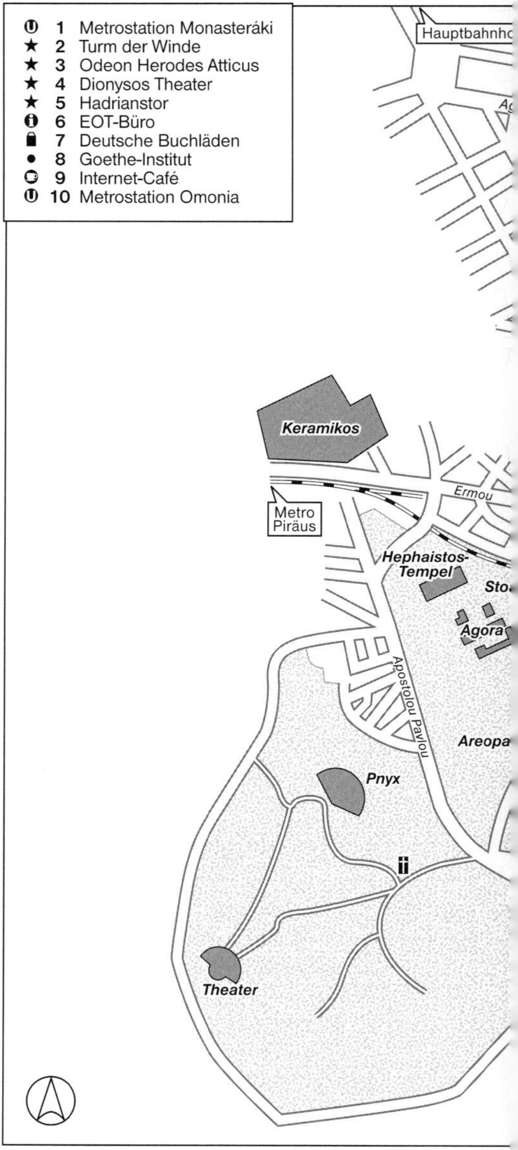
1 Metrostation Monasteráki
2 Turm der Winde
3 Odeon Herodes Atticus
4 Dionysos Theater
5 Hadrianstor
6 EOT-Büro
7 Deutsche Buchläden
8 Goethe-Institut
9 Internet-Café
10 Metrostation Omonia
Keramikos
Ermou
Metro Piräus
Hephaistos-Tempel
Agora
Apostolou Pavlou
Pnyx
Theater

Athen-Plaka
Metro Kifissa
National-Museum
Lykavitos
Omonia
Tsaldari
Ermou
Eolou
Stadiou
El. Venizelou
Omirou
Amerikis
Kriezotou
Mitropoleos
Pandrossou
Apolonos
Patrou
Nikis
Filelinon
Sintagma
Kodrou
Amalias
NATIONAL-GARTEN
Akropolis
Zapio
Vassilissis Olgas
Zeus-Tempel
Dionissiou Areopagitou
Hatzihpistou
Ath. Diakou
10
2
3
4
5
6
7
9

Altstadt: Mitropolis – Pnyx

Der Rundgang durch Athen beginnt an der **Metrostation Monasteraki.** Auf dem Platz wird seit Jahren gebaut. Wenn Sie die Metrostation verlassen, halten Sie sich rechts. Zwischen den Tavernen zweigt die Odos Mitropoleos ab. Hier treffen Sie auf die Hauptkirche der Stadt, die **Mitropolis.** Folgt man nun der Odos Pandrossou, gelangt man zum **Flohmarkt** von Athen, der eigentlich eine Ansammlung von zahlreichen Souvenirgeschäften ist. Am unteren Ende des Flohmarkts, bei der Kirche Ag. Filipos, erreichen Sie den Eingang zum **Hephaistos-Tempel,** dem am besten erhaltenen Tempel des antiken Griechenlands. Er wurde als dorischer Bau um 440 v. Chr. erbaut. Gleich daneben liegen die Reste des antiken Marktplatzes, der **Agora,** sowie das **Agoramuseum,** das in der **Stoa Attalos** untergebracht ist (Öffnungszeiten von Tempel, Agora und Museum Di-So 8-14.30 Uhr, Eintritt 7,50 DM).

Nach einem Abstecher zum antiken **Friedhof Keramikos** (geöffnet Di-So 8-14.30 Uhr, Eintritt 3 DM) können Sie in der Plaka den **Turm der Winde** aufsuchen. Er liegt am südlichen Ende der Eolou. Der achteckige gut erhaltene Marmorbau aus dem 1. Jh. v. Chr. ist außen mit dem Relief der Windgötter verziert. Er enthielt in der Antike eine Wasseruhr und wird daher auch „Horologion des Andronikos von Kyrrhos" genannt. Danach geht's durch eine der schönen Gassen hoch zur Akropolis. Unweit des Eingangs liegt der **Aeropag,** ein Felsen, von dem aus sich zahlreiche Urlauber abends den Sonnenuntergang ansehen.

Die **antike Stadtmauer** zog sich zum benachbarten Filopapouhügel hoch. Dort oben ist es schon viel ruhiger, und man hat von hier aus einen schönen Blick auf die Akropolis. Am Hang liegt **Pnyx,** ein Ort, an dem die Volksversammlung der alten Athener stattfand, nachdem die Agora zu eng geworden war. Hier werden regelmäßig Kulturveranstaltungen abgehalten.

Akropolis

Sie erreichen nun den Eingang zur Akropolis (geöffnet tägl. 8-19 Uhr, Eintritt 13 DM). Seit Jahren stehen an Athens Hauptattraktion immer irgendwo Gerüste herum, ohne daß sich die Anlage dadurch groß verändert. *Nephos,* die „Smogwolke", hinterläßt hier oben ihre Spuren und frißt sich in die alten Steine ein. Die **schwefelhaltigen Abgase,** aus denen *Nephos* teilweise besteht, bilden mit dem Regen zusammen eine ätzende Brühe, die den Stein zerstört. Also werden, Stück für Stück, die alten Skulpturen in Museumsräumen untergebracht, während open air nur noch Kopien aus säurefestem Kunststein zurückbleiben.

Das ist wohl auch die beste Möglichkeit, den **kulturbeflissenen Langfingern** das Handwerk zu legen. Denn nicht wenig Schaden wurde hier oben im Laufe der Jahre auch dadurch angerichtet, daß sich mancher Besucher „einen kleinen Stein zur Erinnerung" einsteckte. Bei den enormen Besucherzahlen verschwanden ganze Berge antiken Gesteins auf diese Art. Die Griechen wußten sich nicht anders zu helfen, als hohe Strafen auszusetzen. Wer beim „Souvenirtransport" erwischt wird, kann sogar im Gefängnis landen.

Auf der Akropolis lebten schon im 3. Jahrtausend v. Chr. Menschen. Die Mauer der Anlage wurde bereits um 1250 v. Chr. gebaut. In dieser Zeit dominierte die mykenische Kultur in Athen, und die Akropolis war **Sitz eines Königs.** Später zogen die Menschen aber vom Hügel hinunter und überließen den **Göttern** den Berg. 580 v. Chr. wurde hier oben ein Athene-Tempel gebaut, den Perserkönig *Xerxes* 480 v. Chr. zerstörte, als er mit seinen Truppen die Stadt plünderte. Athen kam dann erneut zu Reichtum, nachdem es siegreich aus den Perserkriegen hervorgegangen war. In den folgenden Jahren wurde nicht nur die Stadt befestigt und wiederaufgebaut, es wurden auch zahlreiche neue Tempel errichtet.

Wenn Sie die Akropolis durch das Beulétor betreten, liegt rechterhand der **Nike-Tempel.** Er wur-

036s Foto: vbFoto:

de im 5. Jh. v. Chr. erbaut. Die Originalreliefs liegen aber in englischen Museen, was hier zu sehen ist, sind Kopien. Auf dem Weg nach oben kommen Sie durch die **Propyläen,** die Vorhallen der Tempelgebäude, ebenfalls im 5. Jh. v. Chr. erbaut und 1909 restauriert. Rechterhand erreichen Sie an höchster Stelle den Haupttempel, das **Parthenon.** Der Tempel wurde 447-32 v. Chr. als dorischer Bau mit ionischem Fries gebaut. Er ist *Athene Parthenos,* also der „Jungfrau Athene", geweiht. Eine große Statue der Göttin stand früher auch auf der Akropolis. Das Original ist verschwunden, aber man kann hier oben im Museum noch eine Kopie besichtigen. Das **Museum** liegt in der Akropolis, oberhalb des Dionysos-Theaters. Links vom Parthenon steht das **Erechtheion.** Die

Schiffe in der Bucht von Salamis (WS)

Stützen des Tempels, der einem der ersten Könige der Stadt geweiht ist, sind die Koren. Diese Mädchenfiguren tragen den Tempel auf ihren Köpfen. 1979 sind die von der *Nephos* arg entstellten Mädchen jedoch im Museum gelandet und wurden durch Kopien ersetzt. Das Gebäude hatte im Laufe der Jahre übrigens schon eine ziemliche Nutzungsveränderung erfahren: Die Türken sahen wohl in den Koren das richtige Symbol, um hier den Harem unterzubringen.

Abstieg zum Nationalgarten

Unterhalb der Akropolis liegt das kleine, recht gut erhaltene **Theater von Herodes Atticus,** das 161 n. Chr. gebaut wurde und 5000 Zuschauer faßt. Hier wird noch Theater gespielt, meist antike Dramen. Über die Säulenhalle **Stoa des Eumenes** ist das kleine römische Theater mit dem großen alten **Dionysos-Theater** verbunden (geöffnet täglich 8-19 Uhr, Eintritt 3 DM). Dieses faßte maximal 17.000 Menschen. Es wurde im 6. Jh. v. Chr. gebaut und im 4. Jh. v. Chr. umgebaut. Leider ist es nicht mehr so gut erhalten wie das kleine Theater nebenan.

Wenn Sie sich vom Theater aus weiter von der Akropolis entfernen, erreichen Sie das **Hadrianstor.** Von hier zog sich früher die Stadtmauer hoch bis in die Gegend, wo heute das Nationalmuseum steht. Der römische *Kaiser Hadrian* erweiterte die Stadt um 125 n. Chr. und ließ die Hadrianstadt anbauen. Sie lag ungefähr dort, wo sich heute Zapio und Nationalgarten ausdehnen. Das Hadrianstor war einer der Eingänge von der Stadt in die Vorstadt.

Gleich neben dem Tor liegen die Reste des **Zeus-Tempels** (geöffnet Di-So 8-14.30 Uhr, Eintritt 3 DM). Sein Bau wurde zwar schon im 6. Jh. v. Chr. begonnen, aber erst im 2. Jh. n. Chr. ließ *Hadrian* ihn fertigbauen. Außerhalb der Stadtmauer lag das Stadion Kallimarmaron.

An dieser Ecke beginnt eine der wenigen Grünoasen der Stadt. Den **Nationalgarten** ließ die erste griechische Königin *Amalia* Mitte des 19. Jh. einrichten. Damals hatte kaum jemand Verständnis für sie, aber heute danken manche Griechen ihr für die bewässerte grüne Pracht.

Lykavettosberg

Ein anderer Ausflug ist der zum Lykavettosberg. Starten Sie dazu am Sintagmaplatz und gehen Sie von dort zum Eteriasplatz. Dann durchqueren Sie das Viertel Kolonaki und gehen bis zum oberen Ende der Ploutahoustraße. Kolonaki ist eine ehemals vornehme Gegend, die heute einen eher zwielichtigen Ruf genießt. Am Ende der Poutahoustraße erreichen Sie die Talstation einer unterirdischen Zahnradbahn, mit der Sie auf den Lykavettosberg hochfahren können. Von oben haben Sie einen **schönen Blick** zur Akropolis herüber.

Nationalmuseum

Einen Besuch wert ist auch das Nationalmuseum. Hier sind **alle wichtigen antiken Fundstücke** Griechenlands, die sich nicht außerhalb des Landes befinden, ausgestellt. Nehmen Sie sich nicht vor, das ganze Museum an einem Tag anzusehen, dafür ist es viel zu groß. Bei jedem Besuch in Athen ein paar Stunden Museum, ein kleiner Aus-

037s Foto: vbFoto:

schnitt. Das ist wohl die einzige Möglichkeit, sich im Laufe der Jahre mit dieser Sehenswürdigkeit vertraut zu machen (geöffnet Mo 12.30-19, Di-So 8-19 Uhr, Eintritt 13 DM).

Achtung!

Große Teile der Altstadt sind seit Anfang der 80er Jahre **für den Verkehr gesperrt** und durch die Fußgängerzone schlendern zahlreiche Urlauber. Hier sollte man sich vor **Taschendieben** in acht nehmen. Am späten Abend ist viel los in den Gassen rund um die Akropolis und es kommt leicht etwas abhanden. Ziel der meisten Urlauber sind die **Tavernen, Cafés** und **Nachtclubs** dieser Gegend. Die Preise sind hier allerdings empfindlich hoch.

Praktische Tips

Verkehrsmittel

• Wer **vom Flughafen** aus gleich mit einem Überlandbus **weiter nach Norden reisen** möchte, fährt am besten zunächst mit dem Bus Nr. 19 zur Metroendstation am Hafen von Piräus. Von dort geht es mit der Metro weiter bis zur Haltestelle Ag. Nikólaos im Norden der Stadt. Es folgt ein rund zehnminütiger Fußmarsch: Zunächst unter den Gleisen durch, dann der Straße folgend neben den Gleisen entlang stadtauswärts bis zur Odos Kapidaki. Die Straße endet und nur noch ein Fußweg führt weiter an den Gleisen entlang. Danach biegt man in die Odos Kapidaki ein und geht bis zum Ende dieser Straße, wo man direkt auf den Busbahnhof trifft.

Wem diese Tour zu umständlich ist, der kann sich auch ein **Taxi** nehmen, das kann allerdings ein teures Vergnügen werden.

Wer umgekehrt **mit dem Bus von Norden her ankommt,** muß die Odos Kapidaki vom Busbahnhof aus bis zu den Metrogleisen hochgehen. Dann nach rechts an den Gleisen entlang bis zur Haltestelle Ag. Nikólaos.

Blick auf Stoa und den Lykavettosberg

●Die **Busse zum Flughafen** (Nr. 91 oder 92) fahren alle 20 Minuten am Omoniaplatz und am Sintagmaplatz ab. Zwischen dem Flugplatz und dem Hafen von Piräus fährt der Bus Nr. 19. Um ein Busticket am Flughafen zu lösen, braucht man Kleingeld.

●Bisher gab es nur eine **Metrolinie** von Piräus nach Kiffisia. Ab 2000 sollen aber nach langer Bauzeit weitere Metrolinien in Dienst genommen werden. Sie verbinden den Sindagmaplatz mit Außenvierteln im Osten und Westen.

●Auch per **Taxi** kann man in Athen vorwärts kommen, allerdings sind die Entfernungen in Athen groß, und Taxis sind daher teurer.

●In Athen ist ein **eigenes Fahrzeug** eher lästig. Es gibt kaum Parkplätze und man steht ständig im Stau. Besser ist es, öffentliche Verkehrsmittel zu nutzen. Die Metro und die Busse sind zwar manchmal sehr voll, aber sie fahren häufig und regelmäßig.

Hotels

Die Unterkünfte in Athen sind für das Gebotene **relativ teuer.** Wer ein anständiges Zimmer möchte, muß mit rund 100 DM rechnen. Einfachere Unterkünfte gibt es für etwa 50 DM, aber sie sind oft belegt. Wer in Athen ein Zimmer braucht, sollte während der Saison entweder telefonisch reservieren oder aber sich am Vormittag auf Zimmersuche begeben. Bis gegen 14 Uhr findet man meistens noch ein freies Plätzchen, aber gegen Abend sind die netten Hotels der Stadt voll. Man muß dann nehmen, was es noch gibt, und das ist in aller Regel nicht das Beste.

Es gibt natürlich zahlreiche Hotels in Athen. Der **EOT** gibt ein **Heft mit allen Adressen und Telefonnummern** heraus. Die Einteilung nach Hotelklassen sagt allerdings nicht viel aus. Die folgenden Hotels befinden sich alle **in der Plaka.**

Einfachere Unterkünfte:

●**Hotel Kouros,** Odos Kodrou, Tel: 3227431, altes, renovierungsbedürftiges Haus, mit ebenso altem Mobiliar, oben Balkon mit Blick auf die Akropolis, unten Blick auf alte Kirche, ruhig gelegen, Zimmer sind sehr einfach, mäßig sauber, Gemeinschaftsbad und WC, 50-55 DM.

●**Johns Place,** Odos Patroou 5, Tel: 3229719, sehr einfach, keine schöne Aussicht, Stockwerksbad, aber sauber, DZ 55 DM.

●**George's Hotel,** Odos Nikis 46, Tel: 3226474, einfach, sauber, altes Stadthaus mit weniger schöner Aussicht, Gemeinschaftsbad, 50 DM.

●**Hotel Kimon,** Odos Apollonos 27, Tel: 3314658, wurde zum Zeitpunkt der Recherchen gerade renoviert, Gemeinschaftsbäder mit neuen Fliesen, sauber, das Haus ist aber sehr hellhörig, Zimmer teils mit Balkon, aber relativ einfach, Blick nicht gerade schön, es soll bald AC geben, 50 DM.

038s Foto: vbFoto:

Laden am Flohmarkt in Athen

Mittelklasse:

● **Hotel Metropolis,** Odos Mitropoleos, Tel: 3217871, ältere Einrichtung, aber gut in Schuß, Zimmer oben teils mit sehr schöner Aussicht auf die Akropolis (fragen Sie danach), aber gegenüber war eine Baustelle, die morgens Lärm macht, Zimmer mit Bad und Balkon, sauber, 75 DM.

● **Hotel Niki,** Odos Nikis 27, Tel: 3220913, Fax: 3220886, sauber, Einrichtung älter, ruhige Straße mit Bäumen, aber dunkel, Zimmer mit Bad und AC, DZ mit Frühstück 115 DM.

● **Hotel Omiros,** Odos Apollonos 15, Tel: 3235486, Fax: 3228059, oben Dachgarten mit Blick auf die Akropolis, schöne Zimmer, sauber, ruhig, von Zimmer 505 und 504 aus ebenfalls Blick auf Akropolis, DZ mit Bad, Telefon, Radio, AC und Frühstück 110-115 DM.

● **Hotel Attalos,** Odos Athinas 29, Tel: 3212801, Fax: 3243124, sehr beliebt und häufig voll, sauber, gepflegte Zimmer mit Bad und AC, die Lage ist allerdings nicht ganz so ideal, oben auf dem Hotel eine Dachterrasse mit Blick auf die Akropolis, 110-120 DM.

- **Hotel Myrtho,** Odos Nikis 40, Tel: 3227237, ältere Einrichtung, aber alles sauber, mit Bad, Terrasse mit Blick auf die Straße mit Bäumen, relativ ruhig, am besten ein Zimmer ganz oben nehmen, mit AC und Frühstück 95 DM.
- **Aphroditi Hotel,** Odos Apollonos 21, Tel: 3234357, Fax: 3225244, macht einen angenehmen Eindruck, Zimmer mit Bad und AC 120 DM.
- **Hermes Hotel,** Odos Apollonos 19, Tel: 3235514, Fax: 3232073, alles wirkt sehr gepflegt und neu, Zimmer mit Bad, Telefon, Balkon, von oben Blick auf die Akropolis, aber die nicht gerade sehr freundliche Dame an der Rezeption wollte uns keine Zimmer zeigen („take it without looking or go") 140 DM.
- **Hotel Akropolis House,** Odos Kodrou & Voulis 6-8, Tel: 3222344, Fax: 3244143, sieht ansprechend aus, teils Blick auf Akropolis, manche Zimmer mit AC, mit Bad und Frühstück 95-140 DM.

Jugendherberge

- **Jugendherberge von Athen,** Odos Victor Hugo 16 (beim Hauptbahnhof), Tel: 5231095 oder 5234170.

Camping

- **Campingplatz von Athen,** Athinion 198-200, Tel: 5814114, Fax: 5820353, ca. 10 DM pro Person, Zelt 5 DM, ganzjährig geöffnet, außerhalb gelegen, zu erreichen mit den Bussen A15 und B15, die von einer Haltestelle in der Odos Deligiorgi abfahren. Dorthin gelangt man mit dem Rundfahrtbus 100.

Essen und Trinken

In der Athener Altstadt Plaka haben Sie sehr viele Möglichkeiten, um essen zu gehen. Allerdings ist es dort auch recht teuer.

- Am Anfang der Odos Mitropoleos am Monasterakiplatz befindet sich **O Thanasis.** Dort essen sehr viele Griechen, denn hier gibt's zu günstigen Preisen wirklich sehr gute Souvláki und Gýros. Die Atmosphäre ist allerdings hektisch.
- Gleich daneben die beiden Tavernen **Sigalas** und **Baraktaris,** die zusammengehören, allerdings unterschiedliche Preise (und Ambiente) haben. Auch dort wird gute griechische Küche geboten.
- Schöner sitzt man natürlich in den **Tavernen am Hang der Akropolis.** Aber es ist hier deutlich teurer.

Wichtige Telefonnummern

- **Notruf,** Tel: 166
- **Ärzte-Notruf,** Tel: 178
- **Krankenhäuser,** Tel: 646781119, 8219391 oder 8014411
- **Feuerwehr,** Tel: 199
- **Polizei,** Tel: 7705711
- **Touristenpolizei,** Tel: 171

- **Fluginformationen Olympic Airways,** Tel: 9396111
- **Hafenbehörde Piräus,** Tel: 4511311
- **Busbahnhof für Busse in den Norden,** Tel: 8317153 (nicht am Wochenende)

Information und Service

- **Geldwechsel,** kein Problem in Athen. Am Flughafen kann man auch außerhalb der Geschäftszeiten zu üblichen Kursen Geld wechseln. In der Stadt gibt es neben Banken auch Wechselstuben, die sogar abends und am Wochenende geöffnet haben. Außerdem stehen zahlreiche Bankautomaten zur Verfügung. In vielen Restaurants und in den besseren Hotels werden meist auch Kreditkarten akzeptiert.
- **Reisebüros** finden sich sehr viele in der Plaka. Zu empfehlen sind die staatlichen **Informationsstellen des EOT.** Dort ist alles kostenlos. Man erhält sehr gute Informationen, auch auf deutsch, über Hotels, Verkehrsmittel, Museen und Veranstaltungen. Es gibt dort kostenlos einen sehr guten Stadtplan von Athen, und man gibt sich Mühe, alle Fragen zu beantworten. Auch aktuelle Schiffsfahrpläne liegen beim EOT aus. Das Büro des EOT befindet sich in der Odos Amerikis 2, beim Sintagmaplatz (der Eingang liegt neben dem Eingang zum Ministerium für Tourismus), Tel: 3223111 oder 32231129, Öffnungszeiten Mo-Fr 9-19, Sa 9-14 Uhr, sonntags geschlossen. Ein Besuch dieser Informationsstelle ist absolut lohnend!
- **Fundbüro,** Tel: 7705771
- Ein **Internet Café** gibt es in der Odos Stadiou 5 beim Sintagmaplatz, e-mail: sofos1@ath.forthnet.gr, Tel/Fax: 3248105.

Einkaufen

In der griechischen Hauptstadt ist natürlich fast alles zu bekommen.

- Wer gerne **deutschsprachige Bücher** kaufen möchte – in der Nähe des Goetheinstituts sind zwei deutsche Buchläden: Buchhandlung Notos, Odos Omirou 15, Mo-Sa 9-15, Di, Do und Fr 17-20.30 Uhr geöffnet; Die Deutsche Buchhandlung, Odos Omirou 4, Stadiou 10 in einer Passage gelegen, Mo, Mi, Sa 9-15, Di, Do, Fr 9-20 Uhr.
- Der **Flohmarkt** (um die Odos Pandrossou) bietet ein großes Angebot an Souvenirs. Allerdings sind die Preise überteuert. Handeln ist üblich. Der Flohmarkt ist geöffnet Mo-Sa 8-14.30 Uhr und Di, Do und Fr abends.

Kulturelles

- Das **Goethe Institut,** Odos Omirou, Tel: 3608111. Dort werden manchmal kulturelle Veranstaltungen in deutscher Sprache angeboten.

Nachtleben

- Über das Nachtleben und über kulturelle Ereignisse informiert der EOT. Abends lebt die Plaka. Viel los ist z.B. in der **Odos Kydathinaion** und um die **Platia Eterias,** östlich der Akropolis (südlich vom Sindagmaplatz).

039s Foto: vbFoto:

Skíathos

ÜBERBLICK

Einwohner: 5000
Fläche: 60 km²
Höhe: bis 436 m
Vorwahl: 0427
PLZ: 37002

Die zwei Gesichter

Skíathos ist eine sehr **grüne Insel,** was aber auch heißt, daß es hier ab und zu mal regnet, v.a. im Frühjahr und im Herbst. Die **Strände** sind einfach schön - und das wissen viele Urlauber zu schätzen. Es soll über 60 Sandstrände geben. Kulturell bietet die Insel allerdings wenig. **Skíathos-Stadt,** der einzige größere Ort, ist malerisch, aber absolut nicht ursprünglich. Das Nachtleben ist so stark ausgeprägt, daß ihm während der HS nur mit List und Tücke zu entkommen ist. Es leben zwar nur rund 5000 Menschen auf der Insel, aber zumeist vertreibt sich ein Vielfaches an **Touristen** hier seine Zeit. „Skíathos - die Insel ist vom Tourismus doch total verdorben". Solche Stimmen hört man häufig. Aber die Insel hat zwei Gesichter. Wer im Mai Skíathos bereist, wird eine ganz andere Insel kennenlernen, als derjenige, der im August seinen Urlaub hier verbringt.

Nebensaison

Im Mai ist es **ruhig,** viele Hotels haben noch geschlossen, zum Baden ist es teilweise doch recht kalt. Strahlende Frühlingstage gibt es zwar viele, aber auch Regentage. Die Strände sind fast leer, dafür trifft man immer wieder **Wanderer.** Die Einheimischen sind neugierig und nehmen sich **Zeit für den Fremden,** denn noch haben sie Zeit. Nachtleben und Wassersportmöglichkeiten sind

Vorhergehende Seite: Der alte Hafen von Skíathos

Strand Mikrós Asélinos

nur eingeschränkt vorhanden. Dafür blüht es überall, in den Tavernen und im Bus findet man immer ein freies Plätzchen, und auch bei der Zimmersuche hat man eine große Auswahl. Vorbuchen ist zwar möglich, aber nicht notwendig. Im Juni wandelt sich dann allmählich das Bild.

Hauptreisezeit

Ganz anders sieht es im Sommer hier aus. Wer plant, im Juli oder August nach Skíathos zu reisen, sollte wissen, was ihn erwartet: Das **Nachtleben** ist vielseitig und endlos, die Speisekarten vielsprachig, die Strände sind voll, die Busse überfüllt, die Preise immens hoch, das Angebot an **Sportmöglichkeiten** ist groß. Skíathos sei den Leuten empfohlen, die **Komfort** lieben, den Kontakt in Discotheken oder Clubs suchen, die aufs Nacktbaden in Griechenland nicht verzichten wollen und die ein Örtchen suchen, in dem „was los ist".

Skíathos ist eine Hochburg des **Pauschaltourismus,** und als Individualreisender ist man zumindest in der HS oftmals gar nicht erwünscht, da fast alles ausgebucht ist. Die ganze Insel lebt seit Jahren schon überwiegend von den Reisenden. Der Inselflughafen, auf dem viele Chartermaschinen

040s Foto: vbFoto:

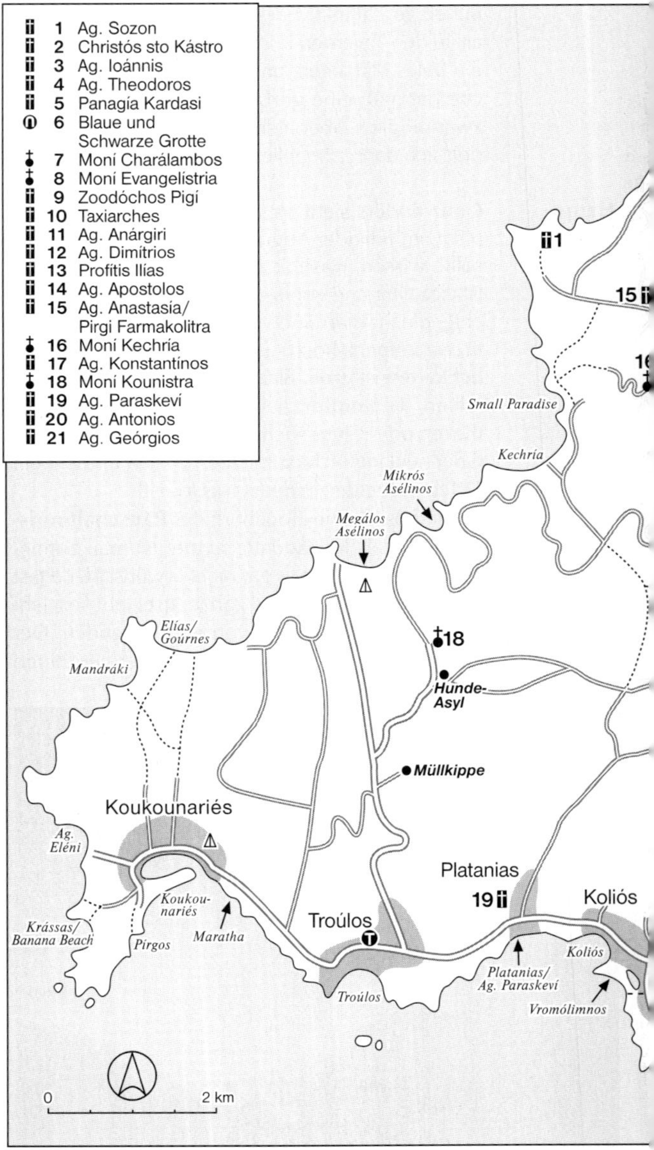
1 Ag. Sozon
2 Christós sto Kástro
3 Ag. Ioánnis
4 Ag. Theodoros
5 Panagia Kardasi
6 Blaue und Schwarze Grotte
7 Moní Charálambos
8 Moní Evangelístria
9 Zoodóchos Pigí
10 Taxiarches
11 Ag. Anárgiri
12 Ag. Dimítrios
13 Profítis Ilías
14 Ag. Apostolos
15 Ag. Anastasía/ Pirgi Farmakolitra
16 Moní Kechría
17 Ag. Konstantínos
18 Moní Kounistra
19 Ag. Paraskeví
20 Ag. Antonios
21 Ag. Geórgios
Small Paradise
Kechría
Mikrós Asélinos
Megálos Asélinos
Elías/ Goúrnes
Mandráki
Hunde-Asyl
Müllkippe
Koukounariés
Ag. Eléni
Krássas/ Banana Beach
Koukou-nariés
Pírgos
Maratha
Troúlos
Platanias
Koliós
Platanias/ Ag. Paraskeví
Vromólimnos
0
2 km

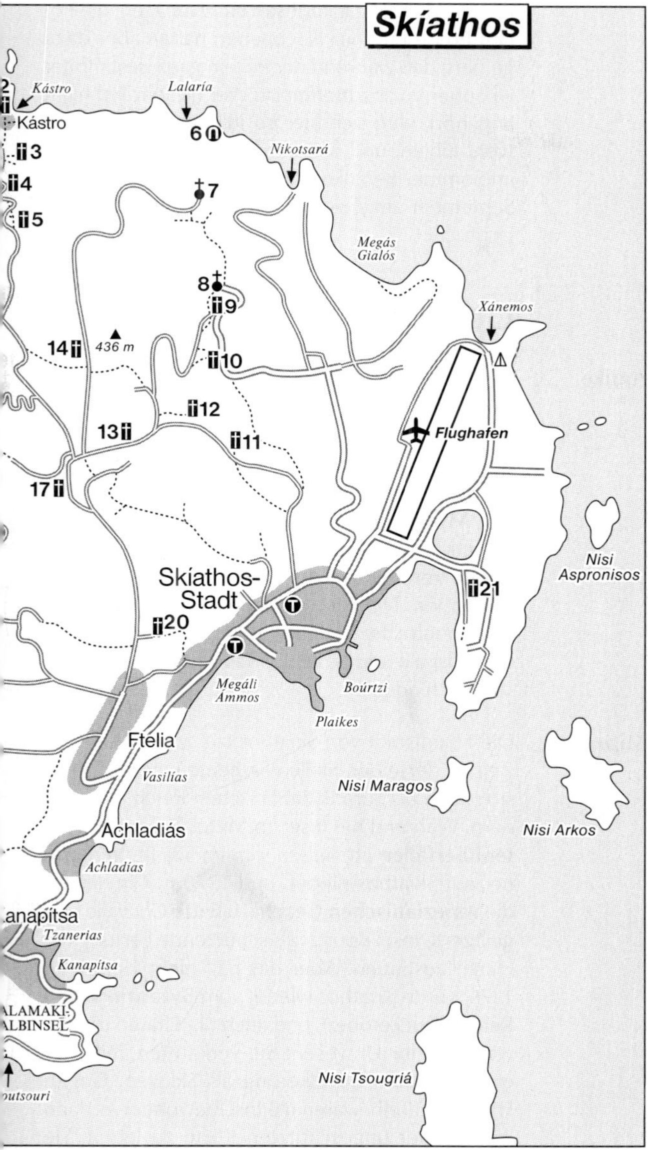
Skíathos
Kástro
Kástro
Lalaría
6
Nikotsará
7
3
4
5
Megás Gialós
8
9
Xánemos
14
436 m
10
12
Flughafen
13
11
17
Nisi Aspronisos
Skíathos-Stadt
21
20
Megáli Ámmos
Boúrtzi
Plaikes
Ftelia
Vasilías
Nisi Maragos
Achladiás
Nisi Arkos
Achladías
Tzanerias
Kanapítsa
Nisi Tsougriá

niedergehen, die luxuriösen Hotelanlagen, die hohen Preise und das Nachtleben haben aber dazu geführt, daß während der HS ein ganz bestimmter Urlaubertyp anzutreffen ist. Wer diesem Typ nicht angehört, wird sich hier im Juli und August nicht wohl fühlen, und wir würden ihm dann abraten, im Sommer herzukommen. Im Mai oder ab Mitte September zeigt sich die Insel in einem anderen Licht.

GESCHICHTE

Antike

Skíathos ist zwar mit großer Sicherheit schon sehr lange besiedelt, antike oder frühchristliche Ruinen gibt es jedoch nicht zu bewundern. Weder die **Pelasger** noch die **Minoer,** die sich rund 1600 v. Chr. auf der Insel niederließen, oder die später folgenden **Mykener** haben große Spuren hinterlassen. Perserkönig *Xerxes* soll sich während der **Perserkriege** vorübergehend auf Skíathos niedergelassen haben. Der Strand Mandráki wird bis heute auch noch „der Hafen von Xerxes" genannt. Zu sehen ist allerdings nichts, was auf den Hafen dieser Zeit hindeutet.

Mittelalter

Die Hauptstadt von Skíathos lag schon in antiker Zeit an derselben Stelle wie heute, und das sollte sich auch bis zum Byzantinischen Reich nicht ändern. Während die Insel im Mittelalter unter **Piratenüberfällen** litt, ließen sich im 13. Jh. Venezianer auf Skíathos nieder, und 1270 n. Chr. ließen die **venezianischen Geschäftsleute** *Ghizi* die vorgelagerte Insel Boúrtzi als schützende Festung am Hafen ausbauen. Aber das half nicht viel, denn 1276 wurde Skíathos wieder vom **Byzantinischen Reich** zurückerobert, und auch die Piraten trieben weiterhin ihr Unwesen: Sie verkauften Teile der einheimischen Bevölkerung als Sklaven. Gegen Ende des 13. Jh. waren die Inselbewohner es dann leid, an der ungeschützten Küste zu leben. Sie bauten im Norden auf einem Felsen eine neue Hauptstadt: **Kástro.** Die Ruinen von Kástro kann man heute besichtigen.

Türkenherrschaft

1538 mußte sich Skíathos mit türkischen Herrschern abfinden. Die anfänglich starke Unterdrückung wurde mit der Zeit etwas gelockert, und die Insel kam zu **etwas Wohlstand.** Man handelte die Genehmigungen für den Bau der **Klöster** Moní Kechriá im 15. Jh., Moní Panagía Kounistrá 1650 und Moní Evangelístria 1794 aus. Seit Anfang des 18. Jh. durften auch kleine **Werften** auf der Insel betrieben werden, die durch ihre reichen Holzvorkommen fast alles hatte, was man damals zum Schiffsbau brauchte.

Im **russisch-türkischen Krieg** unterstützten die Leute von Skíathos dann aber aktiv die Russen, kämpften teilweise sogar auf ihrer Seite. Die Türken behielten jedoch ihre Vormachtstellung im Mittelmeerraum und rächten sich nach Beendigung des Krieges an den Griechen. Im griechischen Unabhängigkeitskrieg belagerten sie 1823 Kástro, ohne Erfolg allerdings.

Im Königreich

Nachdem Skíathos seit 1830 zu Griechenland gehörte, fühlten sich die Bewohner wieder sicherer, und es gab für sie keinen Grund mehr, so beengt in Kástro weiterzuleben. Auch die Piratenplage schien gebannt, und noch im selben Jahr gründeten sie eine neue Inselhauptstadt an der Stelle, an der die antike Hauptstadt gelegen hatte. Die meisten älteren Gebäude der **Chóra** entstanden in den folgenden Jahren. Kástro wurde schon kurze Zeit später ganz verlassen.

20. Jh.

Anfang des 20. Jh. ging es der Insel **wirtschaftlich schlecht,** denn der Schiffsbau starb einen langsamen Tod.

Während der **deutschen Besatzung** im zweiten Weltkrieg regte sich aber wieder einiges auf Skíathos: Die Griechen schleusten alliierte Soldaten, die in Griechenland auf deutschem Territorium verlorengegangen waren, über das Pelion und die Sporaden in die Türkei (siehe auch Kapitel „Staat und Gesellschaft: Geschichte").

Auch in den 50er Jahren ging es den Bewohnern von Skíathos noch nicht sehr gut, aber die schönen Strände zogen schon bald erholungsuchende, reiche Griechen aus Athen und Thessaloniki an. Schon 1960 kamen auch wohlhabende Ausländer auf die Insel, und von 1964 an ging die Entwicklung des **Tourismus** auf der Insel steil bergauf. Seit 1971 ist Skíathos per Flugzeug direkt zu erreichen und in den 80er Jahren ging der ganz große „run" auf die Insel los. In den 90er Jahren brach der Touristenboom in manchen Jahren ein, aber er erholte sich immer wieder.

Skíathos-Stadt

Das Ortsbild

Die Inselhauptstadt von Skíathos ist ein **hübscher Ort.** Obwohl viele der Häuser für sich genommen nichts Besonderes darstellen, entsteht in der Summe ein schönes Bild. Das alte Zentrum liegt hinter dem alten Hafen und zieht sich links und rechts davon die Hügel hoch. Begrenzt durch die Boúrtzi-Halbinsel, beginnt hinter dem alten der neue Hafen. Die Gebäude sind hier etwas größer, schmiegen sich aber ebenfalls am Hang entlang. Dem Ort vorgelagert sind zahlreiche grüne Inselchen. Die zentrale Achse in Skíathos-Stadt ist die Papadiamántisstraße, die unweit der Boúrtzi-Halbinsel auf die Hafenpromenade stößt.

Néa Paralía

Einen Rundgang durchs Dorf beginnt man am besten an der Néa Paralía. Abends findet hier die **Volta der Griechen** (Abendspaziergang) statt, denn am alten Hafen ist es dazu viel zu eng. Im Meer reihen sich die Segelboote aneinander, gegenüber zu Land die Autovermietungen und Tavernen.

041s Foto: vbFoto:

Ag. Nikólaos

Eine **schöne Aussicht** haben Sie vom Kirchplatz der Kirche Ag. Nikólaos. Hierher führen zahlreiche Treppen von der Néa Paralía aus. Die Kirche selbst ist eher einfach und baulich in keinem allzu guten Zustand. Löwenmäulchen wachsen auf der Kirchenkuppel. Wenn Sie an der Rückseite der Kir-

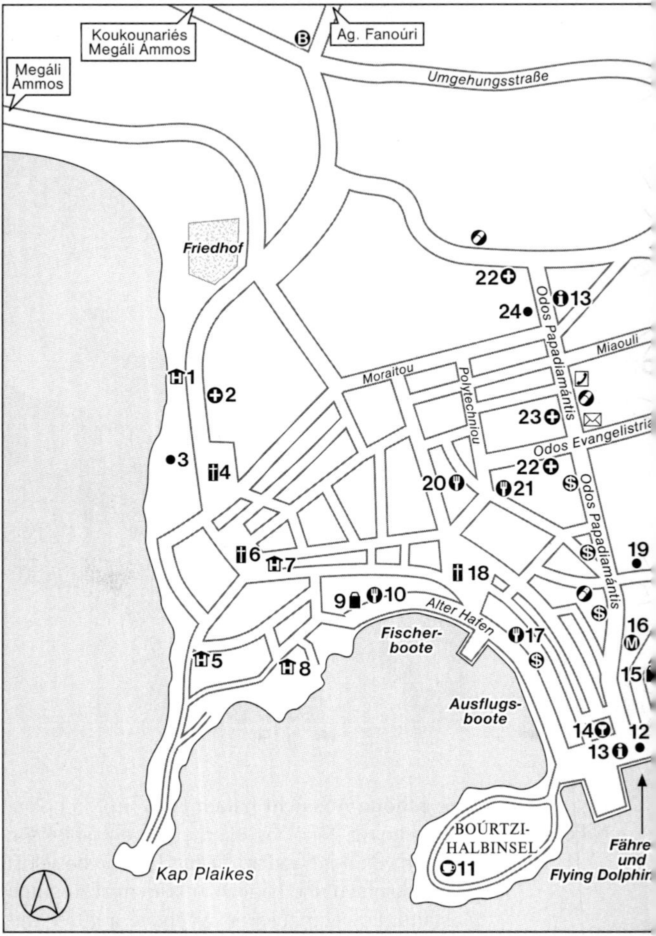

1 Pension und Taverne Amfiliki
2 Krankenhaus
3 Kinderspielplatz
4 Ag. Triáda
5 Pension Theoxenia
6 Panagía Ti Limnia
7 Hotel Mato
8 Hotel Orsa
9 Fischmarkt
10 Fischtaverne Ta Psaradika
11 Café Boúrtzi
12 Pferdekutschen Parkplatz
13 EOT-Informationen
14 Ouzeria
15 Archipelagos
16 Papadiamántis-Museum
17 Taverne Meteora

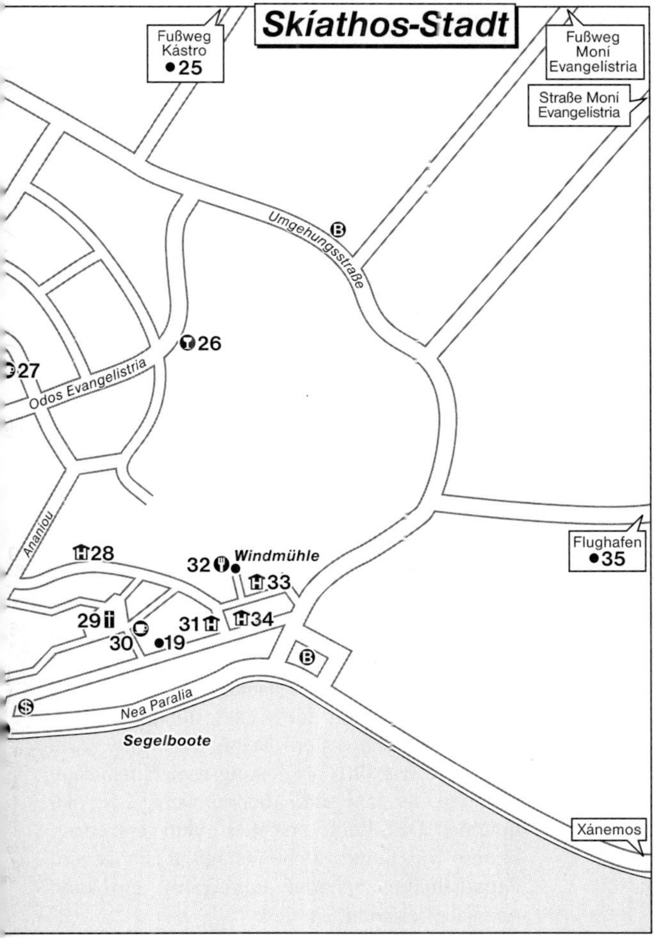

ⓘ	18	Trís Ierarchon
•	19	Wäschereien
	20	Taverne Alexandros
	21	Taverne Folia
	22	Ärzte
	23	Zahnarzt
•	24	Polizei
•	25	Kino Paradiso
	26	La Piscine Club
	27	Internet Café
	28	Hotel Morfo
	29	Ag. Nikólaos
	30	Café Final Step
	31	Hotel Meteora und Pension Babis
	32	Restaurant The Windmill
	33	Hotel Agnantema
	34	Hotel Christina
•	35	Tennis Club

che die Treppen hinuntergehen in Richtung altem Hafen, so erreichen Sie die Ananioustraße. Folgen Sie dieser nach links. An einem Platz rechts der Straße liegt etwas versteckt das Papadiamántishaus.

Papadiamántishaus

Dieses Haus war früher das **Wohnhaus des Autors** *Alexandros Papadiamántis,* der 1851 hier geboren und 1911 hier gestorben ist. Heute ist in dem Gebäude ein Museum zu Ehren von Papadiamántis untergebracht, das Haus enthält aber noch das ursprüngliche Mobiliar (geöffnet tägl. 8.30-13 und 17.30-20 Uhr, Eintritt 3 DM).

Papadiamántis ist der Autor des sozialkritischen Romans **„Die Mörderin"** - zwar nicht unbedingt eine heitere Urlaubslektüre, aber dennoch sehr lesenswert. Im Buch zieht eine Großmutter ihre Konsequenzen aus dem Problem, Töchter zu haben, denn eine Frau mußte damals mit einer Mitgift an den Mann gebracht werden. Dafür rackerten sich ganze Familien ab. Heutzutage ist die Mitgift zwar offiziell abgeschafft, aber zahlreiche Gastarbeiterfamilien arbeiteten in deutschen Landen jahrzehntelang, um ihre Töchter gut ausstatten zu können. Papadiamántis hatte selbst so seine Probleme mit der Mitgift, denn er konnte seinen vier Schwestern keine besorgen. „Die Mörderin" war 1903 als Zeitungsroman herausgekommen, der dem Autor aber nur wenig Geld einbrachte. Das Buch erschien dann erst nach seinem Tod. In der Kirche Panagía ti Limnia wird Papadiamántis Schädel aufbewahrt und kann ebenfalls besichtigt werden.

Archipelagos

Wenn Sie nun der Odos Ananiou weiter folgen, erreichen Sie das Archipelagos, eine Mischung aus **Museum** und stilvollem **Souvenirgeschäft.** Dort ist auch willkommen, wer nichts kauft. Das Haus als solches ist schon eine Besonderheit. *Markos Botzaris* und seine Frau begannen vor vielen Jahren, Antiquitäten und Kunstgegenstände zu sammeln. Sie beziehen aber auch Schmuck, Webereien, Keramiken und Möbel von Künstlern und Kunsthandwerkern. Einige der ausgestellten Dinge sind jedoch unverkäuflich. Die Dame im Geschäft ist halb Museumswärterin und halb Verkäuferin, eine sehr angenehme Mischung.

Boúrtzi-Halbinsel

Sie erreichen nun direkt neben der Papadiamántisstraße den Hafen. Setzen Sie Ihre Erkundungstour fort mit einem Spaziergang auf die Boúrtzi-Halbinsel. Dort finden Sie noch Reste der **venezianischen Festung.** Ein **Denkmal** erinnert an den Autor *Alexandros Papadiamántis.* Außerdem befindet sich auf der Halbinsel ein **Kulturzentrum,** das in der alten, 1906 erbauten Grundschule untergebracht ist. Manchmal werden hier Theaterstücke aufgeführt oder es finden andere Veranstaltungen statt. An der Spitze der Halbinsel befindet sich ein schönes Café. Dort können Sie nach dem Veranstaltungsprogramm fragen.

Kirche Trís Ierarchon

Gehen Sie nun am alten Hafen entlang, wo die Ausflugsboote und die alten Fischerboote liegen. Auch hier reiht sich Taverne an Taverne. Hinter der letzten führt eine Treppe zum Kirchplatz der **Hauptkirche** von Skíathos, der Trís Ierarchon. In diesem Gotteshaus aus dem 19. Jh. werden die **ältesten Ikonen** der Insel aufbewahrt. Sie finden hier Ikonen aus der Christuskirche von Kástro und die wertvolle Ikone aus dem Moní Panagía Kounistrá.

Zum Kap Plaikes

Wenn Sie unten am Hafen der Straße weiter folgen, erreichen Sie den **Fischmarkt.** Er ist nicht schwer zu finden – dort, wo die meisten Möwen sitzen, gibt's Fisch.

Neben dem „Jailhouse" beginnt eine Treppe. Halten Sie sich links, und Sie erreichen einen kleinen Platz, von dem aus Sie im Schatten einiger Kiefern einen schönen Blick auf den alten Hafen haben. Folgen Sie weiter der kleinen Gasse am

Hotel Orsa vorbei bis zum **Kap Plaikes.** Ein Fußweg führt auf das mit Kiefern bewachsene Felsenkap.

Panagía ti Limnia Wenn Sie den Fußweg vom Kap zurückgehen und dann immer geradeaus den Berg hoch, stoßen Sie rechts auf die Kirche Panagía ti Limnia. Sie wurde 1838 erbaut und ist damit **eines der ältesten Gebäude** auf Skíathos. Hier wird neben alten Ikonen aus den Kirchen von Kástro auch der Schädelknochen von *Alexandros Papadiamántis* aufbewahrt. Die Kirche ist aber nur früh am Morgen geöffnet.

Ag. Triáda Wenige Meter nördlich steht an einem großen Platz Ag. Triáda, eine neuere Kirche. Gegenüber am Kinderspielplatz mit Aussicht aufs Meer herrscht immer ein munteres Treiben. Hier oben wohnen und leben die **Einheimischen,** es werden nur wenige Zimmer an Touristen vermietet. In diesem Teil der Stadt ist Skíathos noch beinahe so, wie es früher war. Vor der Kirche finden Sie eine Bäckerei. Folgen Sie der Gasse Odos Moraitou, die vor der Bäckerei den Berg hinunterführt. Unten treffen Sie auf die Papadiamántisstraße. Der Kontrast könnte größer kaum sein. Auf der Hauptgeschäftsstraße können Sie nun bis zum Hafen schlendern.

Alte Windmühle Am Abend lohnt sich ein Besuch des englischen **Restaurants „The Windmill“**. Die alte Mühle überragt den Ort, und man hat einen sehr schönen Blick von hier oben. Das Restaurant bietet sehr gute Küche und ist immer gut besucht, obwohl die Preise sehr hoch sind, Plätze sollten reserviert werden. Der Weg zur Windmill beginnt neben dem Hotel Christina. Folgen Sie den Treppen bis ganz nach oben, der Weg ist dort ausgeschildert.

Nachtleben Lohnend ist auch ein Abstecher von der Papadiamántis in die **Odos Politechniou.** Dort haben sich zahlreiche Nachtclubs etabliert, die in den letzten Jahren hinter schallgedämmten Türen betrieben werden. Die Chóra ist während der HS nun mal ein unruhiges Pflaster. Mofas quietschen bis spät in die Nacht, und überall rieselt Musik auf einen nieder. In der NS sind die meisten Clubs aber geschlossen, und Skíathos ist dann ein ganz beschaulicher Ort.

Die Südküste

Südlich von Skíathos

Am Ortsende von Skíathos-Stadt, gleich hinter dem Friedhof, beginnt der Strand **Megáli Ámmos.** Dort ist eine Hotelsiedlung entstanden, die **Ftelia** genannt wird. Oben am Hang wüteten im Frühjahr 1999 mehrere Waldbrände. Dabei ist das Inselinnere bis zum Kloster Moní Kounistrá abgebrannt. An der Küste entlang folgen die Strände **Vasilías** und **Achladiás** mit zahlreichen Hotels.

Kalamaki-Halbinsel

Hinter dem Strand **Tzanerias** führt die Hauptstraße ins Landesinnere. Eine kleinere Straße, die bald in eine Piste übergeht, zweigt hier nach links ab. Sie umrundet die Kalamaki-Halbinsel auf halber Höhe. An der Ostseite von Kalamaki befinden sich rund um den **Kanapítsa-Strand** größere Hotelanlagen. Dahinter liegen meist Ferienvillen entlang des Weges. Leider sind einige Strände dieser Region nicht zugänglich. Man trifft häufig auf Schilder mit der Aufschrift „Private, no entry". Ein ruhigerer öffentlicher Strand ist an der kleinen Bucht von **Koutsouri** zu finden.

Bei Ag. Paraskeví

Hinter der Kalamaki-Halbinsel liegen unweit der Inselhauptstraße die Strände **Vromólimnos, Koliós** und **Platanias** mit zahlreichen Hotelanlagen. Letzterer wird auch **Ag. Paraskeví** genannt, denn es gibt dort eine kleine, alte Kirche mit dem gleichen Namen. Sie wird von den Einheimischen regelmäßig besucht, Kirchfest ist am 26. Juli. Im Inneren befinden sich zahlreiche Ikonen. Hinter diesem Strand beginnt ein Weg, der durch ein grünes Tal in die Berge hochführt. Leider wurde der obere Teil des Tals 1999 durch Waldbrände zerstört.

Troúlos

Wenn Sie weiter der Hauptstraße folgen, erreichen Sie Troúlos. Troúlos wird zwar ganzjährig bewohnt, aber ein Dorf mit Flair ist dieser Ort nicht. Sie finden dort Hotels, Restaurants, Supermarkt und Reisebüro, Tankstelle und natürlich einen Sandstrand. In der Nähe von Troúlos liegen die Ruinen des verlassenen Klosters **Moní Ag. Sophía** aus byzantinischer Zeit.

In Troúlos gabelt sich die Straße: Sie können von hier aus die Insel überqueren und zum Strand von Asélinos oder zum Kloster Moní Kounistrá hochfahren (siehe folgendes Kapitel). Wenn Sie ihren Weg in Richtung Südwesten an der Küste entlang fortsetzen, kommen Sie an weiteren Stränden und Hotelanlagen vorbei und erreichen schließlich Koukounariés.

Koukounariés

Koukounariés ist wohl der **bekannteste Strand** der Insel. Er ist landschaftlich sehr schön, aber leider mehr als gut besucht.

042s Foto: vbFoto:

Hinter dem Strand liegt ein kleiner **Lagunensee,** der Limni Strofilia. Zwischen See und Meer wächst auf der großen Sandbank Pinienwald. Die Straße führt hinter dem See entlang. Hier liegen zahlreiche Hotels und Restaurants. Am Westende des Strandes gibt es einen Parkplatz mit Wendeplatz für den Bus, denn hier endet die Straße. An der Ostseite ist der See mit dem Meer verbunden. Dort wurde ein kleiner Hafen angelegt, und der Strand ist über eine Brücke von der Straße her zu erreichen.

Die Gegend wurde in den letzten Jahren häufig von Wildcampern aufgesucht (obwohl es wenige Meter weiter einen recht angenehmen Campingplatz gibt). Verbote halfen nichts, denn sie wurden jahrelang nicht beachtet. Viele Wildcamper machten auch Feuerchen unweit der Pinien. Diese Uneinsichtigkeit der Urlauber hat nun dazu geführt, daß das ganze Areal **unter Naturschutz** gestellt und abgesperrt wurde. Die Bäume hinter dem Strand werden durch einen Zaun geschützt. Tagsüber ist es zwar erlaubt, im Wald spazierenzugehen, abends ist der Zutritt jedoch verboten. Auch der Strand ist nur noch tagsüber zugänglich. Man erreicht ihn über kleine Knüppeldämme, an denen unübersehbar Schilder darüber informieren, was erlaubt ist und was nicht. So dürfen z.B. keine Tiere an den Strand mitgebracht werden, und Rauchen ist nur noch vorne am Wasser gestattet. Von den Einschränkungen nicht betroffen ist der Wassersportbetrieb. Die Bucht von Koukounariés ist bei **Surfern** sehr beliebt.

DER WESTEN

(Touren durch diesen Inselteil werden unter „Wanderungen“ und „Ausflüge“ beschrieben.)

Strände

Hinter dem Strand **Megálos Asélinos** gibt es einen angenehmen Campingplatz. Da der Bus nicht hierher fährt, ist es etwas ruhiger als an der Südküste.

Schöne Strände sind auch **Ag. Eléni** und der **Krássas-** oder **Bananabeach**.

Einen Abstecher von Koukounariés zu den wunderbaren Stränden **Mandráki** und **Elías** an der nördlichen Westküste beschreiben wir unter „Ausflüge und Wanderungen“. In Koukounariés werden auch Ausflüge zu Pferd dorthin angeboten. Eine Voranmeldung ist aber notwendig.

Moní Kounistrá

Das 1650 erbaute Nonnenkloster Moní Kounistrá ist heute verlassen, wird aber im Sommer von einer netten Dame bewirtschaftet. Gegründet wurde das Kloster, nachdem ein Mönch namens *Simeon* im Wald eine Marienikone an einem Baum hängend gefunden hatte. Man nannte es daher zunächst Panagía Ikonistra. In der einschiffigen **Basilika** befinden sich Fresken aus dem Jahr 1741 an den Wänden, die Fresken in der Kuppel wurden erst 1805 gemalt. Rechts oberhalb der Kirche liegen die **Wirtschaftsgebäude** des Klosters. Schauen Sie sich dort auch das Kaminzimmer an. Am 20. November ist Klosterfeiertag. Das Kloster ist während der Saison täglich von 8-18 Uhr geöffnet, eine Spende wird erwartet.

Moní Kechriá

Etwas weiter nördlich liegt das verlassene Moní Kechriá. Es stammt aus dem 15. Jh. und ist damit das **älteste Kloster der Insel.** Vorher stand hier wohl ein noch älteres Gotteshaus. Die Kirche ist eine Basilika mit Kuppel. Ihre Fresken aus dem Jahr 1745 sind die schönsten der Insel. Die Altarwand stammt aus dem 17. Jh. Die alten Ikonen werden in Skíathos-Stadt aufbewahrt, hier sind lediglich Kopien aus neuerer Zeit ausgestellt. Das Klösterchen ist per Fahrzeug nicht so einfach zu erreichen, weshalb es hier meist relativ ruhig zugeht. Die Kirche ist offen und für jedermann zugänglich. Bitte vergessen Sie nicht das Gatter wieder zu schließen, denn sonst machen sich gefräßige Ziegen über die Blumen her.

Der Inselnorden

(Unter „Ausflüge" und „Wanderungen" beschreiben wir Touren durch dieses Gebiet.)

Moní Evangelístria

Von Skíathos-Stadt aus führt eine Teerstraße zum Kloster Evangelístria. Hier hoch fährt auch mehrmals täglich ein Bus. Auf dem Weg zum Kloster liegt links der Straße die Kirche **Ag. Taxiarches,** in deren Außenwand eine Quelle entspringt. Vor der Kirche finden Sie einen schattigen Rastplatz.

Im Moní Evangelístria lebt nur noch ein Mönch. Das Kloster hieß früher **Moni Evangelismos tis Theotokou.** Es wurde erst Ende des 18. Jh. vom Mönch *Nyphon* gegründet. Der stammte aus einem Kloster auf dem Berg Athos und schloß sich den Kollivaden an, einer kirchlichen Strömung, die nicht ganz auf offizieller Linie stand. Daher mußte er seine Glaubensbrüder verlassen und begann 1794, dieses neue Kloster zu errichten.

Um die ganze Anlage herum verläuft eine Klostermauer. Die Kirche ist eine kreuzförmige **Dreikonchenkirche,** also eine Kirche mit drei Kapellen und zwei Vorhallen. In ihrem Inneren befindet sich eine sehr prachtvoll geschnitzte dunkle Altarwand.

1807 trafen sich hier griechische Widerstandskämpfer, die sich zum Ziel gesetzt hatten,

Griechenland von den Türken zu befreien. Im 19. Jh. war das Kloster immer wieder **Zufluchtsstätte** für Griechen, die gegen die Türken kämpften und in Bedrängnis geraten waren. Daher verbindet viele Griechen auch eine Art Nationalstolz mit der Klosteranlage. Sonntags reisen viele zum Gottesdienst an. Am 15. August findet das Klosterfest statt.

Das Moní Evangelístria wird häufig von Urlaubern besucht und manchmal ist von der meditativen Ruhe nicht mehr viel übrig. **Besucher** werden dennoch gerne gesehen, aber der Mönch legt wert auf „anständige Kleidung". Das Kloster ist etwas renovierungsbedürftig, und Spenden werden erwartet – in den letzten Jahren wurde schon manches mit dem Geld der Besucher wieder repariert. Das Kloster ist täglich 8-14.30 Uhr geöffnet.

Gleich oberhalb des Klosters treffen Sie auf die Kirche **Zoodóchos Pigí,** was soviel heißt wie „lebensspendende Quelle". Die einfache Kirche ist außen nicht verputzt. In ihrem Innern gibt's außer zahlreichen Ikonen nicht viel zu sehen. Aber der Platz vor der Kirche ist ein wirklich schönes Fleckchen.

Die Kirche **Profítis Ilías** aus dem 18. Jh. liegt weiter oben auf dem Berg. Auch hier können Sie zahlreiche Ikonen bewundern. Diese sind aber erst 1907 entstanden. Gegenüber der Kirche befindet sich die beliebte Ausflugstaverne Platanos (mit Aussichtsterrasse).

Moní Charalámbos

Das Moní Charalámbos gehört zu den **ruhigeren Orten** der Insel. Es wird nicht mehr bewohnt. Ab und zu trifft man dort einen alten Bauern an, der hier von Zeit zu Zeit nach dem Rechten sieht. Wer dieses Glück hat, kann die reichverzierte Altarwand mit den alten Ikonen der Kirche ansehen. Die Klosterkirche wurde 1809 anstelle einer älteren Kirche hier errichtet.

Sehenswürdigkeiten bei Kástro

Auf dem Weg nach Kástro treffen Sie auf ein Schild mit der Aufschrift „Pirgi". Markiert ist hier der **Pirgi Farmakolitra.** Es ist nur noch der Sockel des alten Wachturms aus hellenistischer Zeit übrig. Die rund 1,5 m hohen Turmreste liegen neben der Kirche Ag. Anastasía unter Bäumen.

Auch zahlreiche Kirchen und Kapellen laden zu Zwischenstopps auf der Anreise nach Kástro ein: Zuerst erreichen Sie die Kirche **I Kimissis tis Theotokou,** was soviel heißt wie „Maria Himmelfahrt". Die Kirche wird auch **Panagía Kardasi** genannt. Sie liegt rechts des Weges unter Bäumen und wurde dort 1899 errichtet. Hinter der Kirche liegt etwas versteckt ein Denkmal mit einer Büste, die an den früheren Inselbürgermeister *Ioánnis Stamatis Pothos* erinnert.

Danach treffen Sie auf die Kapelle **Ag. Theodorou,** die in einem liebevoll gepflegten Garten liegt.

Die nächste Kirche ist **Ag. Ioánnis Kástro.** Auffällig farbenfroh sind die Kirchentür und die Fenster. Vor der Kirche ein hübsches Aussichtsplateau, hinter der Kirche ein sehr gepflegter Garten mit Brunnen und Sitzbänken.

Kástro

Die Hauptattraktion im Norden ist Kástro, die frühere Hauptstadt oder das, was davon übriggeblieben ist. Kástro ist eine **Ruinenstadt.** Seit 1830 verlassen, ist sie dem Verfall preisgegeben. Erbaut wurde sie ab Ende des 13. Jh., da die Bewohner von Skíathos in ihrer alten Hauptstadt keinen Schutz gegen die Piraten fanden. Aber auch Kástro war keine uneinnehmbare Festung. 1538 eroberten die Türken die Insel und versklavten die Bewohner von Kástro. Ein Problem der Stadt war, daß sie leicht ausgehungert werden konnte, denn die Felder lagen im Landesinnern, und unbemerkt konnte man aus der Festung nicht herauskommen. Während des Osmanischen Reichs gab es in Kástro auch eine Moschee, allerdings ohne Minarett.

043s Foto: vbFoto:

Einen Besuch ist Kástro schon wegen der **Aussicht** und seiner Lage wert. Außerdem sind ein paar **Kirchen** noch relativ gut erhalten, wenn auch von den Häusern nicht mehr allzu viel zu sehen ist. Innerhalb der Festung soll es einmal 27 Kirchen und 300 Häuser gegeben haben. Tagsüber besuchen größere Touristengruppen die Festung, gegen Abend ist es hier allerdings sehr still.

Früher war die alte Hauptstadt nur über eine Zugbrücke zu erreichen, heute sind **Stufen in die Felsen** geschlagen, so daß die Besucher keine Mühe haben, hier heraufzukommen. Bitte achten

Sie darauf, daß Sie die kleine Tür an der Brücke wieder hinter sich verschließen, denn sonst fressen sich bald die Ziegen durch die Blumen neben der Kirche von Kástro.

Gleich hinter dem Eingangsportal von 1695 sehen Sie links des Weges die Ruinen der alten **Zisterne,** dann ein wiederaufgebautes Haus, und danach erreichen Sie die Ruinen der Kirche **Ag. Apostoli.** Rechts des Weges stehen noch die malerischen Bruchstücke der Kirche **Panagía Prekla.** Dann zweigt vom Hauptpfad nach links ein Trampelpfad zu den Kirchen **Ag. Nikólaos** und **Ag. Vasílis** ab. Die beiden Kirchen wurden erst vor wenigen Jahren wieder renoviert. Ag. Nikólaos stammt aus dem Jahr 1609. An ihr Alter erinnert aber nach der Renovierung, die mehr ein Neubau war, nicht mehr viel. Um die beiden Kirchen herum liegen einige Marmorsteine, die sehr alten Gebäuden entstammen.

Wenn Sie dem Hauptweg folgen, erreichen Sie die **Christuskirche** von Kástro. Vor der Kirche, neben Zypressen und einem Brunnen, stehen einladend Tisch und Bänke. Der Kircheneingang liegt an der Seite. Wenn sich Ihre Augen an die Dunkelheit in der Kirche gewöhnt haben, erkennen Sie die alten Freskenreste aus spätbyzantinischer Zeit an den Wänden. Bis vor wenigen Jahren zerfiel diese einschiffige Basilika, und der Regen lief an den Mauern hinunter. Deshalb sind Teile der Fresken zerstört. In den letzten Jahren wurde kräftig gesammelt, und nun konnte die Kirche mit den Spendengeldern renoviert werden. Am Fußboden befinden sich einfache Kieselmosaiken und alte Steinplatten. Auf der vergoldeten, reichverzierten Altarwand winden sich geschnitzte Schlangen, die ein Holzkreuz tragen. Die Ikonen hier sind Kopien der Originale, die in Skíathos-Stadt aufbewahrt werden. Vom neugebauten Kirchendach hängt der alte Kranz, an dessen Innenseite 25 Ikonen im Kreis hängen. Unter diesem Kranz wurde früher geheiratet.

Der Weg führt nun weiter auf den Felsen. Hier zweigt nach links ein Pfad zur neu renovierten Kirche **Ag. Marina** ab. Auch dort werden Ikonen neueren Datums verwahrt. Auf dem Plateau erhebt sich eine Fahnenstange, auf dem Boden liegt eine stark angerostete alte Kanone. Der Ausblick von hier ist grandios.

Lalaría-Strand

Der schönste Strand im Norden ist der Kieselstrand Lalaría mit dem **Felsentor** und den nahegelegenen **Grotten.** Strand und Grotten sind aber nur vom Meer her zu erreichen. Sie werden auf den Bootsausflügen von Skíathos-Stadt aus angelaufen.

Der Osten

Von Skíathos-Stadt aus führt die Straße an der Küste entlang zum **Flughafen.** Kurz dahinter liegt ein vom Meer jeden Winter wieder neu überspülter **Salzsee.** Dort steht auch die schlichte, neuere Kirche **Ag. Geórgios,** die von zahlreichen Gläubigen zum Gebet aufgesucht wird. Lästig ist in dieser Gegend v.a. der Fluglärm, denn in der Saison donnern täglich zahlreiche Maschinen über diese Stelle hinweg. Die kleine Straße führt zum **Hotel Pounta**, das auf dem gleichnamigen **Kap** gegenüber der Stadt liegt.

Nordöstlich vom Flughafen befindet sich der mäßig einladende **Campingplatz Xanemos.** Der Strand dahinter liegt direkt in der Verlängerung der Flughafenlandebahn und wirkt wie eine wilde Müllkippe. Es bestehen Pläne, die Landebahn des Flughafens zu verlängern. Dabei bliebe von diesem Strand dann wohl nicht mehr viel übrig.

Der Weg zum Strand **Megas Gialós** im Norden lohnt kaum. Schöner ist eine Tour zum Strand **Nikotsará,** der aber auch nicht mit den Stränden der Südküste vergleichbar ist.

WANDERUNGEN

Von Skíathos zu den Klöstern Evangelístra und Charalámbos

Über Pfade und sonnige Pisten durch grüne Landschaft, vorbei an alten Brunnen und Kapellen zu den sehenswerten Klosteranlagen

- **Route:** Skíathos – Moní Evangelístria – Moní Charalámbos – Moní Evangelístria
- **Strecke:** alte Fußpfade, sonnige Staubpisten, leicht zu finden und ausgetreten
- **Dauer:** Skíathos-Chóra – Moní Evangelístria ca. 1 Std., Moní Evangelístria – Moní Charalámbos – Moní Evangelístria ca. 1½ Std. (reine Wanderzeit ohne Pausen)
- **Ausrüstung:** Sonnenschutz, etwas Eßbares, Wasser kann unterwegs nachgefüllt werden

Zum Moní Evangelístria

Starten Sie am **Postamt** in der Papadiamántisstraße, und biegen Sie dort in die Evangelístriastraße ein. Diese führt Sie auf die Ortsumgehungsstraße. Folgen Sie dieser nach rechts. Nach rund 500 m zweigt vor einer **Bäckerei** bei einem kleinen Heiligenschrein ein Weg nach links ab. Sie finden an dieser Stelle auch ein kleines Holzschild, das „Kástro" und „Profítis Ilías" markiert. Folgen Sie diesem Weg durch die **Olivenhaine** den Berg hoch. An einem **Schrein** zweigt der markierte Fußweg nach Profítis Ilías ab. Bleiben Sie aber zunächst noch auf der Piste, und zweigen Sie hier nicht ab. Wenig später macht die Piste (= unbefestigte Straße) eine scharfe Kurve nach links. Hier zweigt nach rechts ein Fußweg ab, der mit „Footpath Moní Evangelístria" markiert ist. Dieser schöne Weg führt an einer **Quelle** vorbei auf die Teerstraße. Folgen Sie nun der Straße nach links bis zur **Taxiarchiskirche.** Hier sollten Sie Ihre Wasservorräte auffüllen.

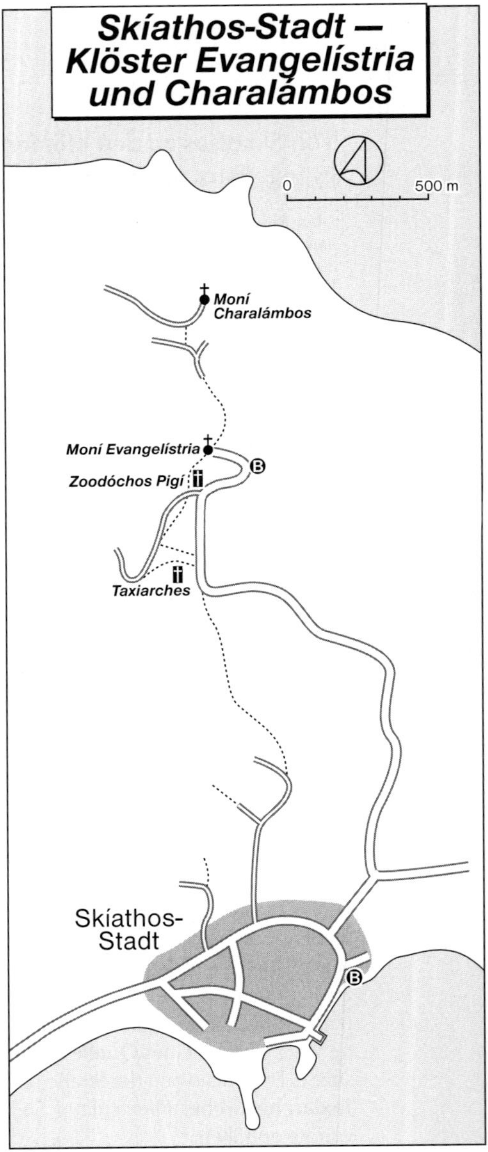
Skíathos-Stadt — Klöster Evangelístria und Charalámbos
0
500 m
Moní Charalámbos
Moní Evangelístria
B
Zoodóchos Pigí
Taxiarches
Skíathos-Stadt
B

Quelle auf dem Fußweg zum Moní Evangelístria

Folgen Sie nun der Straße noch ungefähr 20 m. Hier zweigt nach links hoch ein Pfad ab. Über diesen erreichen Sie nach wenigen Minuten eine Piste, auf der Sie nun nach rechts runtergehen. Kurz nach einer Betonbrücke zweigt wiederum nach rechts ein unscheinbarer Trampelpfad ab. Er schlängelt sich parallel zur Piste den Hang hinab auf einige Zypressen zu. Dort treffen Sie auf die Ruinen einer **alten Kapelle.** An dieser geht es nun links vorbei auf die Kirche **Zoodóchos Pigí** zu. Überqueren Sie die Piste. Wenn Sie rechts an der Kirche vorbeigehen, treffen Sie auf eine Zypressenallee, die zum **Moní Evangelístria** führt. Direkt unterhalb des Klosters, im Tal laden an einer Quelle Tisch und Bank zu einer Rast ein.

Zum Moní Charalámbos

Ein Schild markiert nun schon den Weg zum „Moní Charalámbos“. Der Fußpfad beginnt auf der anderen Talseite. Bei den folgenden beiden Gabelungen halten Sie sich jeweils rechts und erreichen dann nach 15 Minuten ein **Haus,** hinter dem eine sonnige Staubpiste beginnt. Sie führt den Hang hoch, und nach einer weiteren Viertelstunde treffen Sie auf eine kleine Kreuzung. Rechter Hand steht hier ein **Schrein,** auf der anderen Seite eine Steinmauer. Halten Sie sich hier ganz links und folgen Sie der Piste noch rund 150 m. Dort zweigt nach rechts ein Pfad ab, der zu einer Piste führt. Merken Sie sich diese Stelle für den Rückweg. Sie sehen nun schon rechts die Zypressen des Klosters. Die Piste endet am **Moní Charalámbos.**

Rückweg

Die alten Eselspfade um das Kloster Moní Charalámbos sind zugewachsen und nicht mehr begehbar, die Piste, die vom Moní Charalámbos zur Kirche Ag. Apostolos führt, ist sonnig und nicht sehr angenehm für Wanderer. Für den Rückweg ist es daher ratsam, **dieselbe Strecke** wie auf dem Hinweg zu wählen. Vom Moní Evangelístria aus fahren während der Saison mehrmals täglich **Busse** zurück nach Skíathos.

Von Skíathos nach Kechriá

Üppig grüne Landschaften, einsame Täler und herrliche Ausblicke erwarten den Wanderer auf dieser Tour zur Klosteranlage Kechriá mit ihren sehenswerten Fresken.

- **Route:** Skíathos – Moní Kechriá – Ag. Apostolos – Ag. Anárgiri – Skíathos
- **Strecke:** lange, anstrengende Tour, zu der man wegen der Mittagshitze schon früh morgens aufbrechen sollte
- **Dauer:** ca. 4 Std. (reine Wanderzeit, hin und zurück)
- **Ausrüstung:** Sonnenschutz, genügend Wasser und Proviant, lange Hosen (der Weg ist z.T. überwuchert)

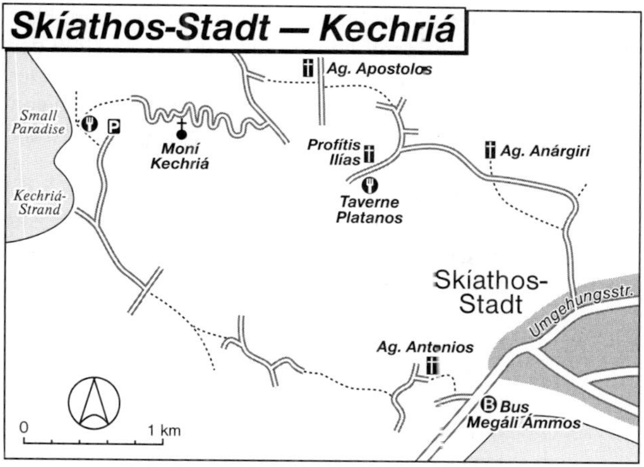

Zum Moní Kechriá

Die Tour beginnt an der **Bushaltestelle von Megáli Ámmos.** Von Skíathos aus erreichen Sie die Haltestelle auch zu Fuß, wenn Sie der Papadiamántisstraße bis zu ihrem oberen Ende folgen, dann in die Teerstraße nach links einbiegen und oben am Platz auf der Straße nach Koukounariés noch rund 1 km weitergehen.

An der Bushaltestelle zweigt von der Hauptstraße eine kleine Straße nach rechts ab, die steil den Berg hochführt. An der Stelle, an der diese Straße in einer Linkskurve wieder abfällt, zweigt nach rechts ein kleiner Trampelpfad ab. Der Weg wird bald etwas breiter und führt hoch zur Kirche **Ag. Antonios.** Auf dieser Strecke haben Sie eine schöne Aussicht auf die Küste und auf Skíathos-Stadt hinunter.

An der Kirche beginnt eine Piste, die kurz darauf in eine andere einmündet. Gehen Sie nun nach links auf dieser Piste weiter. In einer Linkskurve zweigt kurz darauf ein kleiner Trampelpfad nach rechts ab. Er führt am Rande eines **grünen Tals** entlang. Auf der gegenüberliegenden Talseite sehen Sie verbrannte Bäume am Horizont. Hier konnte der Waldbrand, der im Frühjahr 1999 das Zentrum der Insel zerstörte, gestoppt werden. Der Pfad führt durch grünes Land und ist an einigen Stellen etwas überwuchert, aber er ist leicht zu finden und durchaus noch gut begehbar.

Bald geht der Pfad in eine Piste über, die kurz darauf auf eine noch breitere trifft. Dieser Piste folgen Sie nun nach rechts, bis nach gut fünf Minuten ein Weg nach links den Hang hinunter abzweigt und zu einem Haus führt. Dann wird es etwas schwieriger, den Weg zu finden. Folgen Sie dem Weg hangabwärts, bis dieser sich nach links windet. Hier sollten Sie rechts aus der Kurve heraus durch die Wiese den Hang hinuntergehen. Unten treffen Sie auf eine **dichte Vegetation.** Hier ist ein schmaler Pfad zu finden, allerdings müssen Sie sich etwa 20 m durchs Gebüsch arbeiten, denn der Pfad ist hier fast zugewachsen. Dann treffen Sie im Tal ganz unten auf einen gut ausgetretenen, schönen Fußpfad. Sie folgen nun dem Pfad nach rechts das Tal hinunter. Der Weg trifft auf eine Pistenkreuzung im Tal weiter unten.

045s Foto: vbFoto:

Gehen Sie die Piste geradeaus ins Tal hinab. Bei der nächsten Gabelung ist nach rechts **„Small Paradise of Kechriá"** markiert. Die Strandtaverne an diesem hübschen Fleckchen hat leider erst gegen Mittag geöffnet und auch nur während der Saison. Die Holzsitze dort bieten sich aber für eine Pause an.

Gehen Sie nun weiter am Strand entlang und überqueren Sie das **Bachbett.** Hier beginnen zwei Fußwege. Folgen Sie dem rechten zum Moní Kechriá. Der Pfad führt durch ein **herrliches Tal,** aber er trifft leider bald auf eine Piste. Es ist wirklich schade, daß im Oberlauf des Tales der schöne alte Fußpfad durch den Bau dieser Piste zerstört wurde. Über diese Piste erreichen Sie nun das alte Klösterchen **Moní Kechriá.**

Zur Kirche Ag. Apostolos

Oberhalb des Klösterchens windet sich die Piste sehr steil und sonnig den Hang hoch. Rund 30 Minuten, nachdem Sie das Klösterchen verlassen haben, erreichen Sie die **Piste nach Kástro.** Folgen Sie dieser nun nach links den Hang hinunter. Dort steht bald am rechten Pistenrand ein Haus, hinter dem die Piste zunächst erneut steil ansteigt, um dann wieder abzufallen. Hier oben zweigt nach rechts ein Weg zu einem Haus ab. An einem Stein finden Sie einen **roten Punkt** am rechten Pistenrand.

Hinter diesem Haus beginnt ein **schöner alter Eselsweg,** der nur ganz unten etwas überwuchert ist, der aber viel begangen wird und relativ breit unter einem Blätterdach entlangführt. Sie erreichen eine Piste. Linker Hand sehen Sie die Kirche **Ag. Apostolos**.

Zur Kirche Ag. Anárgiri

Folgen Sie nun der Piste nach rechts. Gleich gegenüber steht ein **Heiligenschrein,** hinter dem der alte Eselspfad nach links von der Piste abzweigt. Folgen Sie diesem Pfad, der durch ein üppig grünes und schattiges Tal nach unten führt. Der Pfad trifft auf eine Piste, der Sie nun nach links den Hang hinunter folgen. So gelangen Sie auf eine weitere Piste, in die Sie nach rechts einbiegen. Sie erreichen dann die Kirche **Profítis Ilías** und die **Taverne Platanos.** Hier können Sie Wasser auftanken. Eine weitere Pause kann nicht schaden. Die **Aussicht** von hier oben ist einfach umwerfend.

Gehen Sie nun die Piste, über die Sie gekommen waren, wieder ein Stück zurück. Allerdings nicht sehr weit, denn bald schon zweigt den Hang hinunter eine Piste ab. Sie führt an einer **Pizzeria** (die allerdings nicht immer geöffnet hat) vorbei zur Kirche **Ag. Anárgiri.** Diese Kirche liegt nicht direkt am Weg, sondern links davon an einem Pfad.

Nach Skíathos-Stadt

An der Stelle, wo dieser Pfad von links auf die Piste trifft, zweigt nach rechts den Hang hinunter ein Weg ab, der Sie dann talwärts führt, und schließlich landen Sie wieder auf der Piste, auf der die Tour zum Moní Evangelístria begann. Sie endet an der **Ortsumgehungsstraße** an einer Bäckerei. Wenn Sie nun der Straße nach rechts folgen, zweigt bald nach links die Verlängerung der **Evangelístria-Straße** ab.

Von Skíathos nach Kástro

Auf Eselspfaden und durch grüne Wälder zur alten Inselhauptstadt Kástro, die mit atemberaubendem Blick hoch über dem Meer auf einem Felsen thront.

- **Route:** Skíathos – Kástro – Profítis Ilías – Skíathos
- **Strecke:** Für diese Tour braucht man etwas Kondition und sollte Frühaufsteher sein. Wer hin- und zurückwandert, ist auch über die Mittagszeit noch unterwegs.
- **Dauer:** ca. 5 Std. (reine Wanderzeit hin und zurück)
- **Ausrüstung:** Wasser, Proviant, Sonnenschutz, lange, dünne Hosen, Armbanduhr
- **Hinweis:** Während der HS legen regelmäßig Ausflugs-boote in Kástro an. Wenn Sie den Rückweg per Bootzurücklegen wollen, fragen Sie am Tag zuvor im Hafenvon Skíathos nach, ob es möglich ist, daß das Boot Sieauf dem Rückweg mitnimmt, und erkundigen Sie sichnach der genauen Abfahrtszeit. Starten Sie dann aberrund 4½ Stunden, bevor Sie aufs Boots steigen wollen, so daß Ihnen auch noch Zeit für Pausen und die Besichtigung von Kástro bleibt.

Skíathos

Nach Kástro

Starten Sie wieder am **Postamt,** und folgen Sie der Evangelístriastraße bis auf die Umgehungsstraße, in die sie nach links einbiegen. Bald schon sehen Sie am Straßenrand zwei Wasserhähne. Dort zweigt eine Piste nach rechts von der Straße ab. Auf dieser Piste wandern Sie durch **Olivenhaine,** und bei den nächsten beiden Gabelungen halten Sie sich rechts.

Dann erreichen Sie ein **grünes Tal.** Folgen Sie dem Weg im Tal. Etwa 20 Minuten, nachdem Sie die Straße verlassen haben, zweigt nach rechts erneut ein Weg ab. Bleiben Sie aber auf dem Weg, der nach halblinks durch das Tal führt. Bei der folgenden Gabelung halten Sie sich dann links. Der Weg führt an einem **Brunnen** vorbei, und bei der folgenden Gabelung halten Sie sich rechts. Der Pfad führt Sie nun durch ein üppig bewachsenes **Bachbett.** Rechter Hand sehen sie einen **Zaun,** kurz danach kreuzen sich mehrere Pfade. Bis hierher sind Sie 40 Minuten von der Teerstraße aus unterwegs.

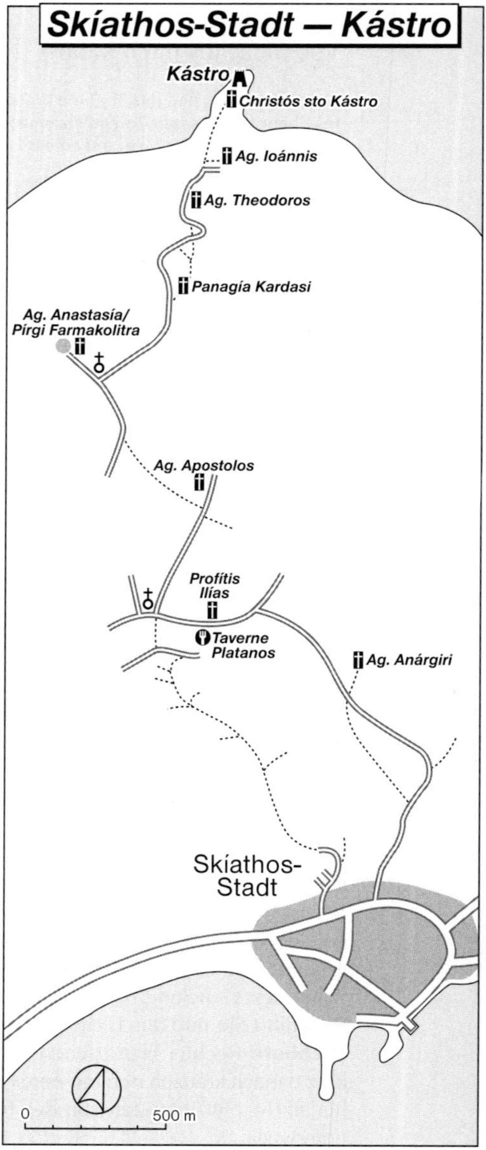
Skíathos-Stadt — Kástro
Kástro
Christós sto Kástro
Ag. Ioánnis
Ag. Theodoros
Panagía Kardasi
Ag. Anastasía/
Pírgi Farmakolitra
Ag. Apostolos
Profítis
Ilías
Taverne
Platanos
Ag. Anárgiri
Skíathos-
Stadt
0
500 m

Folgen Sie dem Pfad, der geradeaus über einige Felsen den **Hang** hochführt. Der Weg war bisher stets mit **roten Punkten** markiert und so einfach zu finden. Nun führt er geradeaus zwischen einigen **Felsen** hindurch und hoch an einer Hangkante entlang, schwenkt dann nach rechts vom Tal weg und führt über eine **Wiese.** Zwei Pfade zweigen nach links ab, denen Sie aber nicht folgen.

Nun scheint der Pfad auf der Wiese zu enden. Sie erreichen eine Stelle, an der von links und rechts **Zäune** aufeinander zulaufen, aber es bleibt dazwischen eine breite, torartige Öffnung. Durchschreiten Sie dieses Tor, gehen Sie dann nach rechts runter und am Hang entlang auf den Rücken zu und über diesen hinweg. Hier finden Sie wieder Spuren eines Weges.

Dieser Pfad mündet kurz darauf in eine **Piste.** Folgen Sie der Piste nach links und achten Sie auf den rechten Wegrand. Nach einer Kurve markiert ein **roter Pfeil** einen ganz kleinen Pfad, der steil die Böschung hochführt.

Folgen Sie diesem Pfad. Er mündet auf eine Staubpiste gleich vor einer **Kreuzung.** Der Weg nach rechts führt zur Kirche Profítis Ilías, der Weg nach links windet sich den Hang hinunter nach Ftelia. Die Piste, die halblinks hinter dem Schrein den Hang hinunterführt, geht nach Kástro, und die Piste, die genau gegenüber vor dem Schrein beginnt, führt zur Kirche Ag. Apostolos.

Folgen Sie dieser Piste, die zunächst ansteigt, und links sehen Sie bald die Kirche **Ag. Apostolos.** Ungefähr 100 m bevor Sie die Kirche erreichen, steht rechts der Straße ein **Schrein,** vor dem ein Weg nach rechts abzweigt. Wenige Meter weiter zweigt hinter einem Zaun ein Pfad nach links ab. Folgen Sie diesem Pfad. Er führt Sie von hinten an ein **Haus.**

Vor dem Haus beginnt ein Weg, der kurz darauf auf die Piste nach Kástro mündet. Am Straßenrand finden Sie einen **roten Punkt** auf einem Felsen. Merken Sie sich diese Stelle für den Rückweg.

046s Foto: vbFoto:

Gehen Sie nun die Piste nach rechts den Hang hinunter. An einer Gabelung treffen Sie auf einen **Schrein,** auf dem mit roter Farbe „Kástro" nach rechts markiert ist. Wenn Sie hier der Piste noch 200 m nach halblinks folgen, liegen rechts des Weges im Wald neben einer kleinen Kirche die spärlichen Überreste eines hellenistischen Turmes, der **Pirgi Fourmakolita** genannt wird.

Gehen Sie zurück zum Schrein und folgen Sie dann der Piste weiter nach Kástro, wie auf dem Schrein markiert ist. Der Weg führt in ein grünes Tal zur Kirche **I Kimissis tis Theotokou,** die rechts der Piste im Wald liegt. Hinter der Kirche liegt, im Wald versteckt, ein **Denkmal.**

Oberhalb des Denkmals beginnt ein Fußweg, der sich bald gabelt. Halten Sie sich hier rechts. Der Pfad trifft wieder auf die Piste. Kurz darauf beginnt er erneut links der Piste und schneidet eine

Auf dem Weg nach Kástro

Serpentine ab. Folgen Sie nun der Piste. Sie erreichen dann die Kirche **Ag. Theodorou,** die rechts des Weges liegt.

Ein Weg zweigt nach rechts ab. Bleiben Sie links auf der Hauptpiste. Bis hierher ist der Weg noch befahrbar, jetzt geht er in einen Fußpfad über. Nach rechts führt ein Pfad hoch zur Kirche **Ag. Ioánnis.** Vor der Kirche finden Sie einen schönen Rastplatz.

Geradeaus führt der Pfad Sie nun nach **Kástro.** Am Eingang befindet sich bei einer Treppe ein Gatter. Bitte verschließen Sie dieses wieder sorgfältig. In Kástro können Sie am Brunnen vor der Christuskirche Wasser auftanken.

Zur Kirche Profítis Ilías

Für den Rückweg wählen Sie die **gleiche Route** bis zur Kirche I Kimissis tis Theotokou und danach bis zu dem Schrein, auf dem „Kástro" rot markiert ist.

Folgen Sie nun der Piste, die nach links hochführt. Nach rund zehn Minuten erreichen Sie die Stelle, an der der Fußweg nach links von der Piste abzweigt und an der der alte Pfad zur Kirche Ag. Apostolos beginnt. Biegen Sie dann am Ende des Pfades auf die Piste nach rechts ein, und Sie erreichen bald die **Pistenkreuzung am Paß.** Rechts neben ihnen liegt nun der Schrein. Zweigen Sie nach links ab und nach rund fünf Minuten erreichen Sie die Kirche **Profítis Ilías** und die **Taverne Platanos.** Vor der Taverne können Sie ihren Wasservorrat am Brunnen nochmals auftanken.

Nach Skíathos-Stadt

Als Rückweg nach Skíathos-Stadt ist der Weg empfehlenswert, der in der Tour „Skíathos – Kechriá" bereits beschrieben wurde (obwohl diese Tour sonnig ist). Folgen Sie also der Piste noch ein Stück, bis nach rechts die Piste zur Kirche **Ag. Anárgiri** abzweigt.

Es gibt auch einige kleinere Fußwege, aber diese sind meist zugewachsen und von oben nach unten schlecht begehbar, da sie sehr steil sind. Wer sich auf eine solche **Kraxeltour** einlassen will, findet diese Pfade, wenn er wenige Meter nach der Kirche Profítis Ilías nach rechts von der Straße abzweigt und bei einer **Ruine** einer Piste den Hang hinabfolgt. Zunächst verläuft dieser Weg noch recht breit über eine kleine **Betonbrücke** den Hang hinunter. Bald wird der Weg aber sehr schmal und steil. Er führt nach einer wilden Kraxelei rechts am Hang an einem **Haus mit Hund** vorbei zu einer **Quelle** und dann in das Tal hinab, das wir am Anfang dieser Tour beschrieben haben.

Von Koukounariés zum Mandrákistrand

Einfacher Spaziergang durch herrlichen Pinienwald

- **Route:** Koukounariés – Elíasstrand – Mandrákistrand – Koukounariés
- **Dauer:** ca. 1 Std. (hin und zurück)
- **Hinweis:** Am Mandrákistrand ist es zur Zeit des Sonnenuntergangs besonders schön, aber Sie können diese Tour auch mit einem längeren Strandaufenthalt verbinden.

Starten Sie an der **Bushaltestelle 21.** Dort zweigt eine Nebenstraße ins Hinterland ab. Sie führt am Caravos-Hotelgelände entlang. Dort finden Sie auch einen Mofaverleiher („Rent a motorbike").

Der Weg wendet sich nach rechts und geht in eine Sandpiste über, die durch wunderschönen Pinienwald und Dünen zum **Strand Elías** führt.

Um den Spaziergang fortzusetzen, können Sie den Strand an seinem linken, westlichen Ende wieder verlassen. Hier beginnt ein Pfad, der durch den Wald auf eine Fußwegkreuzung zuführt. Der Weg nach rechts bringt Sie zum **Mandrákistrand.**

Wenn Sie sich von diesem herrlichen Fleckchen wieder trennen können, folgen Sie zunächst dem gleichen Weg, über den Sie gekommen sind, bis zur Pfadkreuzung. Gehen Sie nun aber vom Mandrákistrand kommend nach rechts weiter. So erreichen Sie einen Parkplatz, an dem eine befahrbare Piste beginnt. Die Piste führt durch den Wald nach **Koukounariés** zurück. Biegen Sie auf die Inselstraße nach links ein, und nach rund 200 m erreichen Sie wieder die Bushaltestelle 21.

Ausflüge

Per Mietfahrzeug in den Norden

• **Route:** Skíathos – Moní Evangelístria – Moní Charalámbos – Kástro – Skíathos

Zum Moní Evangelístria

Starten Sie am späten Vormittag in Skíathos, und fahren Sie auf die Ortsumgehungsstraße, von der die Teerstraße zum Moní Evangelístria abzweigt. Bei einer Gabelung biegt die Straße auf halber Höhe scharf nach links ab. Kurz darauf sehen Sie links des Weges die **Taxiarchiskirche.** Die Teerstraße endet am **Moní Evangelístria.**

Zum Moní Charalámbos

Nach einem Besuch des Klösterchens müssen Sie zunächst rund 100 m auf der Teerstraße zurückfahren. Hier beginnt an der Kirche **Zoodóchos Pigí** eine Staubpiste, die nach rechts in Serpentinen den Hang hochführt. Rechts der Straße sehen Sie nun die Kirche **Profítis Ilías** und gegenüber die Taverne Platanos. Wenn Sie weiterfahren, erreichen Sie kurz darauf eine Pistenkreuzung am Paß.

Folgen Sie hier der ersten Piste, die vor dem Schrein nach rechts abzweigt. Sie führt Sie an der Kirche **Ag. Apostolos** vorbei über eine Hochebene mit vielen Ziegen zum **Moní Charalámbos.**

Nach Kástro

Fahren Sie nun auf derselben Strecke zurück zur Kreuzung, und biegen Sie dann nach links in die Piste ein, über die Sie gekommen sind. Über die heiße Mittagszeit bietet es sich an, in der **Taverne Platanos** eine Pause einzulegen.

Um den Weg fortzusetzen, geht es nun wieder zur Kreuzung. Biegen Sie aber diesmal nicht vor dem Schrein, sondern erst in die Piste dahinter nach rechts ab. Sie führt den Hang hinunter nach Kástro. Folgen Sie der breiteren Piste so lange, bis Sie an einer Gabelung auf einen Schrein treffen, auf dem mit roter Farbe nach rechts „Kástro" markiert ist. Fahren Sie hier zunächst noch ein kleines Stück halblinks. Dann liegt rechts im Wald eine kleine Kirche und die Ruinen des hellenistischen Turms **Pirgi Fourmakolita.**

Wenn es nicht allzu heiß ist, bietet es sich an, in dieser Gegend das Fahrzeug zurückzulassen und zu Fuß nach Kástro zu laufen. Die **Wanderroute** ist unter „Wanderung Skíathos – Kástro" beschrieben. Allerdings sind Sie von hier aus zu Fuß noch fast eine Stunde unterwegs, bis Sie das Ruinendorf erreichen.

Der Weg nach Kástro führt nun an dem Schrein mit der roten Aufschrift vorbei. Rechter Hand sehen Sie bald einen kleinen Brunnen. Danach erreichen Sie die Kirche **I Kimissis tis Theotokou.** Mit dem Fahrzeug können Sie der Piste noch bis zur Kirche **Ag. Ioánnis** folgen. Zu Fuß sind Sie von hier aus noch rund 15 Minuten unterwegs, bis Sie **Kástro** erreichen.

Dort ist es am späten Nachmittag und abends besonders schön. Von hier aus können Sie auch die Sonne hinter dem Pelion untergehen sehen.

Rückweg

Zurück geht's wieder über die gleiche Piste bis zum Paß. Hier können Sie nun nach rechts einer holperigen Piste folgen, die später in eine kleine Teerstraße übergeht und beim **Strand Vasilías** auf die **Küstenstraße** trifft.

Besser zu befahren, aber etwas weiter ist die Route **über Moní Evangelístria,** über die Sie bereits hierher gefahren sind. Dazu sollten Sie am Paß die Piste nach links wählen. Kurz darauf erreichen Sie wieder die Taverne Platanos und die Kirche Profítis Ilías.

Mit dem Fahrzeug in den Süden

- **Route:** Skíathos – Troúlos – Megálos Asélinos – Moní Kounistrá – Moní Kechriá – Skíathos
- **Hinweis:** Vergessen Sie bei dieser Tour nicht, ihre Badesachen mitzunehmen.

Nach Troúlos

Starten Sie von Skíathos aus und fahren Sie an der **Küstenstraße** entlang nach Troúlos. Hier zweigt eine Teerstraße ins Landesinnere ab, der Sie nun folgen. Nach wenigen Kilometern erreichen Sie eine weitere Gabelung.

Nach Megálos Asélinos

Im Frühjahr lohnt ein Abstecher nach links zum Strand von Megálos Asélinos, und zwar deshalb, weil der Weg dorthin durch ein grünes Tal führt, das zu dieser Zeit in voller **Blütenpracht** steht. Der Sandstrand selbst wird v.a. von den Gästen des Campingplatzes hinterm Strand und von den Teilnehmern der Inselrundfahrten, die hier eine Pause einlegen, besucht.

Zum Moní Kounistrá

Fahren Sie dann wieder zurück durch das Tal bis zur Gabelung. Wählen Sie nun die Straße, die den Hang hoch zum Moní Kounistrá führt. Ungefähr 100 m vor dem Kloster liegt rechter Hand das **Hundetierheim.** Die Tiere freuen sich immer über Besucher und stehen wedelnd am Zwingerzaun. Kurz darauf erreichen Sie das Kloster **Moní Kounistrá.** Während der Saison wird hier eine kleine Taverne betrieben.

Zum Moní Kechriá

Nun geht die Straße in eine Piste über und führt um das nächste Kap herum, unten sehen Sie den **Strand Mikros Asélinos.** Wer hier gerne ein Bad nehmen will, sollte oben an der Straße parken und dem ausgeschilderten Fußweg zum Strand folgen.

Die Piste führt dann oberhalb der Küste am Hang entlang weiter in ein grünes Tal. Hinten im Tal gabelt sich der Weg. Fahren Sie nach links zum Strand von Kechriá. Dieser Strand ist nichts Besonderes, dafür ist aber das **„Small Paradise of Kechriá"** ein schönes Fleckchen, zu dem etwa

200 m vor dem Strand nach rechts eine Piste abzweigt. Parken Sie oben (Schilder weisen auch darauf hin, daß man nicht bis zum Strand runterfahren kann). Ein Weg führt nun sehr steil etwa 100 m den Hang hinunter zu einer grünen Wiese mit Bäumen und einer kleinen Ausflugstaverne. Es ist auch möglich hinter dem felsigen Kap zu baden. Der Strand besteht allerdings aus groben Kieseln.

Moní Kechriá

Nach einer kleinen Pause geht's nun zu Fuß weiter zum **Moní Kechriá.** Hinter dem Strand mündet ein kleiner Bach ins Meer. Hier beginnt der markierte Fußweg, der Sie in rund 15 Minuten zum Kloster hochführt. Nach einem Besuch des Klösterchens geht es wieder denselben Weg zurück zu Ihrem Fahrzeug.

Zurück nach Skíathos

Fahren Sie nun zurück in das große grüne Tal, und zweigen Sie bei der Gabelung am Talende nach links ab. Die Piste windet sich hier den Hang hinauf. Nach mehreren Kilometern kommen Sie im oberen Teil des Tales in das Gebiet, das durch den **Waldbrand** zerstört wurde. Kurz darauf erreichen Sie eine Gabelung. Fahren Sie dort nach links und Sie treffen gleich wieder auf grünes Land.

Die Piste, die hier nach rechts abzweigt, führt zum Moní Kounistrá, aber da beinahe die ganze Strecke durch verbranntes Land führt, ist es nicht empfehlenswert, diese Gegend zu besuchen.

Der Piste nach links folgend, erreichen Sie bei einem Hotel eine Teerstraße. Folgen Sie dieser nach rechts, und Sie treffen hinter dem **Strand Vasilías** auf die Inselhauptstraße. Wenn Sie dieser nach links folgen, erreichen Sie bald wieder Skíathos-Stadt.

Bootsausflüge

Insel-rundfahrt

Sehr lohnend ist eine Inselumrundung, und im Hafen von Skíathos liegen auch zahlreiche Boote, die diese Tour unternehmen. Bei ruhigem Wetter werden dabei die **blaue** und die **schwarze Grotte** im Norden der Insel angelaufen. Auch am Strand von **Lalaría** halten die Boote. Bei **Kástro** und am Strand von **Megálos Asélinos** werden weitere Pausen eingelegt.

Der Preis für die Tour beträgt rund 15 DM pro Person. Während der Saison laufen die Boote täglich, im Mai ein- bis zweimal wöchentlich aus. Abfahrtszeit im Hafen ist meist 9.30 Uhr, Ankunft ge-

048s Foto: vbFoto: Foto:

gen 17 Uhr. Erkundigen Sie sich aber auf jeden Fall am Abend zuvor im alten Hafen von Skíathos noch nach **Preis und Zeit.**

Zur Insel Nisi Tsougriá

Auch zur vorgelagerten Insel Nisi Tsougriá laufen Boote vom Hafen von Skíathos aus. Um die Insel herum führt ein Fußpfad, auf dem Sie die knapp 2 km² große Insel umrunden können. Auf der Ostseite gibt es einige Kieselstrände. Am **schönen Sandstrand** von Ag. Floros, der auf der Westseite der Insel liegt und an dem die Ausflugsboote anlegen, wird während der Saison eine Taverne betrieben.

Boúrtzi-Halbinsel

Ins Pelion

Außerdem werden von Skíathos aus Bootsausflüge ins Pelion angeboten. Das Pelion ist eine interessante Gegend. In ein paar Stunden können Sie hier aber nicht allzuviel sehen, denn die Entfernungen auf dem Pelion sind groß. Ein solcher Bootsausflug kann eigentlich nur **ein erstes Schnuppern** sein. Wer das Pelion kennenlernen will, der sollte sich dort schon mehrere Tage niederlassen.

Nach Skópelos, Alónnissos

Ähnliches gilt für Ausflüge nach Skópelos und Alónnissos. Wenn Sie mit den Ausflugsbooten anreisen, verbringen Sie relativ viel Zeit auf dem Schiff. Die Insel **Alónnissos** ist zudem recht weit von Skíathos entfernt.

Wer aber den ganzen Urlaub auf Skíathos verbringt, dem würden wir schon raten, einen Tagesausflug nach **Skópelos** zu unternehmen, denn das Dorf und die Klöster sind sehenswert. Eine solche Tagestour läßt sich übrigens auch mit dem „Flying Dolphin" auf eigene Faust organisieren. Wählen Sie dann aber einen windstillen Tag aus, denn wenn das Meer unruhig ist, kann die Fahrt recht unangenehm werden.

Das **Tragflügelboot** startet morgens gegen 8 Uhr im Hafen von Skíathos und kommt rund eine Stunde später in der Chóra von Skópelos an. Gegen 17 oder 18 Uhr geht es wieder zurück. Erkundigen Sie sich aber am Hafen von Skíathos nach dem aktuellen Fahrplan. Der Ausflug ist mit dem Tragflügelboot zwar teurer als mit dem Ausflugsboot, in Skópelos bleibt Ihnen so jedoch mehr Zeit.

Schauen Sie sich das **malerische Dorf** an. Am Hafen können Sie sich außerdem ein Fahrzeug mieten und damit vormittags zu den **Klöstern** hochfahren und nachmittags einen schönen **Strand** an der Südwestküste aufsuchen.

STRÄNDE

Boúrtzi

Von der Halbinsel aus ist es möglich, über eine Leiter ins Wasser zu kommen. Das Wasser in Hafennähe ist allerdings nicht sehr sauber.

Kap Plaikes

Wenn Sie vom Krankenhaus der Insel immer geradeaus am rechten Rand der Siedlung entlanggehen, erreichen Sie ein mit Kiefern bewaldetes Felsenkap. Hier badet die Dorfjugend. Sie benötigen aber Plastiksandalen, um wieder aus dem Wasser herauszukommen – die Felsen sind scharf, und es gibt auch Seeigel. Außerdem schwemmt das Wasser manchmal (je nach Wind) Dreck an. Die Felsen selbst liegen in der Sonne.

Megáli Ámmos

Sandstrand, 600 m lang, 5-10 m breit, flach abfallend, für Kinder geeignet, klares Wasser, kein Seegras und keine Felsen im Wasser, sonnig, Strandsäuberung, sehr voll, sogar in der NS. Hinter dem Strand ist alles zugebaut, mehrere Strandtavernen mit WC, Hotels und Pensionen, dahinter die Straße, Telefon, Supermarkt. Angeboten werden: Liegen und Schirme, Tretboote, Paragliding, Wasserski und Crazy Banana. Der Strand ist über die Straße neben dem Stadtfriedhof auch von Gehbehinderten leicht zu erreichen, Bushaltestellen 5 und 6, kaum Parkmöglichkeiten.

Vasilías

Rund 300 m lang und 10 m breit, Sand und Kiesel, während der HS wird der Strand gesäubert, teils Steine oder Felsen im Wasser, fällt flach ab, klares Wasser, Blick nach Skíathos und auf vorgelagerte Inseln. Hinterm Strand teils mit Bäumen bewachsene, 2-3 m hohe Felswand, die etwas Schatten gibt, auch kleine Felsen am Strand. Taverne mit WC und Telefon, am Hang Hotels, HS gut besucht, aber selten richtig voll, NS meist leer. Angeboten werden: Liegen und Schirme, Surfbretter, Tretboote, Wasserski, Paragliding, Crazy Banana, Ring. Bushaltestelle 9, kleiner Parkplatz, Hauptstraße liegt oberhalb am Hang.

Achladiás

Sand, 400 m lang, 5-10 m breit, klares Wasser, kein Seegras und keine Felsen im Wasser, flach abfallend, gut geeignet für Kinder, Strand wird gesäubert, kleiner Bootsanlegesteg, bewaldete Felsenkaps, grüne Inseln vorgelagert, sonnig, einige wenige Bäume hinterm Strand, ein Hotel und dahinter die Straße, drei Strandtavernen mit WC, Supermarkt, NS sehr gut besucht, HS sehr voll. Angeboten werden: Liegen und Schirme, Tretboot, Wasserski, Paragliding, Wassermotorrad, Crazy Banana, Motorboot kann gechartert werden. Bushaltestelle 10, kaum Parkmöglichkeiten.

Tzanerias

250 m lang und 30 m breit, Sand, flach abfallend, geeignet für Kinder, felsige Kaps, Strand wird gesäubert, Taverne mit WC, einige Bäume, die etwas Schatten geben, oberhalb der Bucht bewaldete Hügel, dort auch Hotels und Pensionen, Straße seitlich, oberhalb des Strandes, Telefon, NS gut besucht, HS voll. Hinter der Bucht an der Straße zur Kalamaki-Halbinsel ist ein Supermarkt mit Strandartikeln. Angeboten werden: Liegen und Schirme, Surfbretter, Wasserski, Paragliding, Crazy Banana, Motorboote, Tauchkurse. Kaum Parkplätze, Bushaltestelle 12.

Gleich nördlich schließt sich ein weiterer Strand an: 150 m lang und schmal, kleine Taverne, Schilf und Bäume hinterm Strand, relativ ruhig, gleich dahinter die Straße. Parkplatz auf der gegenüberliegenden Seite der Straße.

Kanapítsa

Sand, 200 m lang und 5-10 m breit, klares Wasser, kein Seegras und keine Felsen im Wasser, flach abfallend, für Kinder geeignet, bewaldete Felsenkaps, hinter dem Strand Schilf und eine Wiese, Taverne mit WC, Telefon, hinten Hotels und Pensionen, Bootsanlegesteg, NS sehr gut besucht, HS voll. Nächster Supermarkt an der Tzanieriasbucht, dort auch nächste Bushaltestelle, von dort aus ca. 1 km zu kleinem Parkplatz. Angeboten werden: Liegen und Schirme, Kanu, Segelboote.

Kalamaki-Halbinsel

Auf der Kalamaki-Halbinsel liegen noch einige sehr schöne, kleinere Strände. Allerdings sind die meisten mit Schildern „Private. No Entry" versehen. Ärgerlich.

Koutsouri

50 m lang und 10 m breit, Grobsand und kleine Felsen, klares Wasser, etwas Seegras und auch einige kleinere Felsen im Wasser, fällt steiler ab, steile dicht bewachsene Felsen liegen um die Bucht, hinter der Bucht Farne, kleine Taverne mit Schattendach, sauber, relativ ruhig, per Bus nicht erreichbar, Parkmöglichkeiten oben an der Piste, die um die Kalamaki-Halbinsel herumführt, von dort markierter Fußweg rund 300 m steil den Hang hinunter.

Vromólimnos

400 m lang und 10-20 m breit, feiner Sand, kein Seegras und keine Felsen im Wasser, klares Wasser, flach abfallend, für Kinder geeignet, umrahmt von bewaldeten Felsen, Pinien am Strand, dort auch Schatten, aber manche Strandbesucher hinterlassen dort unangenehm duftende Häufchen, hinter den Pinien ein See, oberhalb Hotel und Villen, Volleyballnetz, vorne am Strand sauber, zwischen den Bäumen leider Müll, auch für Leute mit Gehbehinderung gut zu erreichen, da Straße bis zum Strand führt, NS sehr gut besucht, HS voll, zwei Tavernen, eine Bar, Telefon. Angeboten werden: Liegen und Schirme, Tretboot, Motorboot,

Wasserski, Skibob, Surfbretter. Bushaltestelle 13, danach ausgeschilderter, kleiner Straße noch rund 800 m folgen, am Ende der Piste Parkmöglichkeiten.

Koliós

300 m lang, 10-20 m breit, Sand, klares Wasser, etwas Seegras, flach abfallend, Blick auf die Insel Evvia, bewaldete Felsenkaps, sonnig, man hört die Straße recht laut, viele Boote ankern hier, Volleyballnetz, Telefon an der Straße, Hotel und Taverne, auch Camping (der aber bei unserem letzten Besuch nicht in Betrieb war), leider Müll am Strand, in der NS relativ leer, in der HS gut besucht. Angeboten werden Liegen und Schirme. Bushaltestelle 13 oder 14, von dort aus rund 100 m zu Fuß, Parkmöglichkeiten vorhanden.

Platanias/ Paraskeví

400 m lang und 20 m breit, feiner Sand, kein Seegras und keine Felsen im Wasser, klares Wasser, fällt etwas steiler ab, bewaldete Kaps, sonnig, Schilf und Bäume in der Ebene hinter dem Strand, große Hotelanlagen, Telefon an der Straße, Volleyballnetz, drei Tavernen mit WC, sauber, NS gut besucht, HS voll, Supermarkt hinten an der Straße. Angeboten werden: Liegen und Schirme, Surfbretter, Motorboot, Wasserski, Paragliding. Bushaltestelle, Weg zum Strand knapp 100 m, kleiner Parkplatz.

Troúlos

400 m lang und 20-30 m breit, Sand, klares Wasser, etwas Seegras, flach abfallend, gut geeignet für Kinder, vorgelagert schöne Inseln, felsige Kaps mit kleinen Felseninseln, hinter dem Strand Schilf, sonnig, Hotels und Pensionen, NS sehr gut besucht, HS sehr voll, sauber, Supermarkt, Telefon, zwei Tavernen, zwei Bars. Angeboten werden: Liegen und Schirme, Surfbretter, Tretboote, Wasserski, Paragliding, Skibob, Crazy Banana (sea rocket). Bushaltestelle 18, kleiner Parkplatz.

Zwischen Troúlos und Maratha liegen unterhalb der Straße noch mehrere kleinere Buchten ohne touristische Einrichtungen.

Maratha

100 m lang und 5-10 m breit, Sand, klares Wasser, etwas Seegras, flach abfallend, bewaldetes Kap, am Strand einige wenige Bäume, ansonsten sonnig, Blick auf Koukounariés, hinterm Strand Schilf, dort leider „duftende" Hinterlassenschaften, da kein WC, Strand selbst ist sauber, Snackbar, oberhalb des Strandes liegt das Plaza-Hotel, NS gut besucht, HS voll. Angeboten werden Liegen und Schirme. Einige Meter weiter eine zweite Bucht, die etwas kleiner ist. Dort keine Angebote. Bushaltestelle 20, von dort wieder 200 m zurücklaufen in Richtung Troúlos. Kaum Parkmöglichkeiten.

Koukounariés

Der Vorzeigestrand von Skíathos: malerische Bucht, 600 m lang und 20-40 m breit, aber fast kein Plätzchen ohne Liegen, feiner Sand, klares Wasser, keine Felsen und kein Seegras, flach abfallend, gut geeignet für Kinder, sauber, immer sehr voll, Umkleidehäuschen, viele WCs, hinter dem Strand Pinienwald und Lagunensee. Seit einigen Jahren sind Wald und See aber eingezäunt: Das Biotop von Koukounariés darf nur tagsüber auf kleinen Pfaden betreten werden. Auf den Kaps große Hotelanlagen, auch hinter dem See zahlreiche Hotels, am Strand Kioske, Tavernen an der Straße hinterm See. Angeboten werden: Liegen und Schirme, Surfbretter, Tretboote, Wasserski, Paragliding, Crazy Banana, Wassermotorrad, Motorboot. Seitlich ein kleiner Hafen. Bushaltestelle direkt am Strand (Endstation), dort auch Telefon und Parkplatz.

Pírgos

200 m lang und 15 m breit, feiner Sand, klares Wasser, wenig Seegras, flach abfallend, hinterm Strand einige Bäume, Blick auf Evvia, keine Taverne, keine touristische Einrichtungen, relativ ruhig, keine Strandsäuberung. Zu erreichen über Trampelpfad, der am Hotel Xenia (dort Straßenende), am hinteren Ende des Koukounariésstrands auf die andere Seite des Kaps führt. Per Bus bis Koukounariés Endstation und dann zu Fuß weiter.

Krássas/ Banana Beach

Sand, klares Wasser, kein Seegras und keine Felsen, steiler abfallend, drei Buchten: die nördliche rund 200 m lang, nur FKK; Hauptbucht 300 m lang und 20 m breit, Textilstrand bis zur südlichsten Taverne; südliche Bucht kleiner und FKK; kleine Felsenkaps unterteilen die Strände, hinter den Stränden schöner Pinienwald und kleine Dünen, Blick aufs Pelion, sauber, NS gut besucht, HS sehr voll, offizieller FKK-Strand. Das Interesse am Nacktbaden nimmt in den letzten Jahren allerdings ab, von Jahr zu Jahr kommen mehr Urlauber mit Badekleidung. Am Hauptstrand Tavernen und folgende Angebote: Liegen und Schirme, Surfbretter, Tretboote, Wasserski, Paragliding, Crazy Banana, Wassermotorrad. Von der Bushaltestelle Koukounariés sind es etwa 20 Minuten zu Fuß, per Mietfahrzeug kann man etwas dichter heranfahren, Parkmöglichkeiten vorhanden, die letzten 200 m besser zu Fuß zurücklegen.

Ag. Eléni

200 m lang und 30 m breit, Sand, im Wasser teils auch Kiesel, klares Wasser, etwas Seegras, bewaldete Kaps, schöner Blick aufs Pelion, Pinien und kleine Dünen hinterm Strand, sonnig, sauber, NS sehr gut besucht, HS sehr voll, Taverne mit WC, Telefon, Liegen und Schirme, früher FKK-Strand, in den letzten Jahren meist nur noch bekleidete Urlauber (nicht weil nacktbaden hier verboten wäre, es besteht immer weniger Interesse daran), Straße führt bis an den Strand, auch Leute mit Gehbehinderungen können hierher

kommen (vorausgesetzt, es ist nicht alles zugeparkt), kleiner Parkplatz vorhanden, Bushaltestelle 23 und von dort rund 20 Minuten zu Fuß.

Mandráki

200 m lang und 20 m breit, Sand, klares Wasser, etwas Seegras, flach abfallend, sauber, hinterm Strand rote Felswand und Phrygana, oben Wald, schöne Sonnenuntergänge, sonnig, zwei Tavernen, keine touristischen Einrichtungen, NS gut besucht, HS voll. Von der Bushaltestelle 21 sind es rund 30 Minuten zu Fuß bis zum Strand. Piste und Parkplatz in den Dünen, von dort noch knapp 10 Minuten zu Fuß.

Elías/ Goúrnes

Feiner Sand, klares Wasser, etwas Seegras, flach abfallend, 400 m lang und 30 m breit, hinterm Strand schöne, teils bewaldete Dünen, sonnig, Blick auf das Kap Kechriá und das Pelion, vorne sauber, aber hinterm Strand leider angeschwemmter Müll, Volleyballnetz, Taverne, dort Bastschirme und Liegestühlchen, ansonsten keine touristischen Einrichtungen, NS ruhig, HS sehr gut besucht. Nördlich des Hauptstrandes noch zwei weitere kleinere Buchten mit schönem, aber sonnigem Strand. Zu erreichen über Fußwege, ca. 30 Minuten ab Bushaltestelle 21, Parkplatz in den Dünen bei Mandráki.

Megálos Asélinos

400 m lang und 40 m breit, feiner Sand, klares Wasser, kein Seegras und keine Felsen, steiler abfallend, von Felsen eingerahmte Bucht, Hinterland bewaldet, Bucht aber sonnig, große Taverne mit Schattendach, WC, Stranddusche, keine touristischen Einrichtungen, relativ ruhig, sauber, hinter der Bucht Campingplatz und im Tal eine kleine Pension, nächster Supermarkt in Troúlos, keine Bushaltestelle (die nächste in Troúlos), viele Parkplätze, Straße führt bis an den Strand.

Mikrós Asélinos

150 m lang und 40 m breit, Sand mit einigen Kieselsteinen im Meer, klares Wasser, nach 10 m im Wasser Seegras, flach abfallend, von bewaldeten Felsenkaps umrahmte Bucht, sonnig, sauber, relativ leer, provisorische Taverne mit WC, Stranddusche, keine touristischen Einrichtungen, FKK unerwünscht. Keine Busverbindung, Parkmöglichkeiten oben an der Piste, von dort führt ein steiler, markierter Trampelpfad zum Strand hinunter. Vom Kloster Kounistrá sind es rund 2 km bis zum Trampelpfad.

Kechriá

500 m lang und 30 m breit, Kiesel mit Steinen, Seegras und viel Müll, fällt steiler ab, sonnig, leer, zum Baden nicht besonders einladend, keinerlei touristische Einrichtungen. Keine Busverbindung, Piste vom Moní Kounistrá führt 6,5 km an der Küste entlang bis hierher.

Kechriá, Small Paradise

50 m lang und 5 m breit, Kies, teils Steine, fällt steil ab, sehr ruhig, hinter dem Strand ein grünes Tal, Taverne mit Bäumen auf einer Wiese, dort auch Schatten, nur während der HS geöffnet, Stranddusche mit Wasser aus dem Bach. Zu Fuß zu erreichen (siehe „Wanderung nach Kechriá/Zum Moní Kechriá"), außerdem über die Piste vom Kloster Kounistrá oder von Ftelia aus, oben am Ende der Piste ein kleiner Parkplatz.

Christós sto Kástro

Kiesstrand, klares Wasser, um die Bucht steile Felsen, sonnig, 25 m lang, leer, von Kástro aus über kleinen, schlechten Weg zu Fuß zu erreichen, oder aber per Boot anreisen.

Lalaría

Einer der beiden Vorzeigestrände der Insel, der aber nur vom Meer her zu erreichen ist. Weiße, runde Kieselsteine, klares Wasser, Felsentor, durch das man schwimmen kann, gut geeignet zum Schnorcheln, hinterm Strand hohe Felsen, keine touristischen Einrichtungen. Sehr, sehr voll, denn fast alle Ausflugsboote legen hier an, am späten Nachmittag kann es zwar ruhiger werden, allerdings kann man das nur erleben, wenn man selbst ein Boot steuert.

Strand Koukounariés

Nikotsará

40 m lang und 20 m breit, grober Kies, kein Seegras, steil abfallend, viel angeschwemmter Müll, von steilen Felsen umrahmte Bucht, sonnig, Berge sind mit Phrygana bewachsen, im Frühjahr ein Bach und Blumen hinter der Bucht, im Sommer ausgetrocknet, keinerlei touristische Einrichtungen, leer, es gibt schönere Strände auf Skíathos, die nächste Taverne in 2,5 km Entfernung. Von der Teerstraße zum Moní Evangelístria zweigt hinter einer Taverne am rechten Straßenrand eine Piste ab, die durch Olivenhaine, Macchia und Phrygana bis zum Strand führt.

Megás Gialós

Kiesel, im Wasser Felsen, fällt sehr steil ab, häufig wird Müll angeschwemmt, langer, schmaler Strand, sonnig, leer, nur über Fußweg zu erreichen, keinerlei touristische Einrichtungen.

Xánemos

150 m lang und 30 m breit, sonnig, grauer Sandstrand hinterm Flughafen, verschmutztes Wasser, am Rand wilde Müllkippe, liegt in der Flughafeneinflugschneise und ist daher recht laut, hinterm Strand Campingplatz, dort auch Bar und Telefon, keine touristischen Einrichtungen vorhanden. Die Straße führt bis zum Strand, dort Parkmöglichkeiten. Kein sehr schöner Ort.

Nisi Tsougriá

Schöner Sandstrand auf vorgelagerter Insel, sauber, teils durch Bäume Schatten, klares Wasser, gut besucht, täglich fahren Boote von Skíathos hierher, am Hauptstrand Ag. Floros eine Taverne, die Schirme und Liegen, Surfbretter und Tretboote anbietet. Auf der Ostseite der Insel v.a. Kieselstrände. Dort ist es ruhiger.

PRAKTISCHE TIPS

Verkehrsmittel

Bus

Die Busverbindungen auf Skíathos sind recht gut. Der Bus fährt den ganzen Tag bis in die Abendstunden alle 30 Minuten zwischen **Skíathos-Stadt** und der Endstation **Koukounariés** hin und her. Während der HS ist die Insel allerdings so voll, daß die Busse ständig überfüllt sind und die Urlauber dann eben stehengelassen werden müssen. Eine nicht sehr angenehme Folge ist, daß viele dann entlang der Inselhauptstraße zu Fuß gehen. Versuchen Sie dies zu vermeiden, durch den dichten Verkehr ist das Risiko, hier in einen Unfall verwickelt zu werden, nicht gerade gering.

Ein weiterer Bus fährt nur auch mehrmals täglich hoch zum Kloster **Moní Evangelístria.**

Taxi

In der NS ist es kein Problem, ein freies Taxi zu bekommen. Im August kann es aber manchmal eng werden. Wer zum Flughafen möchte, sollte dies einplanen und rechtzeitig anrufen, Tel: 21460, 22589, 22758 oder 22355.

Die **Preise** sind für griechische Verhältnisse extrem hoch, denn die Entfernungen sind doch ziemlich klein: Flughafen – Skíathos 6,50 DM, manchmal wird sogar noch ein Zuschlag fürs Gepäck verlangt. Hier haben die Taxifahrer leider ein Monopol, und der Gast hat keine andere Wahl. Skíathos – Troúlos 18 DM, Skíathos – Koukounariés 25 DM (für diesen Betrag kann man bereits einen ganzen Tag ein Mofa mieten).

Mietfahrzeug

Das Angebot an Mietfahrzeugen ist groß, und wir haben auf Skíathos gute Erfahrungen damit gemacht. Die meisten Fahrzeuge sind im Frühjahr sehr gut in Schuß, und während der NS sind die Preise günstig. Häufig sind sie auch verhandelbar. Vergleichen lohnt sich (siehe auch „A–Z: Verkehrsmittel/Mietfahrzeuge").

Es gibt viele Anbieter, folgende (internationale) **Autovermietungen** sind in Skíathos-Stadt vertreten:

- **Hertz,** Néa Paralía, Tel: 23706, in Deutschland kann man unter Tel: 0180-2355455 einen Kleinstwagen vorbuchen, Preise: HS 120 DM, NS 110 DM für einen Tag, inkl. Steuer, Vollkasko mit Eigenbeteiligung 200 DM, 150 km frei; bei einer Mietdauer von einer Woche gelten die gleichen Konditionen, aber freie Kilometer, in der HS 477 DM (68 DM/Tag), in der NS 397 DM (57 DM/Tag). In der NS werden einzelne Tage vor Ort meist günstiger angeboten, in der HS wird beinahe der gleiche Preis verlangt wie bei der Buchung in Deutschland.

- **Avis,** Néa Paralía, Tel: 21458, in Deutschland einen Kleinstwagen vorbuchen unter Tel: 0180-55577, Preise: HS und NS 117,50 DM für einen Tag, inkl. Steuer, Vollkasko mit Eigenbeteiligung von 125 DM, freie Kilometer; bei einer Mietdauer von einer Woche gelten die gleichen Konditionen, in der HS 448 DM (64 DM/Tag), in der NS 348 DM (50 DM/Tag). Einzelne Tage werden in Griechenland meist billiger angeboten, die Wochenangebote sind allerdings eine Buchung vorher wert.
- **Europcar InterRent,** Néa Paralía und Odos Papadiamántis, Tel: 21384, in Deutschland Tel: 0180-58000, Preise: HS und NS 125 DM für einen Tag, inkl. Steuern, Vollkasko und freien Kilometern; bei einer Mietdauer von 1 Woche HS 480 DM (69 DM/Tag) und NS 425 DM (61 DM/Tag) bei gleichen Konditionen.
- **Alamo,** E. Chalivelakis, Néa Paralía, Tel: 23025 oder Handy: 094-291379.
- **Budget Car,** Odos Papadiamántis, Tel: 22029, in Deutschland Tel: 0180-5244388, Preise: HS 125 DM, NS 112 DM für einen Tag, inkl. Vollkasko, Steuer, freie Kilometer, Insassenversicherung; bei einer Mietdauer von einer Woche in HS und NS bei gleichen Konditionen 453 DM (65 DM/Tag).
- **European Car Rental,** Néa Paralía, Tel: 21124.
- **Euro Dollar,** Néa Paralía, Tel: 23025.
- **Takis,** Néa Paralía, Tel: 22241, Fax: 23775.

Überall werden natürlich auch **Zweiräder** vermietet. Die von uns angegebenen Preise sollen nur als Richtlinien dienen. In der NS kosten Mofas mit 50 ccm je nach Mietdauer 13-15 DM, in der HS 15-25 DM. Für Maschinen mit 125 ccm wird in der NS 20-25 DM und in der HS 25-40 DM verlangt.

Unterkünfte

Es gibt mehrere hundert **Hotels** und **Pensionen** mit sehr unterschiedlichem Komfort und sehr unterschiedlichen Preisen. Hier also nur eine Auswahl von Häusern, die uns zugesagt haben.

Campingplätze finden sich hinter dem Flughafen in Xánemos, in der Bucht Megálos Asélinos und in Koukounariés. Der Camping Koliós war zuletzt geschlossen. Empfehlenswert sind nur die Anlagen von Megálos Asélinos und Koukounariés.

050s Foto: vbFoto:

Skíathos-Stadt

Oberhalb der Néa Paralía

- **Hotel Agnantema,** unterhalb der Windmühle, Tel: 22356 oder 22915, Zimmer mit Bad und Balkon, ohne Küche, Blick aufs Meer in Richtung Flughafen, sauber, relativ ruhig gelegen, 56-93 DM ohne Frühstück.
- **Hotel Christina,** Tel: 22747, Fax: 21466, schöne Zimmer mit Bad, Balkon und Kochecke, sehr sauber, vom 3. OG Blick aufs Meer, relativ ruhig, 50-150 DM.
- **Hotel Meteora,** Tel: 22182, saubere Zimmer mit schönem Bad und neuer Küche, vom Balkon Blick aufs Meer in Richtung Flughafen, relativ ruhig, 62-93 DM

In der Odos Moraitou

- **Rooms to let Babis,** liegt etwas versteckt hinter der Pension Meteora, am Hotel Christina die Treppen emporsteigen, die Odos Aglikofilousis hoch, am Hotel Meteora vorbei, dann nach links eine schmale Gasse rein, dort ist Babis markiert, Tel: 21968 oder 53578, kleine saubere Zimmer mit Bad, teilweise mit Meeresblick, sehr beliebt, 37-80 DM.

Im Zentrum

- **Hotel Morfo,** liegt etwas versteckt, östlich der Odos Padiamántis, Tel: 21737, Fax: 23222, sauberes Hotel, relativ kleine Zimmer mit Bad und Blick in kleinen Garten, häufig ausgebucht, da sich hier auch Pauschalanbieter einmieten, 60-93 DM.

Im Westen

- **Hotel Mato,** Tel: 22186 oder 22187, Zimmer mit Bad, Balkon mit Blick über die Stadt, Kühlschrank, Telefon, 65-120 DM.
- **Hotel Orsa,** Tel: 22430 oder 21736 Fax: 21952, im Winter Fax in Athen: 01-6521989, sehr schön und ruhig gelegen, gepflegtes Haus mit großer Terrasse und Garten, Blick aufs Meer, einige Zimmer mit Balkon, 87-135 DM mit Frühstück.
- **Pension Theoxenia,** Odos Ikonistras, Tel: 22935 oder 22934, teils große, aber auch kleinere Zimmer, meist mit Bad, z.T. mit Gemeinschaftsküche oder eigener Küchenecke, sehr ruhige Lage, das Haus ist allerdings hellhörig, sehr schöner Blick vom Balkon aufs Meer, äußerst beliebt, Preis ist Verhandlungssache, 38-65 DM, für das Dachterrassenzimmer 55-87 DM.
- **Pension Amfiliki,** Tel: 22839, relativ kleine Zimmer mit Bad, sauber, von den Balkonen schöner Meeresblick, ruhige Lage, aber unten beliebte Taverne, daher nicht immer leise, 50-87 DM.

Megáli Ámmos

- Die Hotels und Pensionen in Megáli Ámmos liegen meist recht laut **an der stark befahrenen Inselhauptstraße,** weswegen sie hier nicht berücksichtigt werden. Außerdem brannte 1999 in Ftelia der Wald ab, was einigen Unterkünften zusätzlich die Attraktivität nahm.

Vasilías

- **Vasilías Beach Appartements,** Tel: 22235 oder 22003, Fax: 22526, mehrere Häuser, fragen Sie nach einem Zimmer in einem der unteren Gebäude, die weiter von der Straße entfernt liegen, Zimmer mit Bad, Balkon mit Meeresblick, Küchenecke, Telefon, sauber, unten am Strand Taverne, dort auch ein Pool mit Springbrunnen, 87-130 DM, auch 4er Appartements 100-200 DM.

Achladiás

- **Villa Chadoula,** die meisten Zimmer werden über Pauschalanbieter vermietet, ein DZ unten mit Küche, Bad, Balkon, schöner Garten und Meeresblick, 60-87 DM.

•Achladiás Appartements, Tel: 22486, große Zimmer, Küchenecke, Bad, großer Balkon, Aussicht leider teilweise verbaut, liebevoll gepflegter Garten mit Familienkapelle und vielen Schildkröten, sauber, ruhig, nette Atmosphäre, am Strand unten Taverne, 70-90 DM.

Kalamaki-Halbinsel

•Hotel Cape Kanapista, Tel: 21752-4, Fax: 22170, Athen Tel: 01-6928058, Fax: 01-6912873, große Anlage mit Swimmingpool, sehr gepflegt und sauber, arbeitet auch mit Reisebüros zusammen, freundliches Personal, große Zimmer mit Bad, Balkon, AC, entweder mit Küche oder mit Frühstück, 160-220 DM.

•Toxotis und Pandora, Tel: 22232 oder 22111, Fax: 21988, schöne Zimmer, Küchenecke, Bad, Blick in den Garten, ruhige Lage, 1 km von der Bushaltestelle 13 entfernt, 60-100 DM.

•Villa Christina, Tel: 21212 oder 21213, Fax: 21562, in Vólos Tel: 0421-68588, große Zimmer mit Küche, Bad, Balkon, TV, Telefon, Swimmingpool und Bar, 1 km bis zur Bushaltestelle 13, oft ausgebucht, 62-130 DM mit Frühstücksbar.

•Vromólimnos Beach Appartements, Tel: 21596 oder 22018, Fax: 22771, in Athen Tel: 01-6133091, Fax: 01-8044859, ruhig gelegen, netter Garten, schöner Blick, Bad, Küche, Terrasse, sauber, Bushaltestelle 13 gut 800 m entfernt, Appartements für zwei Personen 87-155 DM, Appartements für 5-6 Personen ab 135 DM (Preis ist verhandelbar).

Koliós

•Stefano's House, Tel: 49322, Fax: 49493, Blick auf die Küste, Zimmer im UG verlangen, da hinter dem Haus die Straße entlangläuft, eher lässige Atmosphäre, 2er Appartement mit Küche, Bad, Balkon 50-100 DM, 4er Appartement 75-125 DM,.

Platanias/Ag. Paraskeví

•Vorne **am Strand** nur sehr große Hotelanlagen.

•Rent Rooms Nula, im Tal, Tel: 49315, liegt zwar weit von der Straße entfernt, aber der Verkehr ist dennoch hörbar, sehr schöner Garten, kleinere Zimmer mit Küche und Bad, 56-90 DM.

•TZIMH/Jimmy Studio, liegt hinten im Tal, Tel: 49436, relativ ruhig im Grünen, große Zimmer, Balkon, Bad, Küchenecke, Blumengarten, manchmal Stechmücken, 80-105 DM.

•Villa Bellina, liegt seitlich im Tal, Tel: 49313, Blick auf Garten, auch Mofaverleih, 4er Appartement mit zwei Schlafzimmern und Wohnzimmer, Küche und großem Balkon, 87-160 DM.

Troúlos

•Villa Pieria, 2 km außerhalb von Troúlos auf dem Weg nach Asélinos, auf einer Anhöhe gelegen, Tel 49306, schöner Meeresblick, große Studios, gut möbliert mit Küche und Bad, gepflegter Garten, über die Pension kann man

Autos und Mofas mit Rabatt mieten, Besitzer sind ein deutsch-griechisches Ehepaar, 60-100 DM.

●**Rooms Angela,** vorne am Meer, auf dem Kap, abseits der Straße, zwischen Olivenbäumen am Hang, Tel: 49523 oder 21508, schöner Garten, nette Zimmer mit Meeresblick, Bad, Küche, Balkon, Moskitonetze am Bad- und Küchenfenster, 60-110 DM.

●**Villa Leoni,** liegt zwischen Troúlos und Koukounariés oberhalb der Straße, Tel: 49503 oder 49542, Fax: 49504, leider Blick von hinten auf das Hotel La Luna, schöner Garten, große Zimmer mit Bad und großem Balkon, Küchenecke, 55-87 DM.

●**Villa Zacharo,** liegt direkt oberhalb des Strandes von Troúlos, Tel: 49275 oder 24058, Fax: 24545 oder Athen Tel: 01-3612743, hinten verläuft eine Straße, nach Zimmern fragen, die nicht ganz oben liegen, unten Strandtaverne, oft ausgebucht, 2er Appartements mit Bad, Balkon und Küche 56-130 DM, 4er Appartement 87-170 DM.

Asélinos

●**Villa Angela,** im Tal von Asélinos, unweit vom Campingplatz, Tel: 49620, ruhig und etwas abseits gelegen, keine Busverbindung, ca. 200 m bis zum Strand, nettes griechisches Ehepaar, das gut deutsch spricht, kleinere Zimmer mit Küche und Bad, Balkon oder Terrasse, Blick ins Tal, schöner Garten, 50-75 DM.

●**Camping Asélinos,** Tel: 49312, sehr ansprechende Anlage, gepflegt, sauber, ruhig, aber per Bus leider nicht zu erreichen, kleiner Minimarkt, Preis ist Verhandlungssache: Richtwert rund 6,50 DM pro Person, Zelt und Auto je 4 DM, in der NS ist der Platz leer, und dann kann man auch mal gratis zelten.

Koukounariés

●**Skíathos Palace Hotel,** Tel: 49700, Fax: 49666, gehört zu den größten und teuersten Hotels auf der Insel und kann daher mit den anderen hier aufgeführten Unterkünften kaum verglichen werden. Toll ist von hier der Buchtblick auf den Strand von Koukounariés. Das Personal ist freundlich, luxuriöse Zimmer mit Bad, Balkon, AC, Kühlschrank, Radio, Telefon, Sauna, Tennis, Swimmingpool, Disco, Halbpension, billigstes DZ 175-305 DM, Suiten 305-560 DM pro Tag, also ein teurer Spaß!

●**Pension Strofilia,** Tel: 22071 oder 49251, Fax: 49585, hinter der Straße in einem schönen Garten gelegen, für Koukounariés relativ ruhig, 2er Zimmer, Küche, Bad, 55-75 DM, 4er Appartement 70-87 DM.

●**Hotel Mandráki,** Tel: 21170 oder 49301, Fax: 49302, eine Anlage, mit der die Gäste sehr zufrieden waren, ist allerdings häufig von englischem Reisebüro ausgebucht, Zimmer mit Bad, Balkon, Radio und Telefon, die Bungalows stehen allerdings recht dicht beieinander, Swimmingpool und Bar, in der NS um 100 DM, in der HS voll ausgebucht vom Reisebüro.

- **Rooms Labros,** hinten in Koukounariés, abseits der Straße, Tel: 22396 oder 49370, Zimmer mit Küche, Bad und Balkon mit Blick in den Garten, 50-100 DM.
- **Campingplatz Koukounariés,** Tel: 49250, per Bus gut zu erreichen, empfehlenswerte Anlage, gepflegt, schattig, sauber, kein Restaurant, aber Minimarkt und Frühstückbestellung möglich, pro Person 11 DM, Zelt 6,50 DM, Auto 4 DM.

Essen und Trinken

In Skíathos-Stadt haben Sie eine große Auswahl, und Sie können sehr gut essen. Aber auf Skíathos hat es uns fast immer gut geschmeckt.

Skíathos-Stadt

- **Ouzeria** am Fähranleger mit gelb-blau karierten Tischtüchern, sehr gute griechische Küche, Preise o.k.
- **Restaurant The Windmill,** internationale Küche, sehr lecker, aber auch teuer, eines der besten Restaurants der Insel mit herrlicher Aussicht, sehr beliebt, eine Reservierung ist sinnvoll, Tel: 24550.
- **Meteora,** Taverne am alten Hafen mit griechischer Küche, Preise o.k.
- **Ouzeri Ta Psaradika,** am alten Hafen neben dem Fischmarkt, gute Fischgerichte und guter Wein, viele griechische Gäste, aber gehobenes Preisniveau.
- **Taverne Alexandros,** liegt versteckt in der Odos Kapodistriou am Platz, gute griechische Küche, Preise o.k.
- **Folia,** Taverne an einem Platz in der Altstadt, sehr gute griechische Küche, Preise o.k.
- **Taverne Amfiliki,** hoch überm Meer beim Hospital, schöne Aussicht, sehr leckere Fischgerichte, Preise o.k.
- **Casablanca** oder **Primavera,** schöne Lage am Kirchplatz, italienisches Restaurant, die Gäste waren zufrieden.
- **Mesogeia,** in den Gassen der Altstadt, griechische Küche, zufriedene Gäste.
- Einen schönen Blick auf den Hafen, aber unangenehm laute Musik (man übertönt sich gegenseitig) in den Tavernen **La Casa, Anemos, Le Bistro.**
- In dieser Ecke hinten jetzt auch ein **chinesisches Restaurant.** Noch weiter hinten **Chez Julien** mit französischer Küche, Karte relativ klein, Gäste zufrieden, Preise o.k.
- Ein schönes **Café** befindet sich auf der Spitze der Boúrtzi-Halbinsel, die Preise sind o.k.
- **The Final Step** ist ein Café am oberen Ende der Treppe zur Kirche Ag. Nikólaos, schöner Blick auf den Hafen, Preise etwas gehoben.

051s Foto: vbFoto: Foto:

Megáli Ámmos

• Am Strand von Megáli Ámmos gibt es **mehrere Tavernen.** Wer gerne unter Einheimischen ißt, der sollte abends in die erste Taverne unterhalb vom Friedhof gehen. Dort gibt's leckeres Fleisch vom Grill, Preise o.k.

Achladiás

• **Taverne Faros,** Strandtaverne, die gute griechische Küche und Pizza bietet, Preise o.k.

• **Taverne Perigiali,** griechische Küche, aber auch internationale Gerichte, zufriedene Gäste.

Kalamaki-Halbinsel

• **Strandtaverne Tzanerias,** lecker, Gäste waren sehr zufrieden.

• **Taverne Kanapítsa,** sehr bekannt und beliebt, leckeres Essen, reger Betrieb, gehobene Preise.

Platanias

• **Jimmy's Taverne,** ist noch relativ ursprünglich geblieben, griechische, aber auch internationale Küche.

Troúlos

• Das **China Restaurant** von Troúlos ist über den Ort hinaus bekannt und beliebt. In englischen Tageszeitungen wurde das Restaurant mehrmals lobend erwähnt, weshalb es hierher natürlich viele englische Gäste zieht. Das Restaurant hat nur abends geöffnet. Man sitzt in einem grünen Garten, angenehm, Preise o.k.

Fischmarkt am alten Hafen

Koukounariés

• Mehrere **Hotels** betreiben hier Tavernen, die auch für hotelfremde Gäste zugänglich sind.

Megálos Asélinos

• Die **Taverne Asélinos** ist weit mehr als eine Strandtaverne. Sie sieht wie eine riesige Baracke aus, und wenn die Ausflugsboote hier anlegen, geht's hektisch zu. Das Essen ist aber sehr lecker, und am Samstagabend ist diese Taverne das Ausflugsziel zahlreicher Griechen, denn hier gibt's bis spät in die Nacht griechischen Tanz mit Live-Musik. Zu dieser Veranstaltung zieht es sowohl griechische Urlauber als auch Einheimische hin.

In den Bergen

• **Taverne Platanos,** bei der Kirche Profítis Ilías, Taverne, die von morgens früh bis in den späten Abend geöffnet hat, auch in der NS, herrliche Aussicht, gutes Essen. Es ist auch möglich, hier nur etwas zu trinken.

Nachtleben

Das Nachtleben ist ausufernd in **Skíathos-Stadt.** Informationen erhält man beim EOT und bei den Infoständen der Touristenpolizei am Hafen oder im Büro in der Odos Papadiamántis.

Tanz, Kino, Theater

• Sie können z.B. ins **Open-Air Kino Paradiso** gehen. Es liegt außerhalb an der Stadtumgehungsstraße. Die Filme sind in englisch mit griechischen Untertiteln. Das Programm ist auf Reklametafeln am Hafen angeschrieben.
• Auf der Boúrtzi-Halbinsel finden manchmal **Tanzveranstaltungen** oder **Theateraufführungen** statt. Über das Programm informiert das Café auf der Halbinsel.

Discos

• In die Disco zu gehen, das scheint nicht mehr „in" zu sein. Auf Skíathos finden Sie nur noch die **Disco Scorpio** (meist jüngeres Publikum, laut und eher teuer) und den **Club La Piscine.** Dieser Club liegt unweit der Ortsumgehungsstraße am Ende der Evangelístria, ein riesiges Gebäude. Swimmingpool, Palmen und Bar. Hier beginnen die DJs gegen 22 Uhr, richtig viel los ist aber erst gegen 2 Uhr morgens.

Clubs und Pubs

Das Nachtleben heutzutage spielt sich nicht mehr in der Disco, sondern im Club oder im Pub ab. Wer im Juni loszieht, trifft überall halbleere Bars mit mäßiger Stimmung an. Das ändert sich aber im Juli. Während der HS soll es auch gewerblich tätige Damen auf Skíathos geben, wir sind allerdings keiner begegnet.
• **Kentavros, Pixida,** beim Papadiamántis-Museum
• **Mythos Bar, Roof Top Bar, Oasis,** am alten Hafen
• In der Odos Politechniou ist nachts am meisten los: **Kirki Bar,** kleine Bar, in der manchmal auch getanzt wird, **Kaz-**

bar, Admiral Benbow Inn, Irish-Pub-Stimmung, **I Apothiki,** Bar mit griechischer Musik, außerdem **Banana Bar, Blue Chips Club, Borzoi, Skala Rock.**

Wichtige Adressen und Service

Sofern nicht anders vermerkt, befinden sich die folgenden Einrichtungen alle in **Skíathos-Stadt.**

Ärzte und Apotheken

- Das **Krankenhaus** (siehe Stadtplan) bietet v.a. Erste Hilfe. Patienten mit ernsthaften Erkrankungen werden ausgeflogen, Tel: 22222 oder 22040.
- **Ärzte** findet man außerdem in der Odos Papadiamántis, Tel: 22291 oder 21500.
- Der **Kinderarzt** ist zu erreichen unter Tel: 21500.
- **Zahnärzte** in der Odos Papadiamántis, Tel: 22383, 22917 oder 2140.
- **Apotheken** gibt es mehrere (siehe Stadtplan).

Geldwechsel

- **Banken** finden Sie mehrere in der Stadt (siehe Stadtplan). Normalerweise sind die Banken nur Mo-Fr vormittags von 8-14 Uhr geöffnet, aber während der Saison ist auch samstags von 9-12 Uhr und Mo-Fr abends von 19-21 Uhr offen.
- Auch **American Express** hat auf Skíathos ein Büro.
- Außerdem wird Geldwechsel in **Wechselstuben,** die einen etwas schlechteren Kurs anbieten, fast immer während der Ladenöffnungszeiten und auch sonntags angeboten.
- Mehrere **Bankautomaten** stehen zudem zur Verfügung. Geldwechsel ist auf Skíathos fast immer möglich.

Polizei

- Die Touristenpolizei betreibt auch **Informationsstände** am Hafen und in der Papadiamántisstraße. Tel: 22005, 22392 oder 23172.

Flughafen

- Keine Busverbindung. Auch am Flughafen gibt es eine Wechselstube. Tel: 22376 oder 22049.

Hafenamt, Schiffsagenturen

- Tel: 22017. Die **Fahrpläne** der Fähren und der Flying Dolphins sind überall am Hafen angeschrieben. In der Néa Paralía finden Sie die Schiffsagenturen, in denen Sie **Tickets** für die Fähre und die Tragflügelboote kaufen können. Fähre und Flying Dolphins sind zwei verschiedene Gesellschaften. Achtung: Buchen und reservieren Sie Fährtickets für Autos rechtzeitig! Die Tragflügelboote sind Freitag nachmittags, Sonntag nachmittags und Montag morgens oft voll.

Reisebüros

- In **Skíathos-Stadt** gibt es zahlreiche Reisebüros, zu viele um sie alle aufzuzählen. Die meisten liegen an der Néa Paralía oder am Anfang der Papadiamántisstraße. Sie vermitteln Zimmer, wechseln Geld, bieten Ausflüge und Bootstouren an und vermieten Fahrzeuge.

- Auch in **Troúlos** finden Sie ein Reisebüro, das Fahrzeuge vermietet und Zimmer vermittelt.
- In **Koukounariés** werden ebenfalls Fahrzeuge vermietet.

Einkaufen

- Kaufen können Sie auf Skíathos eigentlich fast alles. Die Insel ist allerdings in allem eher teuer. Oft kosten die **Lebensmittel** mehr als zu Hause. Insbesondere Früchte sind in Griechenland nicht, wie man meist meint, billiger, sondern eher teurer als in Deutschland. Sich das Frühstück selbst zu machen ist aber deutlich billiger, als es sich im Café zu bestellen:
- Die Läden in der **Papadiamántisstraße** sind recht teuer.
- An der Ortsumgehungsstraße befindet sich aber auch ein **Supermarkt** mit einer ziemlich großen Auswahl an Früchten.
- Die üblichen **Souvenirs** bekommt man überall angeboten. Man sollte versuchen zu handeln. Auch wenn man **Kleidung** kaufen möchte: Die Preise sind überteuert, handeln ist durchaus üblich. Aber Skíathos bietet noch einiges mehr.
- Ein Geschäft, in dem Sie schöne Gemälde, Keramiken und kunsthandwerkliche Gegenstände kaufen können, ist **Dimiourgies** in der Odos Ananiou.
- Wenige Meter weiter treffen Sie auf das **Archipelagos,** ein Laden, halb Museum und halb Souvenirgeschäft. Die dort zu erwerbenden Gegenstände sind schön, aber das Preisniveau ist etwas höher.
- Auch **hinter der Kirche Trís Ierarchon** finden Sie einige Läden, die geschmackvolle Dinge anbieten.

Wäscherei

- Es gibt mehrere Wäschereien auf Skíathos. **Snow white laundry,** liegt hinter der Néa Paralía und ist sehr sauber. Die Wäsche wird zum Glück nicht nur *snow white,* sondern erreicht den Kunden in der ursprünglichen Farbe wieder. Eine Trommel mit Waschpulver und Weichspüler *(Creamer)* kostet 14 DM, für den Wäschetrockner bezahlt man weitere 5 DM.

Tierheim

- Das **Hundeasyl** beim Moní Kounistrá vermittelt Ihnen gerne einen Hund und freut sich natürlich über Spenden. In Skíathos können Sie sich an *Helen Bozas,* Tel: 49214, wenden. Sie kümmert sich mit der Engländerin *Carla Disdale* um die auf der Insel ausgesetzten Hunde. Letztere ist in England zu erreichen unter SFA, 12 Woodlands Rd., Barnes London, SW13OJZ, GB, Tel/Fax: 01801-8764167.

Sport

- Zu den Sportangeboten siehe „A-Z: Sport und Erholung".
- Am Hafen werden auch **Segelboote** angeboten. Wer ein Boot ohne Skipper mieten möchte, braucht den entsprechenden Bootsführerschein.

052s Foto: vbFoto:

Skópelos

ÜBERBLICK

Einwohner: 6000
Fläche: 96 km²
Höhe: bis 680 m

Vorwahl: 0424
PLZ: 37003

Landschaft Skópelos ist **bergig, grün** und zu einem größeren Teil bewaldet. Wasserprobleme kennt man hier nicht, denn es gibt mehrere Quellen. Die Bevölkerung lebt heute nur noch teilweise von der Landwirtschaft. Bis 1954 wurde an vielen Stellen Wein angebaut, aber die meisten Reben fielen einem Großbrand zum Opfer. Seither wird mehr Obst gezüchtet.

Bewohner In den Jahren nach dem Krieg **wanderten** einige Bewohner nach Amerika **aus,** manche kamen aber in den letzten Jahren zurück und investierten in den Tourismus, der zwischenzeitlich zur wichtigsten Einnahmequelle der Inselbewohner geworden ist. Auch viele **Ausländer** haben sich hier eingekauft. So ließ sich z.B. *Michael Carrol,* der Autor des lesenswerten englischen Buches „Gates of the wind" in Pánormos nieder.

Tourismus In Skópelos-Stadt hat sich mittlerweile der **Pauschaltourismus** etabliert. In den letzten Jahren entstanden viele Hotels und Pensionen. Angenehm an dieser Entwicklung ist aber, daß die Küste nicht wie auf der Nachbarinsel Skíathos systematisch zugebaut worden ist. Die Neubauten liegen im Landesinneren oder innerhalb der Dörfer. Schilder mit *„Private, no entry"* finden sich auf Skópelos sehr wenige, und die meisten Unterkünfte sind hübsch anzuschauen. Die Preise liegen aber inzwischen ähnlich hoch wie im benachbarten Skíathos. Wer kann, der sollte Skópelos in der **Nebensaison** besuchen. Die Insel ist in der

Vorhergehende Seite: Wehrkirche Episkopis

Hauptsaison voll und teuer. Je nach Wetterlage sind im Frühjahr und im Herbst aber auch Pullover und Regenschirm angesagt.

Geschichte und Mythologie

Mythos

Ariadne war die Tochter des kretischen Königs *Minos.* Sie half *Theseus,* dem Athener Prinzen, in den sie sich verliebt hatte, den *Minotaurus* im Labyrinth unter dem Palast von Knossos zu erlegen. Dazu hatte sie Theseus ein Wollknäuel mitgegeben, so daß er sich im Labyrinth zurechtfinden konnte. Nachdem Theseus den Minotaurus erlegt hatte, nahm er die kretische Prinzessin mit aufs Schiff, aber er wollte sie so schnell wie möglich wieder loswerden. Er setzte sie auf Dia, dem heutigen Naxos, aus. Ob *Dionysos* ihn dazu noch überreden mußte oder ob Dionysos die sich ihm bietende Gelegenheit einfach beim Schopfe packte, sei dahingestellt. Jedenfalls heiratete der Gott die zurückgelassene kretische Prinzessin auf Dia. Ihr Sohn *Thaos* wurde König auf der Insel Limnos. Und dessen Söhne, *Peparithos* und *Stáfilos,* sollen sich auf Skópelos niedergelassen haben.

Antike

Archäologische Funde belegen, daß 1600 v. Chr. eine von **Mykene** beeinflußte Kultur auf der Insel existierte. Die Hauptstadt lag schon in der Antike dort, wo sie heute noch liegt. Sie wurde *Peparithos* genannt, nach dem ersten König der Insel. Nach *Stáfilos,* seinem Bruder, ist die unweit von der Stadt liegende Bucht an der Südküste benannt, wo vor rund 60 Jahren ein Grab aus mykenischer Zeit mit wertvollen Grabbeigaben gefunden wurde. Der Grabschatz ist heute in Athen im Nationalmuseum ausgestellt. Eine weitere Stadt lag bei Pánormos. Auch dort wurden alte Gräber gefunden, aber ohne große Schätze. Die dritte be-

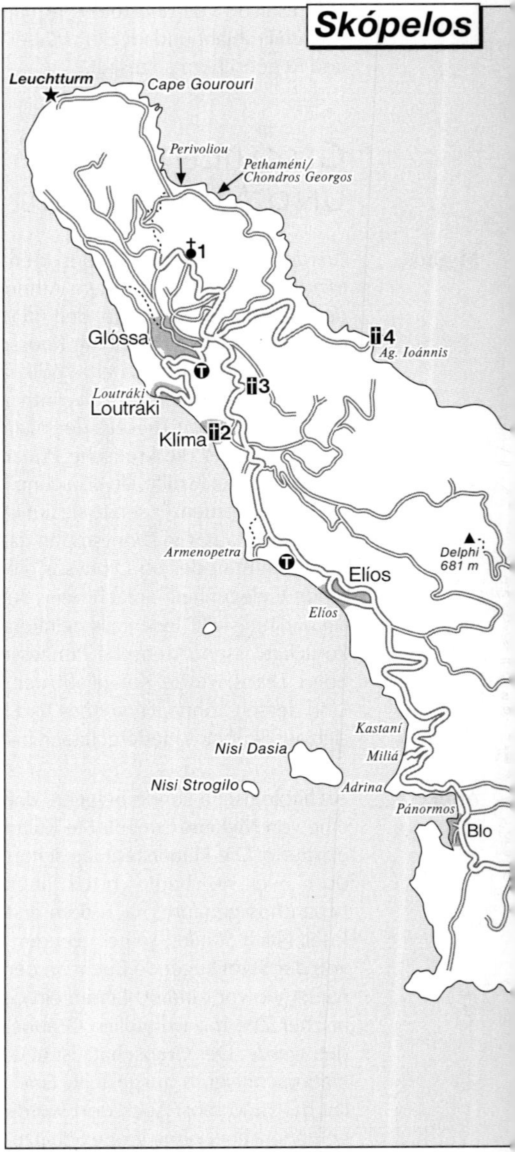
Skópelos
Leuchtturm
Cape Gourouri
Perivoliou
Pethaméni/
Chondros Georgos
1
Glóssa
4
Ag. Ioánnis
3
Loutráki
Loutráki
Klíma
2
Armenopetra
Delphi
681 m
Elíos
Elíos
Kastaní
Nisi Dasia
Miliá
Nisi Strogilo
Adrina
Pánormos
Blo

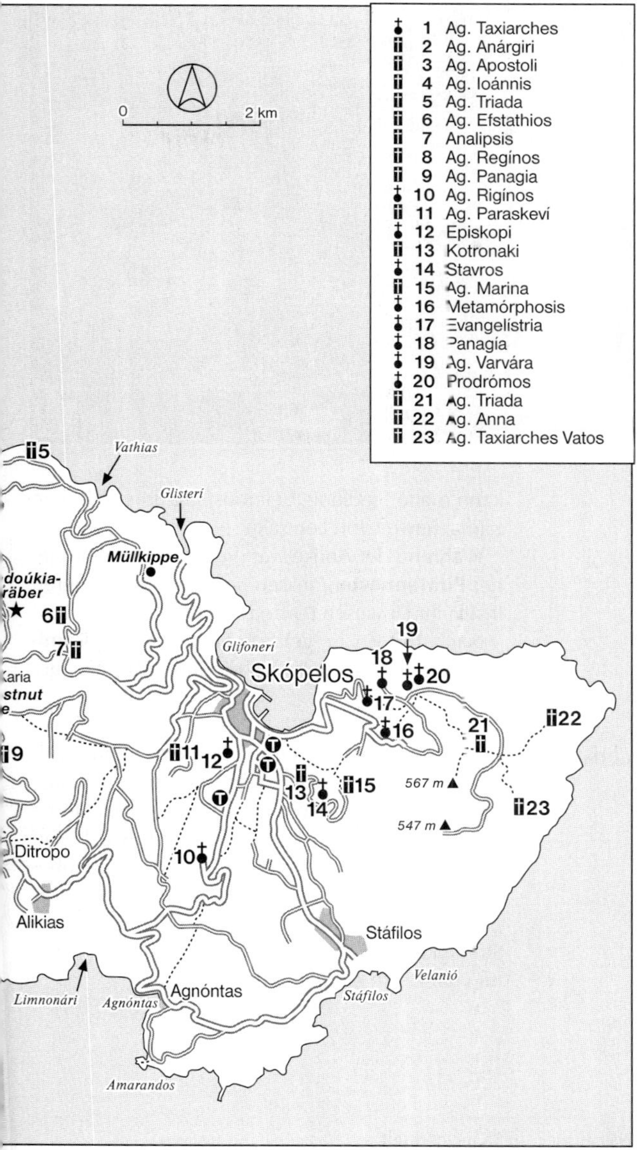
0
2 km
1 Ag. Taxiarches
2 Ag. Anárgiri
3 Ag. Apostoli
4 Ag. Ioánnis
5 Ag. Triada
6 Ag. Efstathios
7 Analipsis
8 Ag. Regínos
9 Ag. Panagia
10 Ag. Rigínos
11 Ag. Paraskeví
12 Episkopi
13 Kotronaki
14 Stavros
15 Ag. Marina
16 Metamórphosis
17 Evangelístria
18 Panagía
19 Ag. Varvára
20 Prodrómos
21 Ag. Triada
22 Ag. Anna
23 Ag. Taxiarches Vatos
Vathias
Glisterí
Müllkippe
Glifonerí
Skópelos
567 m
547 m
Ditropo
Alikias
Stáfilos
Velanió
Limnonári
Agnóntas
Amarandos

053s Foto: vbFoto:

kannte alte Siedlung, Selinous, lag unterhalb von Klíma, unweit von Loutráki.

Während der Antike war die Insel auch eines jener **Piratennester,** dessen Bewohner auf anderen Inseln ihr Unwesen trieben.

Nach 168 v. Chr. gehörte Skópelos zum **Römischen Reich.** Seither wird die Insel *Skópelos* genannt.

Christen

Das Christentum hatte auf Skópelos schon früh Einzug gehalten. 362 n. Chr. starb der damalige **Bischof Rigínos** unter den Römern einen Märtyrertod, weil er an seinem Glauben festhielt und nicht bereit war, die antiken Gottheiten anzubeten. Er wird heute noch auf der Insel verehrt.

In **byzantinischer Zeit** gab's hingegen keine Streitigkeiten mehr um die Religion. Das Christentum hatte sich endgültig durchgesetzt.

Häusermeer in Skópelos-Stadt

Mittelalter

Im 13. Jh. sorgten die venezianischen **Kaufleute Ghizi** dafür, daß die Hauptstadt festungsartig ausgebaut wurde. Es entstand das Kástro oberhalb des Hafens, dessen Überreste heute noch zu sehen sind. Zu dieser Zeit hatten sich die **Piraten** auf den kleinen Inseln hinter Alónnissos niedergelassen und machten den Bewohnern von Skópelos das Leben schwer.

Unter türkischer Besatzung

Im 17. und 18. Jh. wurden mehrere **Klöster** gegründet. Die Freiheiten, die die türkischen Besatzer im 18. Jh. den Griechen auf Skópelos gewährten, brachten der Insel **Wohlstand** und eine tüchtige Flotte mit Kanonen. Diese Waffen, die eigentlich gegen die Piraten eingesetzt werden sollten, richteten die Griechen aber im Freiheitskampf gegen die Türken. Seit 1830 gehört Skópelos zu Griechenland.

Skópelos-Stadt

Das Ortsbild

Skópelos-Stadt ist eine der schönsten Siedlungen der nördlichen Ägäis. Den besten Blick auf das Häusermeer haben Sie von der gegenüberliegenden Hangseite. Aber auch vom Hafenbecken, von der Fähre aus, bietet sich Ihnen ein **malerisches Bild.** Wenn die Sonne scheint, strahlen die weißen Häuser und Kirchen, die steil den Hang hochklettern und sich im Meer spiegeln.

Auch Skópelos-Stadt hat 1965 unter dem **Erdbeben,** das die ganze Region erschütterte und einige Dörfer völlig zerstörte, stark gelitten. Danach wurde Skópelos-Stadt allerdings wiederaufgebaut und an manchen Stellen baulich verändert. Ursprünglich ist das Puppenstubendorf nicht gerade geblieben. Früher waren alle Häuser noch mit Schieferplatten gedeckt, heute sind sie mehrheitlich mit roten Ziegeldächern versehen. An den Hauptgassen entlang reihen sich Souvenirshops, Boutiquen und Schmuckläden.

Trotz der vielen Fremden haben sich hier bis jetzt aber die **Einheimischen behaupten** können. Die alten Männer haben immer noch ihr Cafenion an der Uferpromenade und wurden noch nicht, wie das manchmal in Griechenland der Fall ist, von der Touristenbranche an den Stadtrand verdrängt. Ins Dorf geht es über zahlreiche Stufen, an kleinen Kapellen vorbei, durch Seifenwasser hindurch und an Blumenkübeln entlang nach oben. Zum griechischen Alltagsleben gehört nun mal der Putzeimer, der Schrubber und viel Seife genauso wie das knatternde Mofa.

Während der HS bietet Skópelos-Stadt auch ein geräuschvolles **Nachtleben,** aber da viele Unterkünfte nicht direkt im Zentrum liegen, ist es durchaus möglich, Ruhe zu finden.

Wer mitten im Treppengewirr wohnt, wird Kondition bekommen. Befahrbar ist nur die Umgehungsstraße, die zu den oberen Vierteln führt. Der Ort breitet sich aber immer weiter aus, da viele Touristenunterkünfte gebaut werden. Es gibt **strenge Bauvorschriften,** um sicherzustellen, daß gewiefte Rechner keine Betonklötze erstellen. Denn nicht wenige griechische Bauherren haben auf Skópelos versucht, mit trickreich aufgenommenen Fotos die Behörde zu täuschen. Leider ist dies wohl auch ab und zu gelungen. Aber aus Fehlern lernen auch griechische Behörden, und Bausünden dieser Art treten selten auf. Selbst die großen Hotelanlagen am gegenüberliegenden Ende der Bucht sind in traditionelle Gewänder verpackt. Anlagen wie auf Skíathos will man hier nicht haben, ohne daß der Gast dadurch auf irgendwelchen Komfort verzichten müßte.

In Skópelos-Stadt finden Sie auch Orte, in denen sich Malern und Fotografen ein großes Arbeitsfeld auftut. Aber Leute in Trachten werden Sie vergeblich suchen. Skópelos hat sechzig **Kirchen,** von denen nur wenige regelmäßig genutzt werden. Kirchenliebhaber werden aber gut beschäftigt sein.

Am 24. Januar findet jedes Jahr eine **Prozession** von der Christóskirche zum Kloster Ag. Rigínos statt, in Gedenken an den Märtyrer. Zu dieser Zeit sind die Griechen noch weitgehend unter sich.

Am Hafen

Ergründen Sie den Ort am besten zu Fuß. Beginnen Sie Ihre Erkundungstour am Hafen. In den letzten Jahren wurde in der Mitte der Bucht eine **neue Anlegestelle** für die Fähren gebaut. Eigentlich sollen hier schon seit 1998 Schiffe anlegen, aber das Projekt will einfach nicht fertig werden. Zu hoffen ist, daß am Ende nicht nur kahle Beton- und Asphaltplätze übrigbleiben. Gehen Sie am **alten Hafen** entlang zum Pier. Zahlreiche Tavernen säumen den Weg. Hinter den Felsen, auf denen die Kirche Ag. Apostoli thront, erhebt sich das schöne **Rathaus** von Skópelos

Die Gassen am Hang

Ganz vorne am Meer führt eine Treppe hoch zur Kirche **Panagía tou Pirgou,** ein sehr markantes Gebäude, das schon von weitem vom Meer her zu sehen. Errichtet wurde diese Kirche erst während des Osmanischen Reichs.

Einige Meter weiter oben erreichen Sie über Treppen die **Kirche Evangelístria.** Ihre Altarwand stammt aus dem Jahr 1669, aber da die Kirchen auf Skópelos seit einem Ikonendiebstahl fast immer verschlossen sind und es recht mühevoll ist, die Schlüssel zu organisieren, werden Sie viele Kirchen nur von außen betrachten können.

Noch weiter oben erreichen Sie die Kirche **Ag. Athanassíos.** Teile dieser Kirche stammen aus dem 9. Jh., die Fresken wurden im 16. Jh. gemalt. Allerdings wurde die Kirche 1965 beim Erdbeben stark beschädigt. Daher ist manches hier das Ergebnis einer sorgfältigen Renovierung.

Die Treppen führen hoch bis zu den **Ruinen des Kástros.** Viel ist nicht mehr übrig von der Festung, die im 13. Jh. von den Venezianern gebaut wurde.

Durch das Gassengewirr geht's nun wieder hinunter zur **Kirche sto Christos.** Sie ist eine der

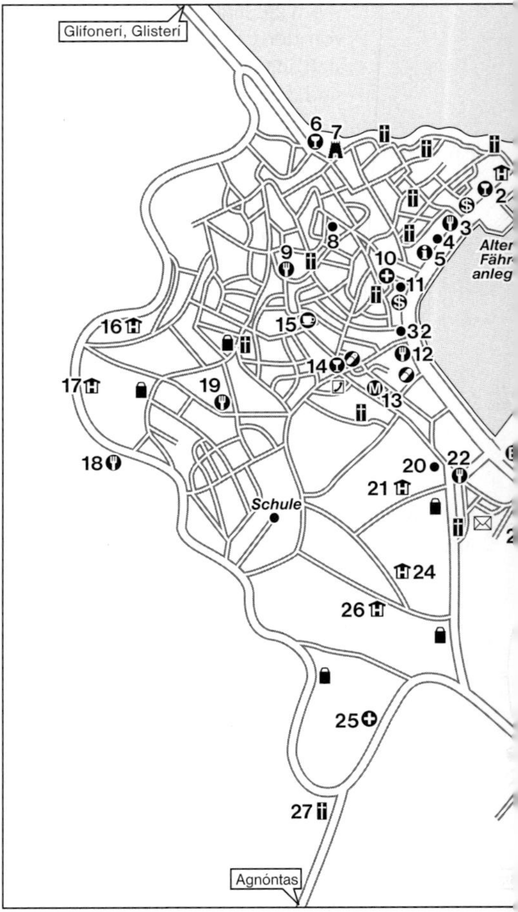

- 1 Hotel Geórgios
- 2 Café Platanos
- 3 Taverne O Mólos
- 4 Rathaus
- 5 EOT-Information
- 6 Anatoli
- 7 Kástro
- 8 Nirvana Haus
- 9 Taverne Finikas
- 10 Zahnarzt
- 11 Polizei

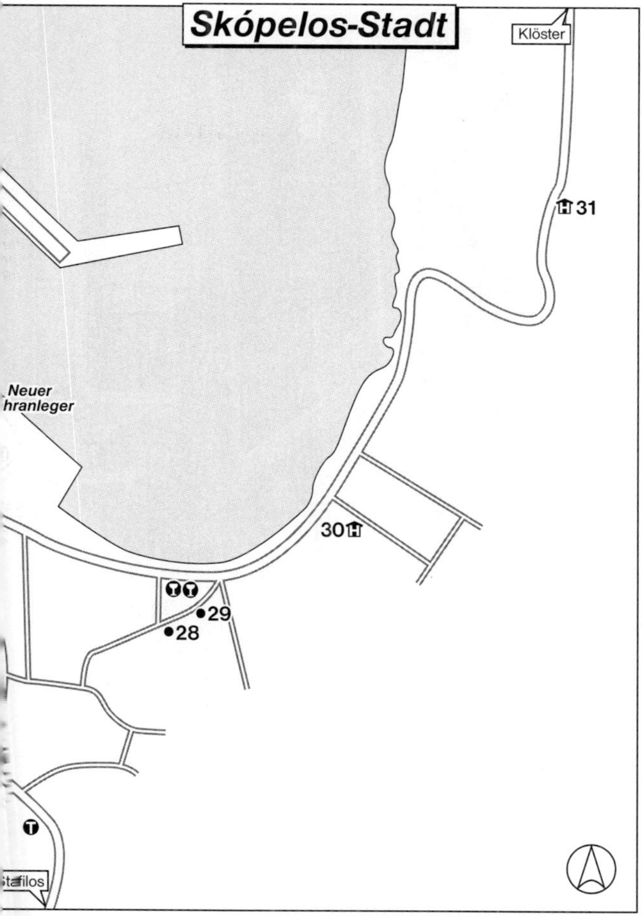

	12	Taverne Aktion	•	23	Töpferei Rodios
	13	Museum		24	Pension Rodani
	14	Café Vengara		25	Hospital
	15	Café Ermeion		26	Hotel Dionyssos
	16	Panorama Effi		27	Kirche Epískopis
	17	Thea Home	•	28	Kino
	18	Taverne Peparithos	•	29	Disco
	19	Taverne Alexander		30	Hotel Del Sol, Tennis
•	20	Wäscherei		31	Hotel Aigaio
	21	Hotel Captain	•	32	Thalpos Leisure
	22	Taverne Platanos			

Hauptkirchen der Insel, in der regelmäßig am Sonntag Gottesdienst stattfindet. Bei Interesse können Sie anschließend auch das Kircheninnere besichtigen. Die Kirche selbst stammt aus dem 18. Jh. Die Altarwand datiert aus dem Jahr 1765. Einige Elemente im Inneren der Kirche stammen jedoch aus dem 12.-14. Jh. und waren schon in einer Kirche aus byzantinischer Zeit beheimatet, die früher an dieser Stelle gestanden hat. Die Apsis

Gasse in Skópelos-Stadt

der Kirche ist nicht rund, sondern eckig. Auf Skópelos finden Sie mehrere Kirchen mit eckiger Apsis, obwohl diese Bauweise eigentlich typisch für das nahegelegene Pelion ist.

Unweit der Hauptkirche liegt die Kirche **Ag. Geórgios.** Sie gehört zu den älteren Kirchen der Insel. Es ist nicht einfach, den Schlüssel zu organisieren, aber wer sich ernsthaft für Kirchen interessiert, sollte es versuchen. Im Kircheninnern finden Sie Kieselmosaiken am Fußboden, Fresken an den Wänden und eine alte Altarwand.

Etwas weiter unten liegt die Kirche **Ag. Apostoli** auf einem Felsen über dem Hafen. Sie soll aus dem 11. Jh. stammen, ist in aller Regel aber ebenfalls verschlossen.

Die Kirche **Ag. Michail** finden Sie in der Nirvanastraße. *Pavlos Nirvana* war ein Schriftsteller, der um die Jahrhundertwende lebte und seine Kindheit auf Skópelos verbrachte. Sein Elternhaus ist ein schönes Gebäude in der nach ihm benannten Straße. In der Michailkirche finden sich noch Marmorblöcke aus einem Tempel der antiken Stadt Peparithos – die einzigen Überreste dieser Siedlung.

Folkloremuseum

Von der Kirche aus gelangen Sie über die Odos Rigínou an eine Gassenkreuzung, an der das OTE-Telefonbüro liegt. Gehen Sie hier geradeaus am Hang entlang weiter, und Sie erreichen das kleine Folkloremuseum der Insel (geöffnet 10-14 Uhr und 18-20 Uhr, Eintritt 3 DM). Zu sehen gibt es nebst Trachten, Handarbeiten, alten Möbeln und Porzellan auch Schiffsmodelle und Fotos. Griechische und englische Texte informieren über das **bäuerliche Leben** auf der Insel in früherer Zeit. Vom zweiten Stock des Museums hat man eine schöne Aussicht auf die Stadt aus ungewohnter Perspektive. Wenn Sie der Straße weiter folgen, erreichen Sie den Platanenplatz mit Tavernen.

Keramikwerkstadt

Wer sich für Keramik interessiert, sollte im Laden und in der Werkstatt von **Nikos Rodios** vorbeischauen. Gehen Sie nach halblinks weiter zum Zeitungsverkäufer. Diese Straße endet am neuen Hafen. Einige Meter weiter treffen Sie auf den Werkstattladen von *Nikos Rodios.* Sein Großvater entdeckte Anfang des Jahrhunderts die Beimischungen wieder, die man zum Ton geben muß, damit die Keramik durch und durch schwarz wird. Solch schwarze Keramik war in der Antike weit verbreitet, aber das Wissen, wie man sie herstellt, war im Laufe der Zeit verlorengegangen. Rodios ließ sich ein Patent auf sein Verfahren geben und entschloß sich, nicht zur industriellen Massenproduktion überzugehen. Da die Familie nach wie vor Einzelstücke von Hand herstellt, sind die Waren natürlich etwas teurer. Man kann bei der Herstellung in der Werkstatt zusehen.

Panagía Eleftherotria

Kehren Sie dann wieder zum Platanenplatz zurück und folgen Sie der Odos Doulidi. Sie führt Sie an der Kirche Panagía Eleftherotria vorbei. Die Kirche ist nicht verputzt und stammt aus dem 18. Jh. Im Inneren kann man alte **Ikonen** und eine schöne **Altarwand** bewundern. Früher befand sich hier eine Olivenölpresse, der Platz, auf dem die Zimmermänner Dachstühle fertigten, und eine alte Mühle. Heute ist davon aber nicht mehr viel zu sehen. Die Straße mündet in die Ortsumgehungsstraße ein, der Sie nun einige Meter nach rechts folgen. Dann zweigt nach links die Straße nach Agnóntas ab.

Panagía tis Epískopis

Hier sehen Sie bald schon etwas, das wie eine **alte Festung** aussieht. Eine der wichtigsten Kirchen des Dorfes ist die Panagía tis Epískopis. Der heutige Kirchenbau stammt aus dem 17. Jh. Früher stand hier ein kleines Wehrkloster, von dem die Festungsmauerreste stammen. Die Festung wurde zur Zeit der Venezianer begonnen. Sie ist allerdings nie fertig gebaut worden. Die Kirche wurde auf die Ruinen eines älteren Gotteshauses errichtet, das im 11. Jh. gebaut worden sein soll. Dies wiederum soll eine Vorgängerin aus dem 6. Jh. gehabt haben. In antiker Zeit stand an der Stelle ein

Tempel (vermutlich *Artemis*, der Göttin der Jagd, geweiht). Zahlreiche Steine aus dem Tempel sind in der heutigen Kirche verbaut. Die Epískopis war lange Jahre Sitz des Bischofs der Insel. Skópelos war von 347 bis ins 19. Jh. hinein **Bischofsitz** (der dann nach Chalkída auf Evvia verlegt wurde). Die Kirche liegt auf einem Privatgrundstück, kann aber nach Absprache besichtigt werden (Tel: 23270). Am 23. August ist Kirchfest und zahlreiche Pilger besuchen den Ort.

Archipelagos

Einen Besuch ist auf Skópelos auch das Archipelagos wert. Das Archipelagos ist **halb Museum, halb Souvenirgeschäft.** Es liegt unweit des Folkloremuseums und ist eine Zweigniederlassung des gleichnamigen Geschäftes auf Skíathos.

Der Süden

Moní Evangelístria

Das Moní Evangelístria wird noch von drei Nonnen bewohnt. Es wurde im Jahr 1712 auf den Ruinen eines Klosters aus byzantinischer Zeit erbaut. Die Nonnen führen Fremde freundlich herum und zeigen die kleine Kirche **Ag. Nikólaos** aus dem 17. Jh., dann geht's meist weiter in die **Klosterküche** mit dem alten Ofen und nagelneuer deutscher Waschmaschine. Schließlich zeigen sie den Besuchern die **Hauptkirche** mit der Altarwand aus dem 16. Jh. Diese handgeschnitzte, vergoldete Altarwand gilt als schönste der Insel. Gegen Ende werden Sie wohl auch im Souvenirshop des Klosters landen. Dort wird man dann doch sehr stark zum Kauf eines nicht gerade preiswerten Souvenirs ermuntert. Eine Spende wird außerdem erwartet (geöffnet während der Saison tägl. 9-13 und 17.30-20 Uhr).

Moní Metamórphosis

Das malerisch gelegene **Wehrkloster** Moní Metamórphosis wurde bereits im 16. Jh. gegründet. Es ist wie eine Festung gebaut. Hier gibt es eine

Altarwand zu besichtigen, die aus dem 18. Jh. stammt. Das Kloster wurde bis vor wenigen Jahren noch von einem Mönch bewohnt, ist jetzt aber verlassen, und eine Besichtigung ist daher nicht immer möglich.

Moní Panagía

Das Klösterchen Moní Panagía ist **verlassen** und **zerfällt.** Auch die Kirche ist in schlechtem Zustand. Vor der Kirche stehen mehrere Zypressen auf einem Plateau, von dem aus Sie eine schöne Aussicht nach Skópelos-Stadt haben.

Moní Ag. Varvára

Das **Festungskloster** Ag. Varvára („Barbara") wurde 1648 gegründet und 1697 fertiggestellt. Die Altarwand stammt aus dem späten 15. Jh. Das Kloster ist zwar gut erhalten und wurde erst kürzlich renoviert, aber die Anlage ist nicht mehr bewohnt und meist verschlossen.

Das Moní Barbara machte 1993 traurige Schlagzeilen: Hier befanden sich alte Ikonen aus dem 15. Jh. Es wurde eingebrochen und die Ikonen sind seither unauffindbar. Vermutet wird, daß sie schwarz an private Sammler verkauft wurden. Der Insel ist durch dieses Verbrechen nicht nur ein Kunstgegenstand abhanden gekommen – die Religion lebt auf Skópelos noch und der Schmerz über die **verschwundenen Ikonen** sitzt tief. Seither sind die Bewohner der Insel sehr wachsam, manchmal sogar mißtrauisch, und lassen Fremde gar nicht so gerne in ihre Kirchen hinein.

Zum Zeitpunkt der Renovierung war das Kloster nicht zugänglich. Wenn Sie die Innenräume besichtigen möchten, sollten Sie sich im Rathaus nach dem Schlüssel erkundigen.

Moní Prodrómos

Im Moní Prodrómos lebten früher Mönche, aber schon seit den 20er Jahren wird das Kloster von Nonnen bewohnt. Diese führen Besucher freundlich durch ihre **sehenswerte Anlage.** Sie sind Blumenliebhaber, und es blüht herrlich im Klosterhof. Seitlich der Kirche ist eine Nonne, die vor einigen Jahren starb, beigesetzt. Teile des Klosters stammen aus byzantinischer Zeit, aber ein Großteil der heute hier zu sehenden Gebäude wurden im 18. Jh. errichtet. Auch die Altarwand wurde in dieser Zeit geschnitzt. Einzelne Holzteile stammen aber aus dem 14. Jh. und wurden hier eingearbeitet. Der Besuch endet im Souvenirshop, und auch hier sind die Preise hoch (geöffnet tägl. 9-13 Uhr und 17.30-20 Uhr, eine Spende wird erwartet).

Moní Taxiarchón

Wenn Sie der Staubpiste weiter folgen, erreichen Sie einen kleinen Platz, von dem aus ein schmaler Fußweg nach Südosten steil den Berg hinunterführt zum Kloster Taxiarchón (nicht zu verwechseln mit gleichnamigem Kloster bei Glóssa). Im **verlassenen Klösterchen** wurden während des Zweiten Weltkrieges von den Griechen alliierte Soldaten vor den Deutschen versteckt. Die Kirche

055s Foto: vbFoto:

des Klosters ist meist verschlossen, an diesen ruhigen Ort verschlägt es nur wenige Urlauber.

Die Staubpiste führt vom Platz aus weiter nach oben durch mit Phrygana bewachsenes Gebiet und endet mitten auf dem Berg. Von hier oben haben Sie einen **herrlichen Blick** nach Alónnissos und die anderen kleinen Inseln der Umgebung.

Moní Timios Stavros

Keine Öffnungszeiten beachten müssen Sie bei einem Besuch der **Klosterruine** von Moní Timios Stavros. Das Klösterchen wurde 1680 gegründet, beim Erdbeben von 1965 aber fast völlig zerstört. Die Ruinen sind mittlerweile überwuchert. Die Ikonen aus dem Kloster werden jetzt in der Kirche Panagía Papameletiou aufbewahrt.

Moní Ag. Rigínos

Das Moní Ag. Rigínos ist heute kein Kloster mehr. Die Kirche, die hier steht, wurde im 18. Jh. in die Ruinen einer Kirche aus byzantinischer Zeit gebaut. An der gleichen Stelle stand aber schon im 4. Jh. ein christliches Gotteshaus – die Kirche von *Bischof Rigínos,* der 362 n. Chr. von den Römern ermordet worden ist. Das **Grab des Bischofs** finden Sie auf der Rückseite der Kirche im Hof. Fast immer liegen Blumen dort, er wird bis zum heutigen Tag verehrt. Die Kirche ist ein für Skópelos auffällig großes Gotteshaus. Sie ist normalerweise verschlossen. Das Ziel der meisten Pilger ist auch nicht die Kirche, sondern das Grab. Der Klosterhof ist am Vormittag und am Abend geöffnet, die Zeiten werden eher flexibel gehandhabt. Es wird erwartet, daß Besucher sich „anständig" kleiden, wenn sie den Hof betreten.

Stáfilos

Stáfilos ist eine kleine **Hotelsiedlung** oberhalb des gleichnamigen Strandes. Der **Strand** von Stáfilos ist der beliebteste der Insel. Auf der Halbinsel, die diesen Strand von der Nachbarbucht Velanió trennt, wurde in den 30er Jahren ein mykenisches Königsgrab entdeckt. Der Schatz ist heute in Athen im Nationalmuseum ausgestellt, vor Ort gibt's nicht viel zu sehen.

Agnóntas Agnóntas ist ein **kleiner Hafen** in einer hübschen Bucht. Sie finden hier einen kleinen Strand mit dicken weißen Enten und einige Tavernen.

Hellenistischer Turm **Südlich von Ditropo** ragt ein hellenistischer Festungsturm aus dem Wald. Zu erreichen ist er aber nur nach einem Kampf durchs Gestrüpp. Wege fanden wir jedenfalls nicht.

Bucht von Pánormos Die Bucht von Pánormos ist ein **sehr schönes Fleckchen.** Dicht bewaldete Hänge ziehen sich bis ans Meer hinunter. Vorgelagert ist der Bucht eine ebenfalls dicht bewaldete unbewohnte Insel. In Blo, seitlich der Bucht, stehen einige Privathäuser in sehr schöner Lage. Der Strand von Pánormos ist auch sehr beliebt. Reger geht es jedoch in Miliá, der folgenden Bucht, zu.

056s Foto: vbFoto:

DER NORDEN

Elíos

Elíos oder Néo Klíma ist eine **Neubausiedlung,** die erst nach 1965 entstanden ist. Ihre Bewohner wohnten früher hoch über der Küste in Klíma, das 1965 bei dem großen Erdbeben stark beschädigt wurde. Die Regierung stimulierte damals die Bevölkerung sehr stark, das alte Dorf oben am Hang zu verlassen und an die Küste hinunter zu ziehen. Die Neubauten sind alle Betonskelettbauten, die zwar nicht so romantisch aussehen wie die alten Häuser mit massiven Steinwänden, aber bei Erdbeben verhalten sich Gebäude mit einer Skelettkonstruktion elastischer und stürzen nicht so leicht ein. Und mit Erdbeben muß man hier nun einmal rechnen.

Wer erleben möchte, wie **Griechen mit Kind und Kegel** ihren Urlaub verbringen, der sollte hier im Hochsommer mal vorbeischauen. Sie werden hier nicht romantische Szenen vom Opi mit dem Fischerboot am Strand erleben. So leben die meisten Griechen heute nicht mehr. Die jüngere Generation versteckt sich hinter gigantischen Sonnenbrillen, trägt hochhackige Schuhe, kämpft mit Eis und Cola gegen Krokodilstränen des Nachwuchses und fächert mit den Autopapieren durch die Luft: *„sesti!“* („was haben wir doch heute einen warmen Tag erwischt...“).

Der **Strand** in Elíos ist nichts Besonderes, aber mit dem Boot kann man von hier aus schöne, unverbaute Buchten erreichen.

Epano Klíma

Wenige Kilometer weiter nördlich liegt unterhalb der Straße am Hang Epano Klíma, auch „Palío Klíma“ genannt, oder das, was noch davon übrig ist. Das **Erdbeben** 1965 zerstörte dieses Dorf fast völlig. Die Bewohner zogen danach mehrheitlich an die Küste hinunter nach Elíos. Klíma zerfällt. Ein ähnliches Schicksal erlitt die alte Inselhauptstadt von Alónnissos. Dort zog aber bald schon ein buntgemischtes, internationales Publikum ein. Die Chóra von Alónnissos ist zwischenzeitlich wieder ein malerisches Dorf geworden. In Klíma ist so etwas noch Zukunftsmusik. Zwar kauften sich auch hier Ausländer ein, aber viele Häuser liegen noch in Trümmern. *„For sale"*, prangt an mancher Hauswand.

Das Inselinnere

Auch im Inselinneren gibt es interessante Ziele. Die **Sendoúkiagräber** sind nur zu Fuß zu erreichen. Sie finden dort auf einem Hügel mit schönem Blick nach Alónnissos drei leere, in den Fels gehauene Grabkammern mit Steinplatten zum Verschließen und ein wohl nicht ganz fertiggestelltes Grab. Die Gräber stammen vermutlich aus der Römerzeit. Als sie vor einigen Jahren entdeckt wurden, waren sie leer.

Der höchste Inselberg **Delphi** ist ebenfalls nur zu Fuß zu erreichen. Oben steht ein ruinöses Gebäude, von dessen Dachterrasse aus man einen sehr schönen Rundblick hat. Früher wurde es von der Feuerwehr genutzt, denn von hier oben aus kann man die ganze Insel überblicken. Die Treppe ist zwar rostig und ohne Geländer, aber immer noch sehr stabil.

Glóssa

Glóssa ist ein kleineres Dorf hoch oben über dem Meer mit hübschen Häusern und Gärten und mit einer schönen Aussicht nach Skíathos. An der Bauweise mit Erkern und Holzbalkonen (manchmal mit nachträglich eingebautem Lokus) ist der **türkische Einfluß** noch gut zu erkennen. Die meisten Häuser in Glóssa entstanden schon während des Osmanischen Reichs.

Die alten Männer sitzen im Cafenion am Platz, die Frauen manchmal vor der Haustür und häkeln. Das Dorf hat das riesige Glück, die starken Erdbeben der Gegend nur leicht angeknackst überstanden zu haben. Es ist nach der Chóra die **zweitgrößte Siedlung** auf der Insel, und Sie finden hier nebst Arzt und Apotheke eine Tankstelle, einen Mofaverleih, Tante-Emma-Läden und Souvenirgeschäfte. In der HS wird am Dorfrand eine Disco betrieben, aber ansonsten geht es eher gemütlich zu. Wer mit dem Auto anreist, sollte es vor dem Dorf stehenlassen, denn viele Gassen sind sehr eng. Es gibt wenig Übernachtungsmöglichkeiten.

An der Bushaltestelle am Dorfeingang liegt die große Kirche **Panagía Eleftherosa.** Eine sehr schöne Aussicht haben Sie vom Dachgarten der Taverne T'Agnanti. Auf dem Hauptplatz im Dorf erhebt sich die Kirche **I Kimissis tis Theotokou,** deren Kirchfest an Maria Himmelfahrt stattfindet. In der Kirche werden alte Ikonen aufbewahrt, weswegen sie fast immer verschlossen ist. Auch hier können Sie am Sonntag nach dem Gottesdienst das Innere der Kirche ansehen.

Loutráki

Von Glóssa aus führen mehrere alte Pfade an die Küste hinunter nach Loutráki. Der Ort hat einen kleinen **Fischerhafen,** der bei Seglern beliebt ist. Außerdem finden sich hier zahlreiche Unterkünfte und eine richtig lange **Uferpromenade,** auf der man spätabends gut *Volta* machen kann. Die Griechen bezeichnen ihren Abendspaziergang als *Volta*. Dabei ist allerdings der Weg das Ziel. Man geht hin, man geht her, das Tempo stark gedrosselt, die Haltung und die Kleidung möglichst aufsehenerregend – sehen und gesehen werden, ist das eigentliche Thema.

Auffallend ist am Hafen die Anzahl und die Größe der **Tavernen** und **Cafés,** die in keinem Verhältnis zum Rest des Dorfes stehen. Im Sommer rückt hier abends halb Glóssa an.

Die Attraktion im Dorf ist mal wieder die **Kirche.** Sie ist dem Heiligen Nikolaus, dem Schutzpatron der Fischer gewidmet und wurde in die Ruinen einer alten Kirche aus dem 9. Jh. gebaut.

Unweit von Loutráki stand früher die Siedlung **Selinous,** die aber im 12. Jh. vermutlich wegen Piratenüberfällen aufgegeben wurde. Die Menschen flüchteten auf die sichereren Berge. Zu sehen ist von der alten Siedlung so gut wie gar nichts mehr.

057s Foto: vbFoto:

Moní Taxiarchón

Das **verlassene Wehrklösterchen** Moní Taxiarchón, nördlich von Glóssa, wird von einer großen Mauer umgeben. Die weiße Kapelle ist meist offen, während die Mönchszellen normalerweise verschlossen sind. In der Kirche finden Sie mehrere geschmückte Ikonen, im Klosterhof steht ein gemauerter Ofen im Freien.

Rechts neben dem Eingang befindet sich ein eigenartiger Verschlag, der an einen Kaninchenstall erinnert. Darin befinden sich allerdings keine Kaninchen, hier werden die **Knochen** einiger Mönche verwahrt, die das Kloster früher bewohnten. Die Knochen von Mönchen oder besonders ehrenwerten Personen werden in Griechenland häufig in Klöstern aufbewahrt.

Das Kloster wurde auf die Ruinen einer Kirche aus dem 7. Jh. gebaut und gehörte zu einem **Athoskloster.** Es wurde schon vor vielen Jahren verlassen und ist heute nur noch Ziel von wenigen Pilgern und Urlaubern.

Ag. Ioánnis Kastri

Unten an der Küste schlängelt sich eine Piste bis zur Nordspitze der Insel, wo ein **Leuchtturm** steht.

An der Nordostküste steht die Kirche Ag. Ioánnis Kastri in beeindruckender Lage **hoch oben** auf einer Felsenhalbinsel vor der Küste. Über hundert Stufen müssen Sie zu Fuß zurücklegen, bis Sie das Plateau mit der Kirche erreicht haben. Die Kirchenglocke hängt an einem alten Olivenbaum. Früher soll ein Einsiedler an diesem verlassenen Ort gelebt haben.

WANDERUNGEN

Von Skópelos zu den Klöstern

Beliebte Wanderung durch Macchia und Olivenhaine zu den sehenswerten Klöstern im Südosten der Insel.

- **Route:** Skópelos – Moní Evangelístria – Moní Prodrómos – Moní Metamórphosis – Ag. Marina – Stavros – Skópelos
- **Strecke:** sonnige Pisten und gut ausgetretene Wege, die leicht zu finden sind
- **Dauer:** 3-3½ Std. (hin und zurück), frühmorgens starten, am besten zwischen 8 und 9 Uhr

Zum Moní Evangelístria

Starten Sie am **Hafen** von Skópelos und folgen Sie zunächst der Straße um die Bucht herum. Die Klöster sind hier auf Straßenschildern markiert. Nach rund fünfzehn Minuten zweigt von der Teerstraße, die zum Moní Metamórphosis hochführt, nach links die Piste zum Moní Evangelístria ab. Folgen Sie dieser und nach wenigen Minuten sehen Sie rechts des Weges eine **Quelle.**

Die Piste führt nun den Berg zum **Moní Evangelístria** hoch. Nach 40 Minuten haben Sie es dann aber geschafft und erreichen das Kloster, das bereits ab 8 Uhr morgens besichtigt werden kann.

Zum Moní Prodrómos

In der letzten scharfen Kurve unterhalb des Klosters zweigt nach rechts ein unscheinbarer, aber

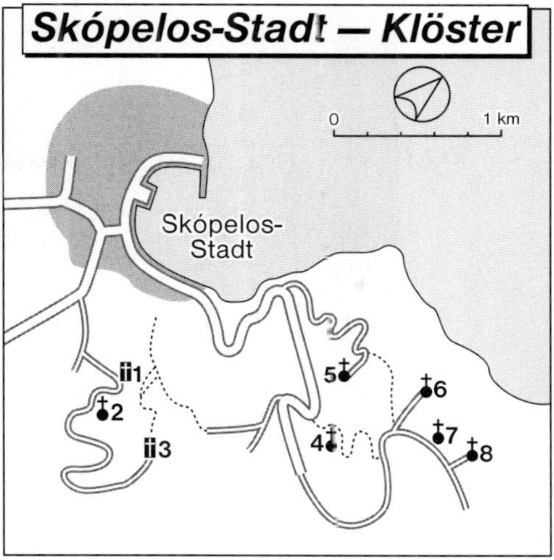

1 Ag. Ióannis Kotronaki
2 Moní Stavros
3 Ag. Marína
4 Moní Metamórphosis
5 Moní Evangelístria
6 Moní Panagía
7 Moní Varvára
8 Moní Prodrómos

gut ausgetretener **Fußpfad** ab, der mit roten Punkten markiert ist. Der Pfad führt eine gute halbe Stunde durch Macchia nach oben und trifft an einer **Gabelung** auf die Piste, die nach links zum verfallenen Moní Panagía führt, nach rechts den Hang hinunter zum Moní Metamórphosis und geradeaus am **Moní Varvára** vorbei zum **Moní Prodrómos,** das Sie nach rund zehn Minuten erreichen. Auch diese Anlage kann besichtigt werden.

Zum Moní Panagía

Gehen Sie nun wieder zurück zur Gabelung und zweigen Sie (von oben kommend) nach rechts zum verfallenden **Klösterchen Panagía** ab, das Sie nach rund fünf Minuten erreichen. Vom Kirchplatz aus haben Sie eine schöne Aussicht. Dieses ruhige Fleckchen bietet sich für eine Pause an.

Skópelos

058s Foto: vbFoto:

Zum Moní Metamórphosis

Über die Piste kommen Sie nun wieder zurück zur Gabelung und gehen dieses Mal hangabwärts (rechts). Wenige Meter weiter sehen Sie rechts der Piste ein Stromhäuschen stehen. Hier beginnt der alte Fußweg zum **Moní Metamórphosis,** der Sie in rund 25 Minuten zum Kloster bringt. Kurz vor dem Kloster liegt auf der gegenüberliegenden Hangseite unter Bäumen eine **Quelle.** Hier kann der Pfad etwas rutschig werden.

Moní Panagía

Zur Kirche Ag. Marina

Am Kloster beginnt ein breiter Weg, der kurz darauf auf die **Teerstraße** trifft. Folgen Sie dieser ein kurzes Stück den Hang hinauf. Bei der ersten scharfen Linkskurve zweigt nach rechts eine Piste von der Straße ab. Folgen Sie dieser Piste, von der aus Sie einen **schönen Blick** nach Skópelos haben.

Bei einer **Gabelung** wählen Sie den rechten unteren Weg. Er endet an einem **Haus,** hinter dem ein Fußpfad beginnt, der gut markiert und auch gut ausgetreten ist und der den Hang hinunterführt.

Rund 30 Minuten nachdem Sie vom Moní Metamórphosis aufgebrochen sind, windet sich der Pfad ein kurzes Stück durch **stacheliges Gestrüpp.** Hier zweigt nach links ein mit rotem Punkt markierter Pfad ab. Dieser Pfad ist aber zugewachsen. Wenige Meter weiter unten zweigt ein weiterer Weg vom Trampelpfad nach links ab. Er führt unter **Kiefern** hindurch am Hang entlang. Folgen Sie diesem Weg. Er führt zunächst waagerecht am Hang entlang, wird schmaler und gabelt sich.

Gehen Sie hier nun, an üppig wachsendem und im Frühjahr gelb blühendem **Johanniskraut** vorbei, den Hang auf dem unscheinbaren Pfad nach links hoch (der Pfad ist hier nicht ganz so einfach zu finden). Er windet sich schließlich nach rechts und führt oben, an einem Haus vorbei, auf die Kirche **Ag. Marina** zu.

Zur Ruine von Stavros

An der Kirche beginnt eine Piste, auf der Sie wenige Meter weiter zu einer Quelle gelangen. In großen Serpentinen führt die Piste dann den Hang hinunter. Nach rund zehn Minuten liegt rechts am Hang die Ruine des **Klösterchens Stavros.**

Nach Skópelos

Wenig später sehen Sie rechts des Weges eine weitere Kirche, **Ag. Ioánnis Kotronaki.** Die Piste gabelt sich kurz danach. Dort gehen Sie weiter nach rechts den Hang hinunter und erreichen bald die Teerstraße. Folgen Sie der Straße nach rechts, und nach wenigen Minuten erreichen Sie den **Ortseingang** von Skópelos an der Umgehungsstraße.

Hinter der Tankstelle erreichen Sie die Straße, die nach rechts zum Hafen abzweigt. Überqueren Sie die Straße und das Bachbett und folgen Sie dann dem Fußweg, der hier nach rechts am Betonbachbett entlang zum Hotel Amalia führt. Über die Straße erreichen Sie nun nach wenigen Minuten wieder den **Hafen**.

Von Skópelos nach Stáfilos

Schöner, einfacher Spaziergang durch Obstbaumwiesen und Olivenhaine zum Strand von Stáfilos

- **Route:** Skópelos – Stáfilosstrand – Skópelos
- **Strecke:** breitere Pisten, teils sonnig, einfach zu finden
- **Dauer:** 1 Std. (einf. Strecke), 2½ Std. (hin u. zurück)
- **Hinweis:** Zwischen Skópelos und Stáfilos verkehren regelmäßig Busse, so daß man diese Strecke auch gut einfach begehen kann.

Nach Stáfilos

Starten Sie am **Hafen** von Skópelos und folgen Sie zunächst der Straße am Hotel Amalia vorbei. Die Straße verläuft bald links des Bachbetts. Rechts davon können Sie aber auf einem Fußweg, der parallel zur Straße verläuft, entlang gehen.

Nach wenigen Minuten treffen Sie auf die **Ortsumgehungsstraße.** Nach links führt die Straße nach Stáfilos, nach rechts nach Glóssa. Wenn Sie die Straße überqueren, sehen Sie neben der Brücke einen **Heiligenschrein.**

Direkt neben dem Schrein beginnt eine kleine Straße, die am Bachbett entlang weiter ins Landesinnere führt. Das Bachbett verschwindet bald, und rechts der Straße liegt nach wenigen Metern in einem Garten die **Villa Evlalalia.**

Auf der gegenüberliegenden Straßenseite zweigt nach links eine kleine Straße ab, der Sie nun folgen. Nach einer Kurve führt diese Straße unter einer Stromleitung durch. Am linken Straßenrand sehen Sie einen **Strommast** mit einem aufgemalten roten Punkt.

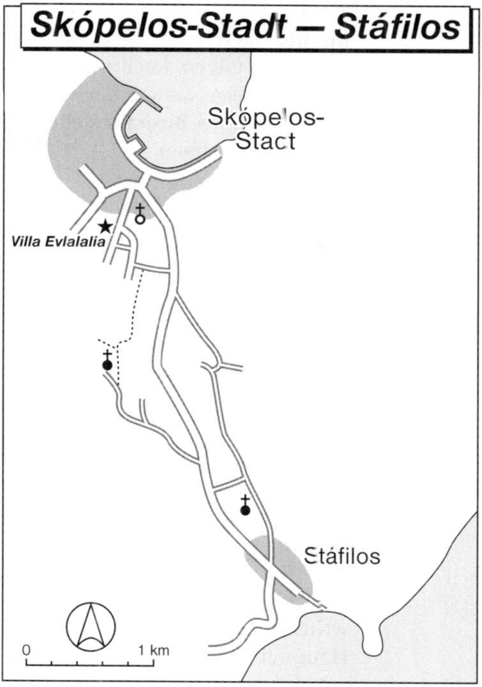

Folgen Sie der Piste, die hier nach links abzweigt. Sie führt durch **Olivenhaine** zur Hauptstraße. Gehen Sie nun auf der Hauptstraße ein kleines Stück nach rechts weiter. Bald schon liegt an der linken Straßenseite ein **Haus,** auf dem *„Rent a boat"* zu lesen ist. Bis hierher waren wir von Skópelos aus rund 20 Minuten unterwegs.

Vor dem Haus zweigt nach links eine **Piste** ab, der Sie nun folgen. Nach 10 bis 15 Minuten gabelt sich der Weg. Halten Sie sich hier rechts. Dann zweigt nach links ein Weg ab, die Piste verläuft rechts. Gleich darauf wendet sie sich nach links. Hier zweigt dann nach rechts ein Weg ab. Folgen Sie aber weiter der Piste. Am linken Pistenrand sehen Sie nun wieder einen **roten Punkt** auf einer

Mauer. Wenig später liegt linker Hand eine kleine **Kirche.** Nach links zweigt ein Weg ab, dem Sie aber nicht folgen. Rechts der Piste liegt in üppigem Grün eine weitere Kirche. Kurz darauf erreichen Sie bei der **Bushaltestelle** unweit vom Café Babis die Teerstraße.

Folgen Sie der Straße nach links. Wenige Meter weiter zweigt nach links von der Hauptstraße eine kleine Straße ab, die zum **Strand von Stáfilos** hinunterführt.

Rückweg

Der Rückweg beginnt an der **Bushaltestelle** beim Café Babis. Hier zweigt nach rechts von der Straße die Piste ab, über die Sie angekommen sind. Folgen Sie dieser Piste ca. 15 Minuten. Rechts sehen Sie dann ein **Tor** mit der Aufschrift ΣΥΝΧΡΟΝΟ ΖΥΛΟΥΡΓΙΚΟ ΕΡΓΟΣΤΑΣΕΙΟ („Moderner Schreinereibetrieb").

Gegenüber zweigt eine Piste nach links ab, die Sie den Hang hinab führt, und nach fünf Minuten erreichen Sie die **Teerstraße.**

Folgen Sie der Straße nun nach rechts. Nach weiteren fünf Minuten liegt rechts der Straße ein **Haus** mit schmiedeeisernem Gartentor.

Auf der gegenüberliegenden Straßenseite beginnt eine **Piste,** die den Hang hochführt. Folgen Sie dieser, und bei einer **Gabelung** nach rund zehn Minuten halten Sie sich links. Nach wenigen Minuten erreichen Sie dann eine kleine **Kirche,** die oben auf dem Bergrücken liegt und von der aus Sie eine schöne **Aussicht** nach Skópelos-Stadt haben.

Rechts der Kirche beginnt ein **kleiner Pfad.** Er führt zwischen einem blauen Tor und der Kirche hindurch, an Zäunen entlang. Nach ca. 200 m trifft er auf einen breiteren Weg, der zu einem Haus führt.

Folgen Sie diesem Weg nach rechts. Er läuft auf dem **Bergrücken** entlang, macht eine Kurve nach rechts und geht schließlich in einen Trampelpfad über.

Folgen Sie nun dem **Trampelpfad** immer den Bergrücken entlang. Er fällt langsam ab. Nach rechts zweigen einige Pfade ab. Gehen Sie geradeaus weiter, und nach wenigen Minuten erreichen Sie im Tal eine **Piste.**

Biegen Sie in diese nach links ein, und Sie treffen bald auf eine Straße, der Sie zunächst nach rechts folgen. Wenige Meter weiter zweigt ein Weg nach links ab, den Sie nun wählen. Er bringt Sie auf eine andere kleine Straße. Biegen Sie hier nach rechts ein, und nach wenigen Minuten sehen Sie linker Hand die **Villa Evlalalia** liegen.

Folgen Sie der Straße bis an ihr Ende und überqueren Sie die Ortsumgehungsstraße. Dort beginnt der Fußweg, der Sie in wenigen Minuten zum Hotel Amalia führt. Kurz danach erreichen Sie den **Hafen** von Skópelos-Stadt.

Bucht von Stáfilos

Von Skópelos zum Moní Ag. Rigínos

Kurzer einfacher Spaziergang durchs Tal und durch Olivenhaine zum Grab des Inselheiligen

- **Route:** Skópelos – Moní Ag. Rigínos – Skópelos
- **Strecke:** Teerstraßen, Pisten, Fußpfade
- **Dauer:** 1½ Std. (hin und zurück)

Zum Moní Ag. Rigínos

Starten Sie am **Hafen** und folgen Sie bis zur Villa Evlalalia dem Weg, der bei der Tour „Skópelos – Stáfilos" beschrieben wird . Zweigen Sie nun aber nicht nach links ab, sondern folgen Sie der kleinen Straße geradeaus, an der die Villa rechts in einem Garten liegt.

Die Straße geht bald in eine **Piste** über und führt an einer gefaßten **Quelle** vorbei. Der Weg wird schmaler und geht schließlich in einen **Fußpfad** über. Zehn Minuten nach der Quelle führt der Weg Sie nach rechts, linker Hand steht ein **Zaun.**

Dann gabelt sich der Weg. Über den Weg, der hier nach links führt, erreichen Sie nach wenigen Metern die Kapelle **Ag. Efstratios,** die aber meist verschlossen ist.

Der Weg, der nach rechts führt, endet an der **Teerstraße.** Merken Sie sich diese Stelle für den Rückweg. Der Teerstraße folgen Sie nun nach links. Nach fünf Minuten zweigt von dieser Straße eine Teerstraße nach rechts ab, die Sie nach weiteren fünf Minuten zum **Moní Ag. Rigínos** hochführt.

Zurück geht es dann wieder über den gleichen Weg.

Von Skópelos nach Elíos

Durch Wälder und Wiesen hoch ins Inselinnere zu den alten Sendoúkiagräbern und mit herrlichem Blick auf die Strände der Westküste hinunter zum Meer ins Dorf Elíos

- **Route:** Skópelos – Ag. Paraskeví – Chestnut Tree – Sendoúkia – Ag. Reginos – Elíos
- **Strecke:** anstrengendere Wanderung über teils sonnige Schotterpisten und schmale Fußpfade
- **Dauer:** 5 Std., es empfiehlt sich morgens sehr früh zu starten
- **Ausrüstung:** ausreichend Wasser und Proviant, Sonnenschutz, evtl. Badesachen
- **Hinweis:** Es bietet sich an, nach der Wanderung einen Strand aufzusuchen.

Zur Kirche Ag. Paraskeví

Starten Sie in Skópelos-Stadt beim **Kástro.** Vom Hafen aus führen zahlreiche Treppen an malerischen Kirchen vorbei hoch zur alten Festung.

Von der Festung führt eine Treppe auf der dem Meer abgewandten Seite nach unten auf die Straße. Folgen Sie dieser Straße den Berg hoch. Hier zweigt nach wenigen Metern nach links eine Treppe ab. Sie führt hoch zur **Ortsumgehungsstraße.** Folgen Sie dieser nun nach links.

Gegenüber des Hotels Xenodocheio Philippeion trifft eine Treppe auf die Straße. Ein **roter Punkt** markiert hier den Weg nach rechts hoch. Hinter der Treppe beginnt ein **Trampelpfad.** Sie treffen dann an eine Stelle, an der rechter Hand die Teerstraße liegt und von der nach links eine Piste abzweigt.

Folgen Sie der **Piste,** die Sie relativ eben am Hang entlang führt. Von der Piste zweigen zweimal nach rechts Wege ab, die Sie aber nicht beachten. Dann führt die Piste in ein kleines **Tal** hinein. Oberhalb und unterhalb des Weges sehen Sie Viehställe.

Kurz danach erreichen Sie eine kleine **Kreuzung.** Der alte Eselsweg wurde hier leider zerstört und verbreitert. Folgen Sie nun dem neuen Weg nach rechts hoch. Bei einer **Zypressenallee** erreichen Sie oben die Straße. Folgen Sie dieser nach links und bald schon erreichen Sie die Kirche **Ag. Paraskeví.**

Zum Chestnut Tree

Danach gabelt sich die Straße und geht in Pisten über. Nach rechts ist „Pírgos" und „Sendoúkia" markiert. Bis hierher waren wir vom Kástro aus rund 45 Minuten unterwegs. Folgen Sie dem Weg in **Richtung „Pírgos".**

Nach rund 15 Minuten zweigt nach links eine Piste ab. Bleiben Sie aber weiter auf ihrer Piste, die nun geradeaus in einen **Kiefernhain** führt. Rund 100 Meter nach der letzten Verzweigung beginnt am linken Wegrand ein zunächst eher unscheinbarer **Fußpfad.** Links davon verläuft ein Zaun. Dieser recht gut ausgetretene Fußweg führt in 15 Minuten den Hang hoch zu einer kleinen **Kirche.**

Hinter der Kirche beginnt eine **Piste,** die gleich eine Kurve nach rechts macht. Am Ende dieser Kurve zweigt ein leicht **überwucherter Weg** nach links ab, der aber bald schon breiter wird. Ungefähr 15 Minuten von der Kirche entfernt, sehen Sie rechts des Weges ein **Haus.**

Hier beginnt wieder eine **Piste.** Diese gabelt sich, und Sie halten sich links. Links unterhalb des Weges liegen nun zwei Häuser. Die Piste endet und geht in einen schmalen **Fußweg** über, der sich nach rechts am Hang entlang windet. Dieser Weg ist an manchen Stellen etwas überwuchert, aber er ist einfach zu finden, da er oben auf einer **Steinmauer** verläuft.

Nach zehn Minuten trifft der Pfad beim **Schrein Ag. Alexandros** auf eine Piste, in die Sie nun nach links einbiegen. Nach weiteren zehn Minuten erreichen Sie eine **Gabelung,** an der Sie sich rechts halten.

Diese Piste führt Sie nun nach zehn Minuten zu einer Kreuzung. Links des Weges steht ein alter Eßkastanienbaum. Er ist in der Inselkarte als

Chestnut Tree vermerkt. Sie erreichen diese Stelle rund zwei Stunden, nachdem Sie Skópelos-Stadt verlassen haben.

Zu den Sendoúkiagräbern

Gehen Sie hier nun nach rechts weiter. Der Weg gabelt sich kurz darauf erneut. Folgen Sie der Piste, die nach links den Berg hochführt. Nach 15 Minuten gabelt sich die Piste abermals. An dieser Stelle markiert ein **Schild** „Sendoúkia" nach rechts. Am rechten Straßenrand finden Sie ein **Gatter.** Hier beginnt ein gut markierter und häufig begangener Trampelpfad, der Sie in 15 Minuten auf den Bergrücken, hoch zu den **Sendoúkiagräbern** führt.

Zur Kirche Ag. Reginos

Gehen Sie nun den Trampelpfad zurück bis zur Piste, und folgen Sie dieser nach links wieder hinunter. Zweigen Sie nach rechts ab zum **Chestnut Tree.** Biegen Sie vor dem Chestnut Tree nach rechts ab, und folgen Sie der Piste den Berg hoch bis zum Paß. Dort liegt rechts der Piste die kleine Kirche **Ag. Reginos.**

Nach Elíos

Die Piste führt Sie nun den **Hang hinunter.** Diese Strecke ist sonnig, aber der Blick entschädigt für den Schweiß. In einer Rechtskurve finden Sie auf halber Höhe eine **Quelle.**

Unten gabelt sich die Piste nochmals. Halten Sie sich hier links, und der Weg führt Sie zur Feuerwehrwache am Ortseingang von **Elíos.** Hier treffen Sie auf die Straße.

Von Elíos aus können Sie per **Bus** an einen Strand und wieder nach Skópelos zurückfahren.

Von Skópelos nach Klíma

Durch duftende Kiefernwälder über den höchsten Berg der Insel

- **Route:** Skópelos – Ag. Paraskeví – Chestnut Tree – Delphi – Klíma
- **Strecke:** lange, anstrengende Wanderung über Piste, Fußweg und Eselspfad; brechen Sie morgens sehr früh auf, möglichst kurz nach Sonnenaufgang
- **Dauer:** 5-6 Std.
- **Ausrüstung:** ausreichend Wasser, es gibt unterwegs keine Möglichkeit, etwas aufzufüllen; evtl. Badesachen
- **Hinweis:** Es empfielt sich, nach der Wanderung mit dem Bus an einen der Strände der Westküste zu fahren.

Zum Chestnut Tree

Starten Sie am **Kástro** und folgen Sie dem unter „Skópelos – Elíos" beschriebenen Weg an der Kirche **Ag. Paraskeví** vorbei bis zum **Chestnut Tree.** Nach rund zwei Stunden erreichen Sie den Eßkastanienbaum, der links des Weges liegt. Gegenüber zweigt nach rechts eine Piste ab.

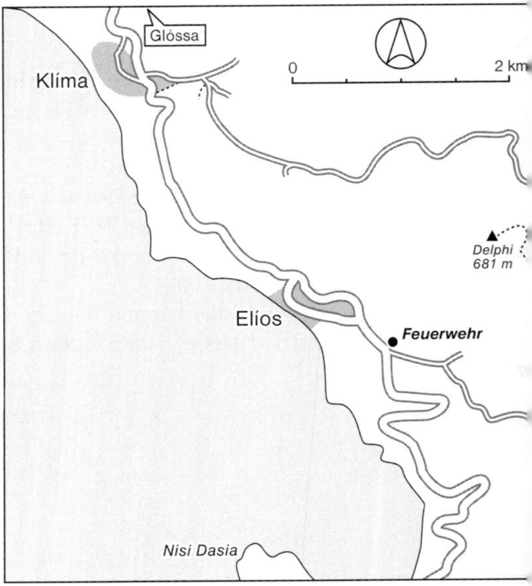

Auf den Delphi

Nach wenigen Metern gabelt sich diese Piste, der Sie nach links hoch folgen. Dann erreichen Sie nach weiteren 15 Minuten eine Gabelung, an der „Sendoúkia" nach rechts markiert ist. Folgen Sie hier aber weiter der Piste, die nach links den Hang hochführt. 20 Minuten später erreichen Sie eine Gabelung, an der „Palio Klíma" nach rechts markiert ist. Folgen Sie aber weiter der Piste nach links hoch. Sie endet nach rund 15 Minuten an einem **verfallenden Gehöft.**

Hinter den Ruinen zweigt nach rechts ein mit roten Punkten markierter Fußweg ab, der zum **Gipfel des Delphis** hochführt. Oben steht ein ruinöses Betonhaus mit einer alten Metalleiter ohne Geländer (Vorsicht auf der Leiter!). Vom Dach des Gebäudes hat man eine herrliche **Aussicht** auf die gesamte Insel und die benachbarten Sporaden.

Nach Klima

Nach einer Pause geht es nun wieder über den **Fußweg zurück** auf die Piste und den Hang hinunter bis zur Gabelung. Gehen Sie hier links nach

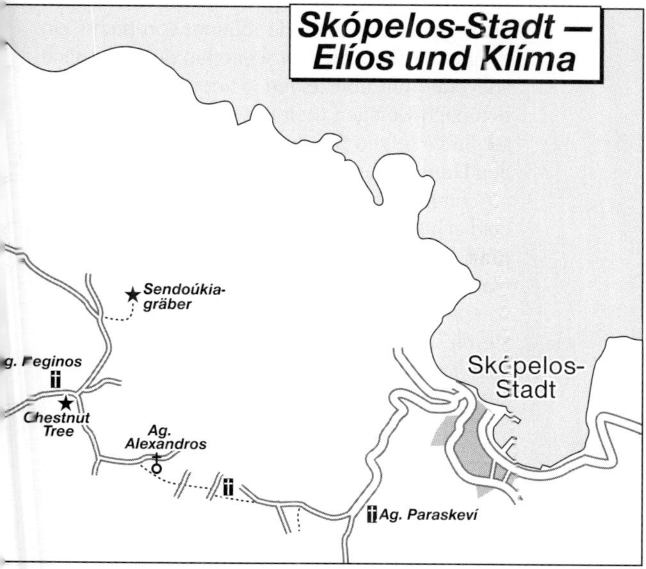

0605 Foto: vbFoto:

Auf der Wanderung über den Delphi: Blick nach Alónnissos

„Palio Klíma“. Eine halbe Stunde später zweigt nach rechts ein Weg ab, Sie halten sich aber links. Nach weiteren 40 Minuten erreichen Sie die nächste Gabelung, an der Sie sich rechts halten. Nach einer guten Viertelstunde mündet von rechts ein Weg ein. Folgen Sie hier weiterhin der Piste nach links, die nun über einen kleinen **Paß** führt und sich nach wenigen Metern erneut gabelt. An dieser Stelle folgen Sie der breiten Piste nach links den **Hang hinunter.**

Achten Sie jetzt auf den linken Wegrand, denn bald schon zweigt hier nach links der **alte Eselspfad** von der Piste ab. Er ist mit roten Punkten markiert und führt zwischen Häusern hindurch von oben nach **Klíma** hinein auf die Straße. Wenn Sie dieser nun nach links hinunter folgen, erreichen Sie rund 50 m weiter an einer scharfen Linkskurve die **Bushaltestelle** in Klíma.

Von Glóssa zum Perivolioustrand

Nette Tour vom malerischen Dorf Glóssa durch den Wald hinunter zum einsamen Strand Perivoliou

- **Route:** Glóssa – Perivolioustrand
- **Dauer:** 45-60 Min. für den Hinweg (zurück dauert etwas länger)
- **Ausrüstung:** Wasser, Proviant, Sonnenschuz, Badesachen (am Strand gibt es nichts zu kaufen)

Der Weg zum Strand

In Glóssa wählen Sie den Weg, der von der **Bushaltestelle** am Hang entlang in den unteren Teil des Dorfes führt. Fragen Sie nach der Kirche **Panagía Faneroménis** *(„Pu íne Panagía Faneroménis?")*. Die Kirche liegt am Ende des Dorfes in der Odos Panagías Faneroménis. Dieser Straße folgen Sie.

Rund 400 m nach dem letzten Haus von Glóssa erreichen Sie eine **Gabelung.** Hier zweigt eine Piste nach rechts ab und führt den Hang hoch, bis man oben an ein Haus gelangt. Danach geht es wieder abwärts, und rund 600 m nach der Gabelung erreichen Sie eine Straße. Rechts liegt wenige Meter weiter eine **Quelle,** die letzte Möglichkeit Wasser aufzutanken.

Folgen Sie der Straße aber in die andere Richtung rund 300 m nach links. Dort zweigt nach rechts ein Weg ab. Er führt den Hang hinunter auf ein Haus zu. Hier hat der Künstler *Stelios* seine Spuren hinterlassen. Zahlreiche **ulkige Steinfiguren** erwarten den Besucher.

Rechts des Hauses beginnt nun ein Fußpfad. Er führt in Serpentinen durch den **Wald** den Hang hinunter. Der Weg ist gut ausgetreten und trifft bald auf eine Piste, die Sie überqueren; der Fußweg geht weiter.

Rund zehn Minuten nach *Stelios* Haus trifft der Pfad auf eine **breite Piste.** Merken Sie sich diese Stelle für den Rückweg, und folgen Sie der Piste nach rechts bis kurz nach der Kurve.

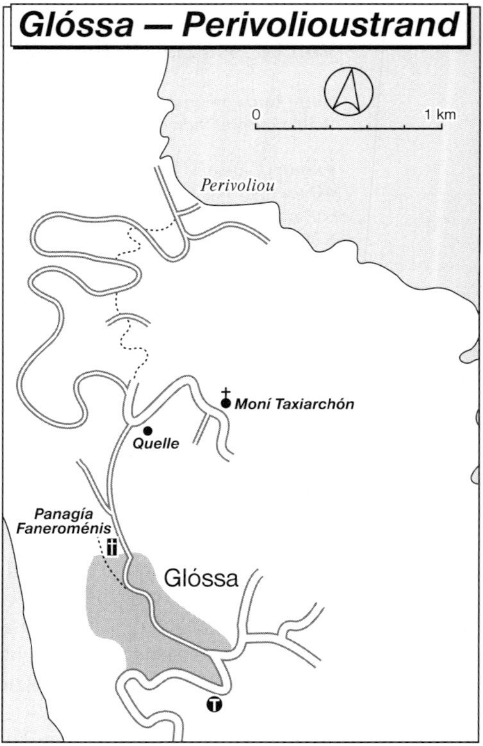

Hier beginnt recht unscheinbar wieder der Fußweg. Er zweigt nach rechts ab und trifft schon bald wieder auf die Piste. Merken Sie sich auch diese Stelle für den Rückweg.

Folgen Sie nun der Piste nach rechts einige Meter den **Hang hinunter.** Dann zweigt an einem Baum nach links erneut der Pfad ab. An einer Gabelung trifft er wieder auf die Piste. Merken Sie sich diese Stelle für den Rückweg und wählen Sie die mittlere Piste. Sie führt zum **Strand.**

Für den **Rückweg** wählen Sie am besten wieder den gleichen Weg.

Von Glóssa zum Moní Taxiarchón

Spaziergang vom hübschen Dorf Glóssa zum ruhigen, verlassenen Klösterchen

- **Route:** Glóssa – Moní Taxiarchón – Glóssa
- **Strecke:** Pisten, Fußpfad, Teerstraße
- **Dauer:** 1 Std. (hin und zurück)

Zum Moní Taxiarchón

Starten Sie in Glóssa an der **Bushaltestelle,** und gehen Sie zunächst waagerecht am Hang entlang ins Dorf.

Nach rechts führt vor der Taverne eine Treppe hoch zum Hauptplatz, an dem die Kirche **I Kimissis tis Theotokou** steht. Am oberen Ende des Platzes beginnt eine Treppe. Sie erreichen dann eine Gasse und wenige Meter weiter beginnt erneut eine Treppe, die Sie den **Hang hochführt.**

Am letzten Haus beginnt eine Straße, die nach rechts verläuft und von der wenige Meter weiter eine Piste nach links hoch abzweigt. Diese Piste macht dann eine Rechtskurve und trifft beim **OTE-Telefongebäude** auf eine Piste.

Zweigen Sie hier links ab, und Sie erreichen nach rund 300 m eine Gabelung. Halten Sie sich hier rechts. Nach 300 m gabelt sich der Weg erneut. Hier halten Sie sich links. Bei der folgenden Gabelung geht's dann nach rechts weiter auf ein Haus zu, an dem rechts ein schmaler Fußpfad beginnt. Er führt an einem **Viehstall** vorbei den Hang hinunter, wird breiter und trifft auf eine Piste. Folgen Sie dieser nach links den Hang hinunter und Sie erreichen nach wenigen Minuten das Klösterchen **Moní Taxiarchón.**

Rückweg

Folgen Sie der Straße nach links am Hang entlang. Nach rund 700 m liegt linker Hand eine **Quelle.** Hinter der Quelle zweigt nach links eine Piste ab, die den Hang hochführt. Nach rund 600 m müssen Sie sich links halten, und nach weiteren 400 m erreichen Sie wieder Glóssa.

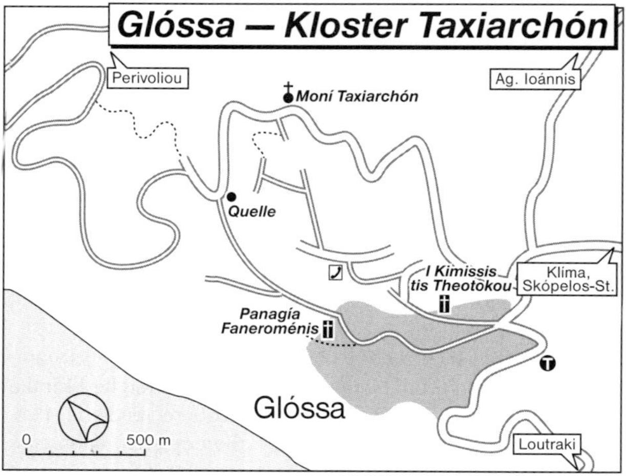

AUSFLÜGE

Per Mietfahrzeug in den Süden

● **Route:** Skópelos – Klöster – Skópelos – Stáfilos – Agnóntas – Moní Ag. Rigínos – Skópelos

Zu den Klöstern

Starten Sie am späteren Vormittag in Skópelos am Hafen und folgen Sie der Straße am Meer entlang. Die Klöster sind hier bereits markiert. Fahren Sie auf der Teerstraße zum verlassenen **Moní Metamórphosis.**

Die Straße geht dann in eine Piste über. Bei einer Gabelung halten Sie sich rechts, und bald sehen Sie links der Straße das **Moní Varvára**.

Folgen Sie der Piste nach rechts. Sie erreichen ein Ziegengatter, das Sie, bevor Sie weiterfahren, wieder verschließen sollten. Sie sehen nun auf der linken Seite das **Moní Prodrómos,** zu dem eine Piste abzweigt. Dieses Kloster können Sie besichtigen.

Fahren Sie dann wieder die Piste hinunter. In der letzten Kurve, oberhalb des Moní Metamórphosis, zweigt nach links eine Piste ab. Hier können Sie ihr Fahrzeug kurz parken und den **schönen Blick** nach Skópelos-Stadt genießen.

Folgen Sie dann weiter der Straße am Moní Metamórphosis vorbei und den Hang hinab. Unten zweigt nach rechts eine Piste ab, die zum zweiten bewohnten Kloster der Insel, dem **Moní Evangelístria,** hochführt. Auch diese Anlage kann besichtigt werden.

Wenn Sie danach auf der Piste den Hang wieder hinunterfahren, erreichen Sie über die Straße Skópelos-Stadt.

An die Strände

Setzen Sie nun, gegen Mittag, Ihre Tour in Richtung Stáfilos fort. Der **Stáfilosstrand** ist der beliebteste und bestbesuchteste der Insel. Hinter dem Kap schließt sich der **Velanióstrand** an.

Fahren Sie weiter auf der Straße nach Agnóntas. Neben dem **Strand von Agnóntas** finden Sie einen großen Bootsanlegekai. Außerdem bieten sich zahlreiche Tavernen für eine Pause an. Zum Schwimmen würden wir Ihnen raten, einen Abstecher zum **Strand von Limnonári** zu machen.

Moní Ag. Rigínos

Wenn Sie Ihre Tour fortsetzen, fahren Sie vom Limnonáristrand zunächst zurück auf die Inselhauptstraße und folgen dieser nach links. Sie führt durch **üppig grünen Kiefernwald** den Hang hoch. Oben erreichen Sie eine Gabelung. Biegen Sie hier nach rechts ab in Richtung Skópelos-Stadt. Die Straße führt den Hang hinunter. Im Tal zweigt nach links eine Straße ab, die zum **Moní Ag. Rigínos** führt. Die Anlage kann besichtigt werden, die Kirche ist jedoch meist verschlossen.

Zurück nach Skópelos

Auf dem Rückweg folgen Sie wieder der Straße ins Tal hinab, und Sie erreichen bei der Kirche **Panagía tis Epískopis,** die von weitem wie eine Festung aussieht, die Ortsumgehungsstraße in **Skópelos-Stadt.** Wenn Sie sich hier rechts halten, erreichen Sie bald wieder den Hafen.

Mit dem Fahrzeug in den Norden

● **Route:** Skópelos – Glóssa – Ag. Ioánnis – Moní Taxiarchón – Perivoliou – Skópelos
● **Hinweis:** Bei diesem Tagesausflug sollten Sie auf den Benzinstand achten, da Sie einige Kilometer zurücklegen werden.

Nach Glóssa

Starten Sie morgens und fahren Sie von Skópelos auf der Inselhauptstraße nach Glóssa. Die dortige **Taverne** mit ihrer schönen Dachterrasse bietet sich für eine kleine Pause an.

Zur Kirche Ag. Ioánnis

Fahren Sie dann zunächst wieder in Richtung Skópelos zurück. Die zweite Straße, die nach links abbiegt, führt zur Kirche Ag. Ioánnis Kastri. Der Weg ist markiert. Die Straße geht allerdings bald in eine Piste über, die für Mofafahrer nicht einfach zu befahren ist. Schon von weitem sehen Sie die Kirche **auf der Felsenhalbinsel** vor der Küste liegen. Parken Sie unten am Ende der Piste. Ein Fußweg mit vielen Treppen führt hoch zur Kirche.

Zum Moní Taxiarchón

Fahren Sie nun wieder die Piste zurück und hoch auf die Hauptstraße. Biegen Sie zunächst in Richtung Glóssa ab. Kurz vor dem Ortseingang von Glóssa zweigt nach rechts eine Straße zum „Paralía Perivoliou" ab. Nach 1-2 km sehen Sie rechts der Straße das **verlassene Kloster** Moní Taxiarchón liegen.

Zum Perivolioustrand

Nach einer Besichtigung des Klösterchens geht's weiter auf der Straße entlang. Links des Weges liegt eine **Quelle.** Kurz danach geht die Straße in eine Piste über und führt den Hang hinab zum **Strand.** Fahren Sie unten nach links, eine Piste zweigt dann nach rechts ab und endet an einem Parkplatz oberhalb des Strandes.

Rückweg

Wenn Sie Ihre Tour fortsetzen wollen, folgen Sie der Piste nach links an der Küste entlang nach Südosten. Sie führt durch das **Tal von Keramoto**

wieder zurück nach **Glóssa.** Fahren Sie nun wieder auf der Inselhauptstraße zurück in Richtung **Skópelos.** Zahlreiche schöne Strände bieten sich für eine **Badepause** an.

Inselrundfahrt mit Auto oder Mofa

● **Route:** Skópelos – Glisterí – Karia – Sendoúkia – Ag. Reginos – Elíos – Klíma – Loutráki – Pánormos – Amarandos – Skópelos
● **Hinweis:** Auch hier ist es wichtig, auf den Benzinstand zu achten.

Glisterí-strand

Starten Sie möglichst schon am Vormittag und fahren Sie in Skópelos-Stadt über die Ortsumgehungsstraße hoch zum Kástro. Folgen Sie dort der schmalen, steil ansteigenden Teerstraße. Nach einer Weile zweigt nach rechts die Straße zum

Strand von Ag. Konstantínos/Glifonerí ab und nach links die Straße nach Raches. Sie folgen hier weiter ihrem Weg nach Glisterí. Wenig später zweigt die Straße nach Glisterí rechts ab. Der Glisterístrand liegt am Ende eines **tief eingeschnittenen Fjords.** Eine Strandtaverne lädt dort zum Verweilen ein.

Nach Karia

Folgen Sie dann der Straße wieder den Hang hinauf. An der Gabelung halten Sie sich nun rechts. Die Straße führt in ein **grünes Tal,** an dessen Ende eine Piste nach links abzweigt. Hier biegen Sie ab. Die Piste führt in den Oberlauf des Tales an einer Quelle vorbei nach Karia.

Zu den Sendoúkiagräbern

Halten Sie sich bei der **Kirche Analipsis** links und an der folgenden Gabelung rechts. Die Piste wird dann sehr breit und führt aus dem Tal hinaus den Hang hoch. Parken Sie bei dem Schild „Sendoúkia".

Hier gabelt sich die Piste. An ihrem rechten Rand sehen Sie ein kleines Gatter, an dem ein gut markierter **Fußweg** beginnt. Er führt in 15 Minuten zu den alten Gräbern auf dem Bergrücken.

Über Ag. Reginos nach Elíos

Setzten Sie nun die Fahrt fort und fahren Sie die Piste, die Sie hochgekommen sind, nach links wieder hinunter. Bei der ersten Gabelung halten Sie sich rechts und fahren geradewegs auf einen großen Eßkastanienbaum zu. Er ist in der Inselkarte als **Chestnut Tree** markiert.

Fahren Sie nun nach rechts hoch zur Kirche **Ag. Reginos.** Dann folgen Sie der Piste den Berg wieder hinunter. Unten gabelt sich der Weg. Halten Sie sich links, und Sie erreichen die Inselhauptstraße am Ortseingang von **Elíos.**

Klíma, Glóssa, Loutráki

Wenn Sie der Inselhauptstraße nach Norden folgen, erreichen Sie das **Ruinendorf Klíma.**

Sie setzen Ihre Tour weiter Richtung Norden fort, vorbei an **Glóssa** und hinunter zum Hafen von **Loutráki.** Die Strände um Loutráki sind eher

062s Foto: vbFoto:

bescheiden, aber an der Uferpromenade liegen zahlreiche Tavernen und Cafenien, die sich für eine Pause anbieten.

Strand von Pánormos

Folgen Sie nun der Inselhauptstraße wieder in Richtung Skópelos-Stadt und legen Sie einen Halt am Strand von Pánormos ein. Nördlich des Hauptstrandes finden Sie **kleine Kieselbuchten,** die sich zum Baden eignen.

Wer Sandstrand bevorzugt, der sollte einen Badeaufenthalt am Strand von **Miliá** einlegen.

Kap Amarandos und zurück

Wenn Sie gegen Abend Ihre Tour fortsetzen, fahren Sie zunächst nach **Agnóntas.** Hinter Agnóntas zweigt in spitzem Winkel nach rechts eine Piste ab. Sie führt durch Kiefernwald an der Küste entlang zum Kap Amarandos. Parken Sie, kurz bevor die Piste in einer Linkskurve vom Meer wegführt und sich steil den Hang hochwindet. Hier beginnt ein **Fußweg,** der aufs Kap führt. Auf den weißen Felsen stehen drei Kiefern – ein Plätzchen, von dem aus Sie sehr schön den **Sonnenuntergang** beobachten können.

Fahren Sie nun wieder zurück auf die Hauptstraße und folgen Sie dieser nach **Skópelos-Stadt.**

Bootsausflüge

Aufs Festland

Es werden zahlreiche Bootstouren angeboten. Touren nach **Athen, Thessaloniki** und zu den **Meteora-Klöstern** würden wir aber nicht empfehlen, denn die Entfernungen zu diesen Zielen sind so groß, daß Sie die meiste Zeit im Boot oder im Bus verbringen und am Ziel nur ein sehr kurzer Aufenthalt bleibt.

Ähnliches gilt für einen Ausflug ins **Pelion.** Das Pelion ist landschaftlich sehr schön, aber es ist sehr groß und die Attraktionen liegen weit auseinander. Wer das Pelion kennenlernen möchte, sollte einen ganzen Urlaub dort verbringen, denn in einem Tag sehen Sie nicht allzu viel.

Inselrundfahrt

Eine **lohnendere Tour** ist eine Inselumrundung mit mehreren Stopps auf Skópelos . Der Ausflug beginnt gegen 10 Uhr, Rückkehr ist ca. 17 Uhr, Preis: etwa 25 DM. Erkundigen Sie sich aber am Vortag Ihrer Exkursion noch einmal am Hafen, da sich Zeiten und Preise ändern können.

Nach Alónnissos

Wenn Sie Ihren ganzen Urlaub auf Skópelos verbringen, ist es lohnend, einen Tagesausflug zur Nachbarinsel Alónnissos zu unternehmen. Fahren Sie auf Alónnissos auch hoch zur **alten Chóra.**

Sie können diesen Ausflug organisiert unternehmen, oder aber Sie planen die Reise selbst und reisen mit dem „Flying Dolphin". Preislich liegen Sie dabei jedoch kaum günstiger.

Bei der organisierten Tour geht's nach einem Halt in Patitíri, mit einem Abstecher zur Chóra, weiter an einen der Strände oder nach Stení Vála.

Nach Skíathos

Ebenfalls angeboten werden Tagesausflüge nach Skíathos. Während der Hauptsaison ist die Insel allerdings so gut besucht, daß der Ausflug auch zum Bad in der Masse werden kann. Während der **Nebensaison** ist Skíathos ruhiger und ein Besuch lohnt sich.

Meeres-national-park

Die Bootstouren in den Meeresnationalpark sind fürs Gebotene recht teuer. Mönchsrobben bekommen die meisten Ausflügler dabei nicht zu sehen.

STRÄNDE

Vathias

50 m lang und 20 m breit, Kiesel und Steine, im Wasser auch Felsen, steiler abfallend, keine Strandsäuberung, Bucht von Felsenkaps schön eingerahmt, an den Hängen Phrygana, leer, sonnig, oberhalb des Strandes Ferienwohnungen, keinerlei touristische Einrichtungen, kein Telefon, kein WC. Per Mietfahrzeug zu erreichen: Straße bis zur Müllkippe hinter Glisterí fahren, dann 4 km der Piste am Hang entlang folgen, dort zweigt dann nach rechts eine Piste ab. Parkmöglichkeiten vorhanden.

Glisterí

100 m lang und 20 m breit, Kies, kein Seegras und keine Felsen im Wasser, fällt steiler ab, Bootsanlegesteg, viel Strandgut und Teerklumpen am Strand, geeignet zum Schnorcheln, Bucht liegt malerisch am Ende eines Felsenfjords, auf den Felsen etwas Phrygana, hinten im Tal Olivenbäume, sonnig, Taverne mit WC und Telefon, dort auch etwas Schatten, es werden einige Schirme mit Liegen angeboten; NS leer, HS gut besucht. Von Skópelos-Stadt aus in 30-40 Minuten zu Fuß zu erreichen, oder Anreise per Mietfahrzeug, Straße bis an den Strand, Parkmöglichkeiten vorhanden.

Glifonerí/ Ag. Konstantínos

80 m lang und 10 m breit, Kies, mäßig sauberes Wasser, kein Seegras, aber größere Steine im Wasser, steiler abfallend, Bootsanlegesteg, Blick auf Alónnissos, den Hafen und die Klöster, am Hang hinter dem Strand Häuser und Bäume, sonnig, Strand wird gesäubert, NS relativ leer, HS gut besucht, oberhalb des Strandes Tavernen mit WC und Telefon, keinerlei touristische Einrichtungen, der nächste Supermarkt ist in der Chóra. Per Mietfahrzeug zu erreichen, Straße bis an den Strand, aber sehr wenig Parkmöglichkeiten für Autos, zu Fuß von Skópelos aus rund 15 Minuten.

Velanió

400 m lang und 20 m breit, Sand und Kiesel, klares Wasser, etwas Seegras im Wasser, steiler abfallend, lange Bucht mit kleineren Felsen am Strand, auch hinterm Strand Felsen, oben Wald, sonnig, Starkstromkabel liegt im Meer, daher Ankerverbot, sauber, im hinteren Teil FKK, im vorderen Teil Textilstrand, während der HS werden Liegen und Schirme, Tretboote und Surfbretter angeboten, NS gut besucht, HS voll; Taverne, Telefon und WC nur vor dem Strand von Stáfilos. Busverbindung bis Stáfilos, danach Weg zum Stáfilosstrand folgen, am Strand entlang bis zu seinem Ende, dann über Trampelpfad hinten am Kap vorbei. Per Mietfahrzeug beim Stáfilosstrand parken. Dort ist ein kleiner Parkplatz, der während der HS allerdings überfüllt ist.

Stáfilos

400 m lang und 5 m breit, Grobsand und Kiesel, einige Steine, klares Wasser, weiter draußen Seegras, relativ flach abfallend, viele Kinder am Strand, langgezogene Bucht von zwei Felsenkaps eingerahmt, hinter dem Strand bewaldete Hänge, vormittags etwas Schatten, mittags sonnig, sauber, NS sehr gut besucht, HS sehr voll, Telefon, oberhalb des Strandes zahlreiche Pensionen und Hotels, Taverne mit Tischen unter Bäumen. Angeboten werden: Tretboote, Liegen und Schirme. Bushaltestelle oben an der Straße, kleiner Parkplatz bei der Taverne ist meist überfüllt, Fußweg und Treppe bis zum Strand.

Amarandos

Ruhiges Felsenkap mit Kiefern, südlich von Agnóntas, schöne Sonnenuntergänge, von den Felsen kann man mit Plastikschuhen auch ins Wasser kommen, Vorsicht: Seeigel (nur etwas für sportliche Menschen). Leider treibt die Strömung manchmal Müll an. Hinterm Kap Kiefernwald mit viel Schatten. Keinerlei touristische Einrichtungen. Kurz vor Agnóntas zweigt eine Piste von der Straße in spitzem Winkel ab. Sie führt bis zum Kap. Vor einer scharfen Kurve, nach der die Piste ins Landesinnere den Hang hochführt, parken und über einen Trampelpfad weitergehen. Auch Anreise per Bus bis Agnóntas und dann ca. 30 Minuten zu Fuß möglich.

Agnóntas

60 m lang und 15 m breit, Sandkiesel, klares Wasser, kein Seegras und keine Felsen im Wasser, steiler abfallend, neben Strand betonierter Anlegekai, tief eingeschnittene Bucht, Kiefernwald bis ans Wasser, am Strand selbst aber kaum Bäume, die Schatten geben, Strand wird gesäubert, Stranddusche, Enten und Gänse am Strand, dahinter mehrere Tavernen mit WC, Pensionen, Supermarkt, Telefon, Kinderschaukel, aber keine touristischen Einrichtungen, gut besucht, Bushaltestelle, wenig Parkmöglichkeiten.

Limnonári

150 m lang und 20 m breit, Kiesel und Sand, klares Wasser, kein Seegras und keine Felsen im Wasser, steiler abfallend, sauber, bewaldete steile Felsenkaps, am Strand ein großer Baum, ansonsten sonnig, hinterm Strand ein grünes Tal, zwei Tavernen und Zimmervermietung, aber nur in der HS geöffnet, WC in Tavernen, Telefon, NS leer, HS gut besucht, in der HS werden Liegen und Schirme angeboten, ansonsten keine touristischen Einrichtungen. Nächste Bushaltestelle in Agnóntas, von der Straße zweigt hinter Agnóntas ein Weg nach Limnonári ab, ca. 1 km, Parkmöglichkeiten vorhanden.

Pánormos

700 m lang und 30 m breit, Kiesel, klares Wasser, kein Seegras und keine Felsen im Wasser, steiler abfallend, sehr sonnig, schöner Blick auf bewaldete Kaps und vorgelagerte Inseln, windgeschützt und manchmal sehr heiß, viele kleine Boote, Umkleidehäuschen, sauber, Telefon, Supermarkt, mehrere Tavernen, Bars und Pensionen, WC in Tavernen. Angeboten werden: Liegen und Schirme, Tretboote, Motorboote, Wassermotorrad, in der HS auch Surfbretter; NS gut besucht, HS voll, für Leute mit Gehbehinderungen einfach zu erreichen, hinter dem Strand verläuft die Straße, dort Bushaltestelle, Parkmöglichkeiten vorhanden.

Buchten bei Pánormos

Am Nordrand der Bucht von Pánormos beginnt hinter einem Café ein Trampelpfad am Strand entlang. Er führt zu mehreren kleinen Kieselbuchten. Dort reichen die Bäume bis ans Meer, daher auch Schatten, teils felsig, klares Wasser, schöne Fleckchen, aber kein Geheimtip mehr, es finden zahlreiche Urlauber hierher. Manche Urlauber baden hier auch nackt, sehr zur Verärgerung der Griechen, steiler abfallend, kein Seegras aber an einigen Stellen Seeigel, keinerlei touristische Einrichtungen.

Adrina

Die letzte der oben beschriebenen Buchten liegt unterhalb dieses Hotels, Kiesbucht, 80 m lang und 15-20 m breit, klares Wasser, sonnig, sauber, fällt steiler ab, Bootsanlegesteg, Schirme und Liegen für die Hotelgäste Bar, relativ ruhig, v.a. Hotelgäste.

Miliá

Lange Bucht, wird durch bewaldetes Felsenkap in zwei Teile getrennt, je 400 m lang und rund 30 m breit, Sand und Sandkiesel, klares Wasser, kein Seegras und kaum Felsen im Wasser, flach abfallend (im südlichen Teil), geeignet für Kinder, hinterm Strand Berge mit Kiefernwäldern, vorgelagert bewaldete Insel, im nördlichen Abschnitt fällt der Strand etwas steiler ab, dort etwas Seegras, aber ruhiger, Stranduschen (waren aber bei unserem letzten Besuch nicht in Betrieb), WC in Taverne, Telefonzelle im Bau, Vol-

leyballnetz, Appartements oberhalb, NS gut besucht, HS sehr voll, sauber, sonnig. Angeboten werden: Liegen und Schirme, Tretboote, Wasserski, Surfbretter, Paragliding und Drachenfliegen. Bushaltestelle, von dort ca. 800 m Piste, Parkmöglichkeiten auch unten am Strand.

Kastaní

150 m lang und 30 m breit, Sand und Feinkiesel, klares Wasser, kein Seegras und keine Felsen im Wasser, steiler abfallend, schöne Bucht mit vorgelagerter Insel, auf dem felsigen Kap Schatten durch Bäume, hinter dem Strand durch einen Zaun, am Strand selbst sonnig, leider viel Müll im Gebüsch, kein WC, keine Taverne und keinerlei touristische Einrichtungen, NS gut besucht, HS sehr gut besucht, Bushaltestelle in 200 m Entfernung, dort zweigt Piste ab, wenig Parkmöglichkeiten.

Buchten südlich von Elíos

Schöne ruhige Strände liegen zwischen Kastaní und Elíos, teils sind sie über Trampelpfade vom Land her zu erreichen (an der Inselhauptstraße auf den Straßenrand achten). Der Fußmarsch dauert aber manchmal 20-30 Minuten, touristische Einrichtungen gibt es nicht.

Bucht bei Pánormos

Elíos

Sand mit Steinen, klares Wasser, flach abfallend, teils Seegras, der Hafen trennt den Strand – Nordstrand: 500 m lang und 15 m breit, sonnig, sauber, Südstrand: 500 m lang und 10 m breit, Kiesel und teils auch größere Steine, dort Strandduschen, einige wenige Bäume, sauber. Im Dorf hinter dem Hafen Hotels und Pensionen, Tavernen, Supermarkt, Telefon, WC, Bushaltestelle, ausreichend Parkmöglichkeiten, NS leer, HS gut besucht von griechischen Urlaubern.

Südlich der beiden Strände von Elíos finden Sie einen viel schöneren Strand (zu erreichen über Trampelpfad oder per Boot, liegt südlich der Felswand), sonnig, Sand, bizarres Felsenkap, gut besucht.

Armenopetra

Weißes Felsenkap, rechts davon 80 m lange und 15 m breite Bucht. Links vom Kap 5 m breiter, sehr langer Steinstrand, der flach abfällt, dort auch Felsen im Wasser, baden hier kaum möglich. Bucht: Sand und Kies mit Steinen, klares Wasser, im Wasser v.a. Kies, etwas Seegras im Meer, steiler abfallend, sonnig, vorgelagert zwei kahle, kleine Inseln, hinten Olivenhain mit Schatten, dort aber oft auch Autos geparkt, relativ ruhig, keinerle touristische Einrichtungen, keine Strandsäuberung, Bus fährt oberhalb an der Straße entlang. Von dort führt eine steile Piste zum Strand, rund 1,5 km. Per Fahrzeug kann man auch zum Strand hinunterfahren, kleiner Parkplatz.

Loutráki

Kiesstrand neben dem Hafen, Seegras, Ölklumpen, keine Strandsäuberung, im Dorf hinterm Hafen Pensionen, Hotels, Supermarkt und Tavernen mit WC, Telefon, Bushaltestelle, am Strand ist kaum was los. Es gibt schönere Ecken zum Baden. Südlich des Hafens beginnt ein Trampelpfad, der zu einem schöneren Strand führt. Allerdings erst nach einem längeren Fußmarsch.

Perivoliou

Drei bis vier Buchten durch Felsen getrennt, zusammen ca. 100 m lang und 10-20 m breit, Sand und Kiesel, Müll wird angeschwemmt, keine Strandsäuberung, aber am Parkplatz Mülltonnen, die auch geleert werden, Seegras und Felsen im Wasser, steil abfallend, schöne Felsenkaps und vorgelagert Felseninselchen, oft große Wellen, Achtung: Brandung kann hier auch gefährlich werden! Auf den Kaps Phrygana, an den Hängen Kiefernwald, sehr ruhig, sonnig, keinerlei touristische Einrichtungen, zu Fuß siehe „Wanderungen", auch über Piste zu erreichen, ausreichend Parkmöglichkeiten, ca. 50 m, dann Treppen.

Pethameni, Chondros Georgos

Sandkieselstrände mit Felsen im Wasser und felsigen Kaps, touristisch sind diese Strände nicht erschlossen, kleinere Buchten mit 10 m breitem Strand, viel Strandgut, große Wellen, leer, Mülltonnen am Parkplatz, ca. 3-4 km von Glóssa entfernt, am Strand Chondros Georgos stehen einige Privathäuser oberhalb der Küste. Achtung: die Brandung kann hier gefährlich werden!

Ag. Ioánnis

Drei kleinere Buchten, 10-15 m breit, Kieselstrand mit Steinen, klares Wasser, Felsen im Meer, fällt steil ab, keine Strandsäuberung, viel angetriebenes Strandgut, malerische Halbinsel mit Kirche vorgelagert, steile Felsen hinter den Stränden, sonnig, relativ ruhig, keinerlei touristische Einrichtungen, keine Busverbindung, liegt 5,5 km von Glóssa entfernt, über eine Piste erreichbar, Parkmöglichkeiten für rund 5 Autos. Der Strand ist ruhig, aber die Kirche wird als Ausflugsziel von vielen Urlaubern aufgesucht. Achtung: auch hier kann die Brandung bei unruhigem Wetter gefährlich werden!

PRAKTISCHE TIPS

Verkehrsmittel

Bus

Der Busverkehr ist auf Skópelos **gut geregelt.** Die Busse fahren von Skópelos-Stadt über Stáfilos, Agnóntas, Pánormos an zahlreichen Stränden vorbei nach Elíos, Klíma, Glóssa und bis an den Hafen von Loutráki. In der NS fahren sie alle ein bis zwei Stunden, in der HS häufiger. Dann kann es auch vorkommen, daß die Busse sehr voll sind.

Taxi

Zahlreiche Taxis stehen zur Verfügung. Sie warten nach Ankunft der Schiffe am Hafen von Loutráki und regelmäßig am Hafen von Skópelos-Stadt neben der Bushaltestelle. **Preise:** Skópelos - Stáfilos 13 DM, Skópelos - Loutráki 40 DM, Loutráki - Glóssa 6,50 DM.

Miet-fahrzeug

Auch gut ist das **Angebot** an Mietfahrzeugen. Der Zustand der von uns besichtigten Mofas und Autos war gut, die Preise ebenfalls. Vergleichen lohnt aber, die Unterschiede können groß sein. Häufig können Sie die Preise auch individuell aushandeln. Für einzelne Tage werden Fahrzeuge in Griechenland meist billiger angeboten als in Deutschland, die Wochenangebote der internationalen Autovermieter sind bei einer Vorbuchung in Deutschland teilweise aber recht günstig (siehe auch „A–Z: Verkehrsmittel/Mietfahrzeuge).

Die Auswahl ist in der NS sehr groß. Während der HS halten sich aber viele Urlauber auf Skópelos auf, und Sie müssen mit relativ dichtem Verkehr rechnen. **Parkmöglichkeiten** für Motorräder und Mofas sind meistens zu finden, aber hinter manchen Stränden stapeln sich die Autos.

Leider passieren recht häufig **Unfälle** auf Skópelos, insbesondere mit Mietmofas. Skópelos ist bergig, achten Sie mit Zweirädern darauf, daß Wasser auf der Fahrbahn das Bremsen beinahe unmöglich macht. Die Pisten auf Skópelos haben wir alle mit dem Mofa befahren, aber manchmal erfordert dies sehr gute Fahrkenntnisse.

Folgende (internationale) **Auto- und Zweiradvermietungen** finden Sie in Skópelos-Stadt:

- **Avis,** Néa Paralía, Tel: 33170, in Deutschland einen Kleinstwagen vorbuchen unter Tel: 0180-55577, Preise: HS und NS 117,50 DM für einen Tag, inkl. Steuer, Vollkasko mit Eigenbeteiligung von 125 DM, freie Kilometer; bei einer Mietdauer von einer Woche gelten die gleichen Konditionen, in der HS 448 DM (64 DM/Tag), in der NS 348 DM (50 DM/Tag).
- **Europcar InterRent,** Tel: 24380, in Deutschland Tel: 0180-58000, Preise: HS und NS 125 DM für einen Tag, inkl. Steuern, Vollkasko und freien Kilometern; bei einer Mietdauer von 1 Woche HS 480 DM (69 DM/Tag) und NS 425 DM (61 DM/Tag) bei gleichen Konditionen.
- **Motor Center Leonidas,** am Stadteingang, Tel: 23789, liegt preislich recht günstig.
- **Nikos,** am Platanenplatz, Tel: 22198, Handy 093-448224, vermietet nur Zweiräder, die sind aber sehr gut gewartet und preislich recht günstig.
- **Gats Travel,** Tel: 23940, Fax: 23703, vermietet Autos und Zweiräder.
- An der Ortsumgehungsstraße finden Sie **weitere Anbieter.** Dort werden auch **Mountainbikes** vermietet.
- **Preisrichtlinie für Zweiräder:** In der NS kosten Mofas mit 50 ccm je nach Mietdauer 13-15 DM, in der HS 15-

Skópelos

25 DM (pro Tag inkl. Versicherung). Für Maschinen mit 125 ccm werden in der NS 20-25 DM und in der HS 25-40 DM verlangt.

Unterkünfte

In Skópelos stehen **sehr viele Unterkünfte** zur Verfügung, aber während der HS kann es dennoch zu Engpässen kommen. Sie finden auch dann noch unangemeldet ein Zimmer, aber vielleicht nicht gerade dort, wo Sie es wünschen. In der NS haben Sie eine große Auswahl.

Skópelos-Stadt

- **Hotel Captain,** liegt hinter dem Platanenplatz, Tel: 22110 oder 22980, Kostas steht häufig am Hafen und spricht Urlauber an, geräumige Zimmer mit Balkon, Bad und Küchenecke, Blick in einen Garten, ruhige Lage 38-80 DM.
- **Hotel Geórgios,** ganz vorne am Pier, am Hafen gelegen, Tel: 22859, einfachere Zimmer mit Bad und Balkon, kleine Küche, Blick aufs Meer, 38-75 DM.
- **Panorama, Effi Studios,** ruhig an der Umgehungsstraße gelegen, große Zimmer, schönes Bad, gute Küche, Balkon mit schönem Blick auf das Dorf und den Hafen, Gemeinschaftsterrasse mit Liegestühlen, viele Blumen, 50-93 DM.
- **Thea Home Pension,** an der Umgehungsstraße, ruhige Lage, Tel: 22859, Fax: 23556, neu möbliert, schönes Bad, Balkon mit Blick auf die Stadt und den Hafen, gefrühstückt wird auf dem Gemeinschaftsbalkon, DZ mit Frühstück 43-87 DM.
- **Pension Rodani,** Tel: 22375, große Zimmer, neue Bäder, tolle Terrasse, in der HS über Reiseveranstalter ausgebucht, in der NS 43 DM.
- **Hotel Dionyssos,** liegt mitten im Ort etwas beengt, Tel: 23210, Fax: 22954, nach einem Zimmer oben fragen, von dort Meerblick, kleine Zimmer mit Bad, Balkon, Parkettfußboden, Schwimmbad und Bar, 93-160 DM.
- **Hotel Aigaio,** liegt auf der gegenüberliegenden Buchtseite etwas außerhalb, Tel: 22619, Fax: 22194, Zimmer mit Bad, Balkon, toller Blick, Fernseher, Kühlschrank, ruhig, mit Frühstück, 55-105 DM.
- **Hotel Del Sol,** liegt auf der anderen Seite der Bucht aber in zweiter Reihe, Tel: 23334 oder 22134, viele kleine Häuschen, kein großer Komplex, angenehm, Schwimmbad und Tennisplätze, viele englische Gäste, 50-88 DM.
- Zimmer und Wohnungen werden auch von **Thalpos Leisure** am Hafen vermittelt, Tel: 22947, Fax: 23057. Es ist sogar möglich, von zu Hause aus zu buchen, Prospektmaterial wird zugeschickt. Wir haben dort im Mai zu sehr guten

064s Foto: vbFoto

Konditionen angenehme Zimmer vermittelt bekommen. Luxuriöse Wohnungen kosten natürlich mehr, v.a. in der HS müssen Sie bei Vorbuchungen recht kräftig in die Tasche greifen. Thalpos vermietet auch Häuser außerhalb der Stadt. Achtung: Manche der Häuser liegen so abgelegen, daß Sie ohne Mietfahrzeug keinen Spaß daran haben werden.

Bucht Ag. Konstantínos

• **Villa Romantica,** *Vangelis* und *Liza Tsingos,* Tel: 23263, Zimmer 50-70 DM, 4er Studio in einem Raum, mit herrlichem Blick und umlaufendem Balkon 95-135 DM (Zimmer Nr. 1).

Stáfilos

• **Hotel Ostria,** Tel: 22220, 22709, Fax: 23236, 23404, schöne Anlage mit Schwimmbad, DZ mit Bad, Balkon, Meerblick und Frühstück 60-150 DM.

• **Appartements Panagiotta,** Tel: 22604, 23508, 500 m bis zum Strand, DZ mit Bad, Küche und Balkon 50-93 DM, 4er Appartement 63-125 DM.

Agnóntas

• **Rooms Maria Palaiologou,** Tel: 22201, 23076, Zimmer mit Bad und Balkon an der Bucht mit Blick aufs Meer, hinten Straße, am Strand Tavernen, ab 50 DM.

Limnonári

• **Rooms Lemonis,** Tel: 22242, 23046, Juni bis September, 38-80 DM.

Pánormos

• **Hotel Narkissos,** liegt hinter der Straße, nicht am Strand, Tel: 23381, DZ mit Bad, Balkon, 38-75 DM.
• **Rooms Pánormos,** direkt am Strand, Tel: 33247, 23384, Zimmer mit Bad und Balkon, Meerblick, nur in der HS geöffnet, 60-80 DM.
• **Hinter Pánormos** liegt ein grünes Tal, in dem auch einige Privatzimmer angeboten werden. Sehr ruhige Lage dort, Zimmer aber etwas einfacher.

Miliá

• **Studios Miliá am Strand,** direkt an lebhaftem Strand gelegen, dennoch ruhige Lage, Tel: 23998, 22735, Zimmer mit Bad, Küche und Balkon, 55-93 DM.

Elíos

• **Rooms Melachroinakis,** Haus unweit der Kirche, Tel: 33234, einfach möblierte Zimmer mit Bad und Balkon, viele Blumen, 38-62 DM.
• **Hotel Delphi,** am Ortsrand, Tel: 33301, Fax: 33171, luxuriöse Anlage, Zimmer mit Bad, Balkon, schönes Schwimmbad und Bar, Blick in den Garten, 75-120 DM, Maisonette Appartement 180 DM.
• Sie finden hier noch **zahlreiche andere Unterkünfte,** die während der HS fest in der Hand griechischer Familien sind, nicht immer ruhig.

Glóssa

• **Pension Platana,** 1 km außerhalb von Glóssa, Tel: 33188, 33602, Blick von oben aufs Meer, Zimmer mit schönem Bad und Balkon, Familie spricht fließend Englisch, während der HS in der Nähe Disco, 38-75 DM.

Loutráki

• **Hotel Avra,** Tel: 33550, 33681, Haus im 70er-Jahre-Stil, Zimmer mit Teppichboden, Bad, Balkon, AC, unten Taverne, Blick in die Bäume und aufs Meer, 38-105 DM.
• **Hotel Selinounta,** Tel: 34073, 33570, schönes, neues Haus oberhalb des Meeres, Parkplatz liegt oben, ruhig, 3er Zimmer, Küche, Bad, Balkon, 50-105 DM.
• **Unten am Strand** noch zahlreiche einfachere Unterkünfte, die billiger sind.

Essen und Trinken

Skópelos-Stadt

• **Taverne Aktion,** direkt am Hafen, sehr leckere griechische Küche, oft voll, gut ist das *Arnáki lemonáto* (Lamm), Preise o.k.
• **O Mólos,** vorne am Hafen, sehr leckere Artischocken und gutes *Stifádo,* Preise o.k.
• **Restaurant Finikas,** oben in der Altstadt, internationale Küche, gut ist der gefüllte Schweinebraten, Preise gehoben.

- **Restaurant Alexander,** sehr beliebt, Küche o.k., aber Preise gehoben.
- **Taverne Platanos,** am Platanenplatz (das Lokal mit den alten Stühlen) häufig voll, und das hat seinen Grund: sehr leckere Grillspezialitäten, gut auch *laourtoulou* (Fleisch mit Joghurtsauce), selbstgemachte *Dolmodákia,* Preise etwas höher, aber o.k.
- **Taverne Peparithos,** an der Umgehungsstraße in einem Garten, Tel: 23670, Vorspeisen sehr lecker, Hauptgerichte nichts Außergewöhnliches, die Spezialität des Hauses, gefülltes Hühnchen für 2 Personen, muß man bereits einen Tag vorher bestellen, Preise o.k.
- **Taverne Tarsanas,** Hochterrasse hinter dem Hafen, gutes griechisches Essen, Preise o.k.
- **Ouzeria Anatoli,** liegt oben am Kástro, gehört einem bekannten Rembetika-Sänger, daher auch häufig Live-Musik, nur während der HS geöffnet, ist einen Besuch wert.
- **Cafenion Ermeion,** in der Altstadt, sehr gemütlich, Besitzerin kommt aus Düsseldorf, lohnend.
- **Café Michaelis,** in der Altstadt gelegen, leckeres Blätterteiggebäck.

Ag. Konstantínos

- **Taverne Romantika,** etwas schwierig zu erreichen, liegt am hinteren Ende des Strandes, dort führen zahlreiche Treppen hoch, man sitzt aber sehr hübsch, nette Atmosphäre, die Holländerin *Liza* kocht griechisch und international, Preise o.k.

Stáfilos

- **Taverne Péfkos,** oberhalb des Strandes unter Kiefern, sehr schöne Aussicht und gutes griechisches Essen, Preise o.k.

Agnóntas

- Die **Tavernen Pavlos, Fotini** und **Korali** bieten Fischgerichte und sind sehr beliebt.

Pánormos

- **Bar Linarakia,** am nördlichen Ende der Bucht, man sitzt sehr schön, beliebt, Preise etwas gehoben.
- Am Strand von Pánormos finden Sie **weitere Fischtavernen.**

Elíos

- **Zahlreiche Tavernen,** allerdings nur während der HS viel Trubel. Dann wird das Dorfleben auch durch eine **Disco** bereichert.

Glóssa

- **Taverne T'Agnanti,** sehr schön gemacht, mit Minitischchen auf dem Balkon, oben große Dachterrasse mit herrlichem Blick, sehr gute Gerichte, aber etwas gehobene Preise.
- **Café Avra** und **Café Kypselis** liegen am Kirchplatz. Hier sitzen oft die alten Männer des Dorfes, nette Atmosphäre.

Loutráki

- **Orea Ellas,** Cafenion und Taverne, in dem sich die alten Männer oft niederlassen, hier herrscht noch die Atmosphäre, die langsam ausstirbt, einfache griechische Küche, günstige Preise. Außerdem noch zahlreiche Tavernen am Hafen.

Wichtige Adressen und Service

Sofern nicht anders vermerkt, befinden sich die folgenden Einrichtungen alle in **Skópelos-Stadt.**

Ärzte und Apotheken

- **Krankenhaus,** (siehe Stadtplan) Tel: 0424-22222, 22592 oder 22739, Touristen werden nach Unfällen versorgt, Notfälle werden ausgeflogen.
- Ein **Arzt** ist auch erreichbar unter Tel: 0424-33504.
- **Zahnarzt,** hinter dem Polizeibüro in Skópelos-Stadt, Tel: 22208.
- Es befinden sich mehrere **Apotheken** in Skópelos-Stadt, eine auch in Glóssa.
- **Optiker,** Tel: 24123

Geldwechsel

- Kein Problem auf Skópelos, es stehen mehrere **Banken** zur Verfügung, Mo-Do 8-14, Fr 8-13.30 Uhr, in der HS auch 18.30-20.30 Uhr.
- **Bankautomaten** sind ebenfalls vorhanden.
- In **Reisebüros** ist auch außerhalb der Banken-Öffnungszeiten Geldwechsel möglich, allerdings zu etwas schlechterem Kurs.
- **Kreditkarten** werden von manchen Hotels und Restaurants akzeptiert, aber nicht überall.

Feuerwehr

- Tel: 33199 oder 34197

Polizei

- Tel: 22235 oder 22988

Hafenbehörde

- **Hafen Skópelos-Stadt,** Tel: 22180
- **Hafen Loutráki,** Tel: 33333

Tourist-Info

- **EOT,** das Büro der Gemeinde, neben dem Rathaus in einem Minihäuschen unter den Felsen. Sie erhalten dort Informationen aller Art, z.B. über die Öffnungszeiten der Klöster und Busfahrpläne, auch Zimmer werden vermittelt. Nur während der HS geöffnet, in der NS Informationen im Rathaus.

Reisebüros

- **Thalpos Leisure,** liegt am Hafen, Tel: 22947, Fax: 23057, e-mail: thalpos@otenet.gr, vermittelt Zimmer und Wohnungen, organisiert Ausflüge und Kurse, es ist auch möglich, Boote über Thalpos zu mieten. Prospektmaterial wird zugeschickt.
- **Lemonis Travel,** Tel: 22363, verkaufen Fährtickets.
- **Madro Travel,** Tel: 22145, verkaufen Tickets für den Flying Dolphin.
- **Am Hafen** finden Sie noch weitere Reisebüros, die Ausflüge, Mietfahrzeuge und Zimmer anbieten.

Einkaufen

- Ein Einkaufsparadies ist Skópelos nicht. Lebensmittel kaufen Sie am besten im **Super-Market,** darunter ist allerdings ein Tante-Emma-Laden zu verstehen.
- Ein etwas **größeres Geschäft** befindet sich unweit des Platanenplatzes.
- **Souvenirgeschäfte** finden Sie einige.
- Das **Archipelagos** von Skíathos hat auf Skópelos eine Zweigniederlassung eröffnet. Dort können Sie schöne Kunsthandwerksgegenstände erstehen (etwas teurer).
- Ein auch nicht ganz billiges, aber individuelles Mitbringsel kann eine Keramikware der **Töpferei** von *Nikos Rodios* sein.
- **Kulinarische Spezialitäten:** *Skopelitiki Tirópita* ist eine Blätterteigschnecke, die mit Schafskäse gefüllt ist. Der Blätterteig ist viel feiner als beim üblichen *Tirópita. Katiki* ist eine Vorspeise aus Schafskäse, die Sie ebenfalls mal probieren sollten. Beim Konditor finden Sie außerdem noch zahlreiche Süßigkeiten, die einen Versuch lohnen. Auf Skópelos wachsen viele Früchte, insbesondere Pflaumen, daher werden manchmal auch Gerichte mit Pflaumen angeboten.

Nachtleben

- Auch mit **Diskotheken** und **Bars** ist Skópelos-Stadt gut ausgestattet. In der NS kocht das Nachtleben allerdings auf Sparflamme. In der HS ist mächtig was los. Skópelos steht Skíathos nicht mehr viel nach. Die meisten Bars befinden sich am Hafen oder an der Buchtstraße in Richtung Klöster.
- **Café Platanos,** gleich neben dem alten Fähranleger, unter der alten Platane, in der NS manchmal geschlossen, dafür in der HS rund um die Uhr geöffnet, viel Jazzmusik, abends bzw. nachts sehr viel los.
- **Café Vengara,** liegt hübsch an einer Gasse gegenüber des OTE-Büros, tagsüber mehr Café, abends Bar, mehrere Etagen.

ALÓNNISSOS

Überblick

Einwohner: 2000
Fläche: 64 km²
Höhe: bis 450 m
Vorwahl: 0424
PLZ: 37005

Die Insel und der Tourismus

Auch die Einwohner von Alónnissos sind mittlerweile überwiegend im Tourismus beschäftigt. Früher lebten die Inselbewohner mehr schlecht als recht von der Landwirtschaft. Obwohl bis vor wenigen Jahren Wasser noch Mangelware war, wurde auf Alónnissos früher **Wein** angebaut. Schädlinge zerstörten jedoch die Monokulturen, und so begannen die Bauern mit dem **Fischen.**

Anfang der 80er Jahre wollte man die Insel dann für den Massentourismus ausbauen. Man schielte nach Skíathos und begann mit dem Bau eines **Flughafens** im Inselinneren bei Ag. Konstantínos. Aber das Projekt wurde Opfer der leeren Kassen. Heute wuchert die Baustelle zu.

Im Laufe der Jahre wurde der **Meeresnationalpark** eingerichtet und es kam der Gedanke vom „alternativen" oder **„sanften Tourismus"** auf. Wie sich diese Art des Fremdenverkehrs jedoch entwickeln wird, bleibt abzuwarten, denn es werden immer mehr Häuser außerhalb der Dörfer an der Küste entlang gebaut. Wie in Skíathos finden sich immer häufiger Strände oder Wege mit der Aufschrift *„Private, no entry"*. Die Hotelanlagen der Insel sind zwar baulich überwiegend ansprechender gemacht, aber Cluburlaub ist auch auf Alónnissos möglich und findet viele Liebhaber.

Der Tourismus auf Alónnissos heute erinnert an den Tourismus auf Skíathos in seiner Anfangszeit. Ein Hauch von Nachtleben hält Einzug in Patitíri,

Vorhergehende Seite: Die Chóra von Alónnissos

die Kellner lernen neben Englisch auch Italienisch und irgendwann werden sie sicherlich auch Deutsch sprechen. Vom **Massentourismus** á la Skíathos ist man noch weit entfernt, aber der Weg in diese Richtung ist eingeschlagen.

Dennoch: Wer per Fähre in den Abendstunden anreist, erlebt meist ein schönes **Szenario** – um die Fähre herum springen Delphine, die Sonne geht hinter Skópelos unter, und man fährt zwischen den vorgelagerten Inseln hindurch auf Alónnissos zu. Der Hafen von Pattíri ist voller Licht, und man darf gespannt sein auf das Erkunden der Insel am nächsten Morgen.

GESCHICHTE

Der Name Alónnissos

Alónnissos heißt die Insel erst seit 1836. Vorher wurde sie **Liadromia** genannt. Nach der Befreiung von den Türken 1830 hatten die Griechen aber das Bedürfnis, allen Orten wieder die in der Antike gebräuchlichen Namen zu verpassen, und damals glaubte man, dieser sei Alónnissos gewesen. So genau wußte man es allerdings nicht, denn schon während des Byzantinischen Kaiserreiches war die Insel als *Liadromia* bekannt.

Mittlerweile hat man herausbekommen, daß das **antike Alónnissos** wohl doch eine andere Insel gewesen ist, denn vor dem Kap Kokkinókastro (auf Alónnissos) fand man im Meer die Reste einer Siedlung, von der man annimmt, daß es sich dabei um das **antike Ikos** handelt. Das antike Alónnissos war vermutlich das heutige Psathoúra. Auch hier wurden Überreste einer Siedlung unter Wasser gefunden. (Da der Meeresspiegel heute höher liegt als während der Antike, befinden sich einige alte Hafenstädte heute unter Wasser.) Nachdem man den Irrtum mit dem neuen Inselnamen bemerkt hatte, entschloß man sich jedoch dazu, die Insel nicht noch einmal umzutaufen.

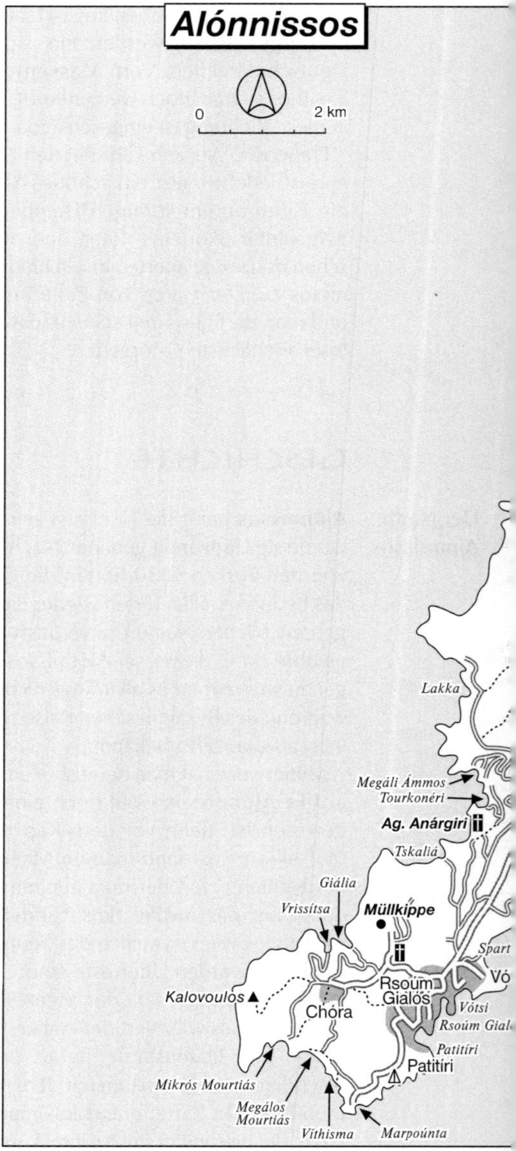
Alónnissos
0
2 km
Lakka
Megáli Ámmos
Tourkonéri
Ag. Anárgiri
Tskaliá
Giália
Vrissítsa
Müllkippe
Spart
Vó
Kalovoulos
Rsoúm Gialós
Vótsi
Chóra
Rsoúm Gial
Patitíri
Patitíri
Mikrós Mourtiás
Megálos Mourtiás
Víthisma
Marpoúnta

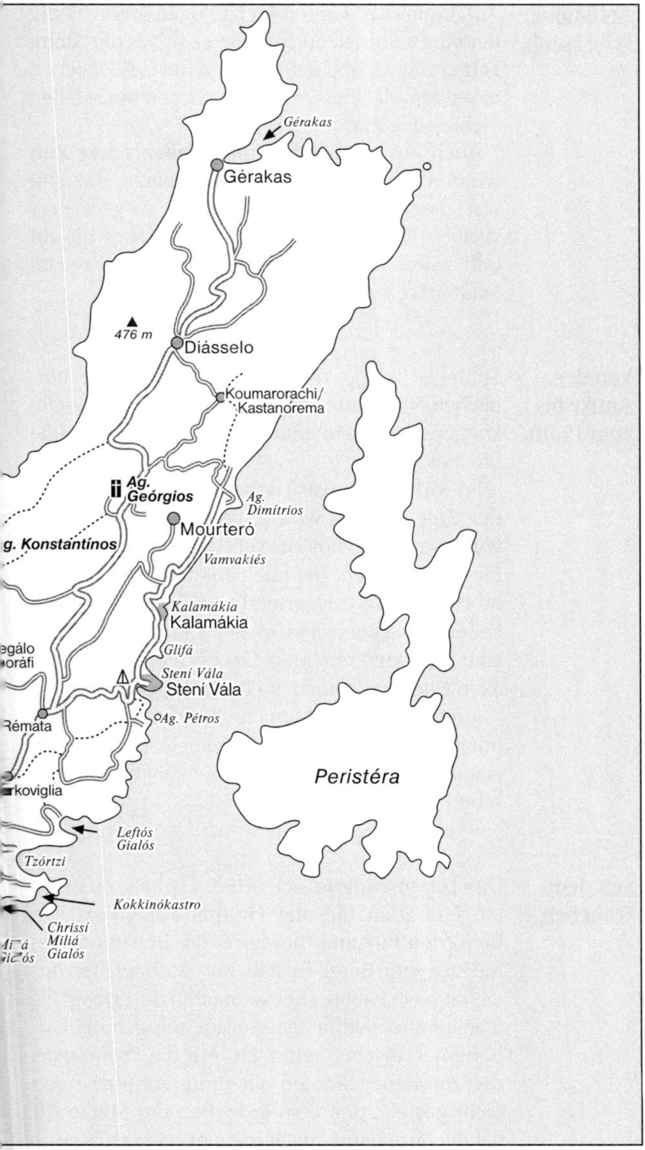

Gérakas
Gérakas
476 m
Diásselo
Koumarorachi/
Kastanórema
Ag.
Geórgios
Ag.
Dimítrios
Mourteró
g. Konstantínos
Vamvakiés
Kalamákia
Kalamákia
egálo
oráfi
Glifá
Stení Vála
Stení Vála
Ag. Pétros
Rémata
Peristéra
koviglia
Leftós
Gialós
Tzórtzi
Kokkinókastro
Chrissí
Miliá
Gialós

Archäologische Funde

Auf Alónnissos wurden Archäologen schon häufig fündig. Es wurden auch Werkzeuge aus der **Steinzeit** entdeckt, und daher glaubt man, die Insel sei eines der am längsten von Menschen besiedelten Gebiete Europas.

Auch aus **minoischer und mykenischer Zeit** wurden auf Alónnissos Funde gemacht. Bekannt war die Insel in der Antike v.a. wegen ihres Weines. Der Wein aus der Stadt Ikos war beliebt und wurde teuer verkauft. Es muß eine reiche Stadt gewesen sein.

Von der Antike bis zum 19. Jh.

Strategisch liegt die Insel, wie auch ihre nördlichen Nachbarn, sehr günstig. Es gab zahlreiche kriegerische Auseinandersetzungen in der **Antike** um diese Inseln.

Im **Mittelalter** war Liadromia, wie die Insel zu der Zeit genannt wurde, nicht selbständig. Sie wurde von Skópelos aus verwaltet. Damals lebten hier auch Piraten. Die hoch auf dem Berg gelegene Hauptstadt existierte aber schon. Vermutlich ließen die Venezianer in der Chóra ein *Kástro,* eine „Festung", errichten. Die höchste Stelle in der alten Chóra wird auch noch *Kástro* genannt.

Auch im **19. Jh.** lebten die Inselbewohner meist noch vom Weinanbau. Da die Insel arm war, wanderten in diesen Jahren aber zahlreiche Menschen aus.

Seit dem Erdbeben

Das Leben änderte sich 1965. Damals zerstörte ein Erdbeben die alte **Hauptstadt** völlig. Die Behörden in Athen drängten die Bewohner geradezu vom Berg: Es gab nur Aufbauhilfen für Gebäude in Patitíri. Die Neubauten dort waren als Stahlbetonskelettbauten geplant, die sich bei Erdbeben elastischer verhalten. Auf die Probe wurden die neuen Bauten allerdings bis jetzt noch nicht gestellt, denn ein Erdbeben der Stärke 7,2 hat die Insel seither nicht mehr erleben müssen.

Patitíri, Rsoúm Gialós und Vótsi

Patitíri

Im neuen **Hauptort** der Insel überwiegen die Betonkistchen – sie wirken willkürlich zusammengewürfelt. Im Laufe der Jahre wurde aber auch aus Patitíri ein angenehmes Dorf: Die meisten Betonhäuser sind weiß angepinselt und haben umlaufende Balkone und Terrassen mit Metallgeländerchen. Seit man mit Brunnenbohrungen den chronischen Wassermangel der Insel behoben hat, sprießen auch viele Blumen in Patitíri. Besonders schön sind die Bougainvillea, die an manchen Häusern hochranken.

An der betonierten Paralía liegen einige **Tavernen,** und abends regt sich das Leben. In der HS geht es am Hafen von Patitíri recht lebendig zu, aber das ist nicht zu vergleichen mit dem, was sich abends in Skópelos oder gar in Skíathos abspielt. Wer gerne ruhig schlafen möchte, dem sei dennoch geraten, nach Vótsi zu ziehen. In der NS ist Patitíri allerdings ein ruhiger Fleck.

Das **Verkehrsnetz** ist genauso zweckmäßig angelegt wie die Gebäude. Der Ort ist durch eine Ringstraße erschlossen, vom Hafen führen Ost- und Weststraße weg ins Landesinnere.

Um Patitíri herum ist es **relativ grün.** Kiefernwald bedeckt den südlichen Teil der Insel, und im Frühjahr blühen viele Blumen auf den Wiesen. Im Sommer ist es jedoch staubtrocken. Große Quellen fehlen auf Alónnissos.

In Ort gibt es außerdem beinahe alles, was man **als Tourist** so braucht: Reisebüros, eine Bank, Fahrzeugvermieter, Hotels und Privatzimmer, Tante-Emma-Läden, Taxis, Telefone und Tavernen. Der Bus fährt regelmäßig in die Chóra hoch, während der HS auch bis Stení Vála und Kaikis. Es werden Bootsausflüge angeboten, die Boote fahren zahlreiche Strände an. Aber auch zu Fuß können Sie von Patitíri aus schöne Buchten er-

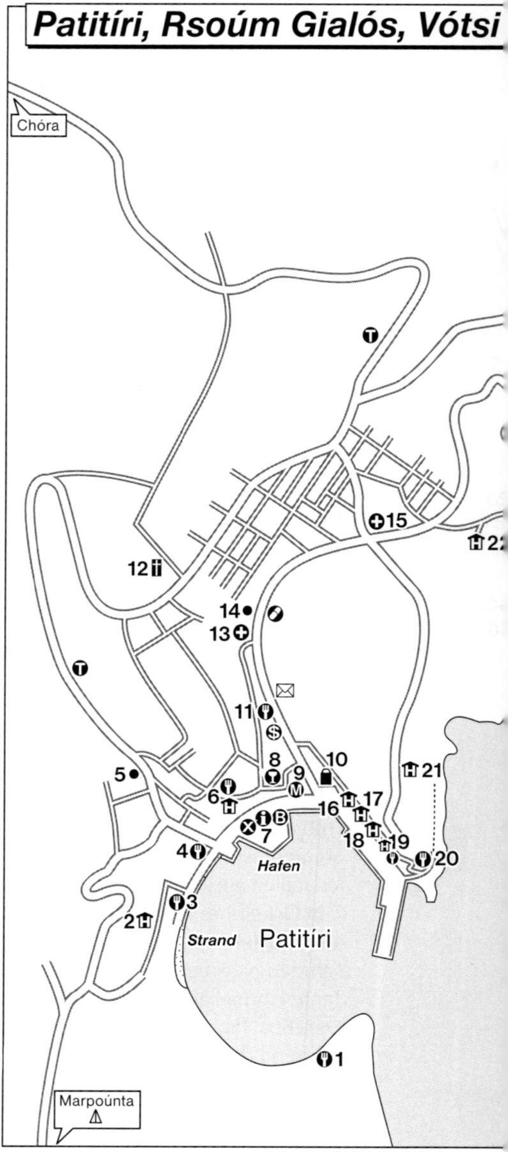
Patitíri, Rsoúm Gialós, Vótsi
Chóra
Marpoúnta
Hafen
Strand
Patitíri
1
2
3
4
5
6
7
8
9
10
11
12
13
14
15
16
17
18
19
20
21

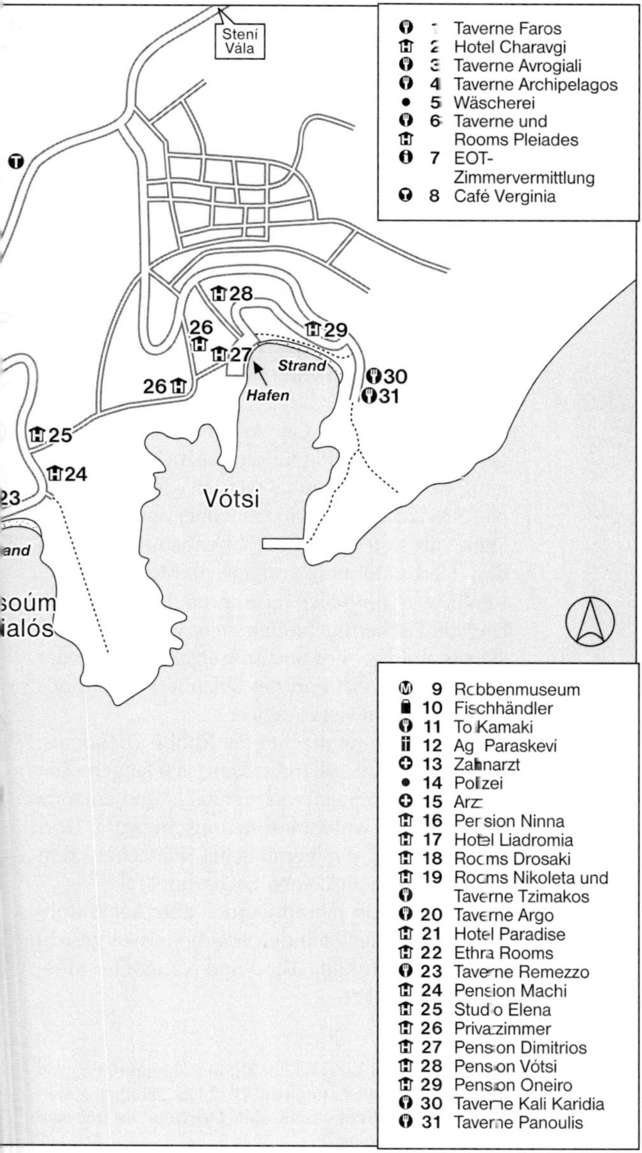
Steni Vála
Taverne Faros
1 Taverne Faros
2 Hotel Charavgi
3 Taverne Avrogiali
4 Taverne Archipelagos
5 Wäscherei
6 Taverne und Rooms Pleiades
7 EOT-Zimmervermittlung
8 Café Verginia
28
26
27
29
Strand
Hafen
30
31
26
25
24
23
Vótsi
and
soúm
ialós
9 Robbenmuseum
10 Fischhändler
11 To Kamaki
12 Ag. Paraskeví
13 Zahnarzt
14 Polizei
15 Arzt
16 Pension Ninna
17 Hotel Liadromia
18 Rooms Drosaki
19 Rooms Nikoleta und Taverne Tzimakos
20 Taverne Argo
21 Hotel Paradise
22 Ethra Rooms
23 Taverne Remezzo
24 Pension Machi
25 Studio Elena
26 Privatzimmer
27 Pension Dimitrios
28 Pension Vótsi
29 Pension Oneiro
30 Taverne Kali Karidia
31 Taverne Panoulis

reichen, allerdings nach einem längeren Spaziergang.

Am Hafen finden Sie im Obergeschoß eines Gebäudes das **Robbenmuseum**. Wer gerne eine Robbe sehen möchte, wird hier wohl den größten Erfolg haben, denn bei Schiffsausflügen in den Nationalpark werden selten welche gesichtet.

Im Museum wird ein Videofilm über die Robbenaufzucht in Steni Vála gezeigt. An den Wänden hängen Fotos von Robben in ihrer natürlichen Umgebung mit Informationen auf griechisch und englisch. Zu sehen gibt es außerdem ein ausgestopftes Robbenbaby, zahlreiche Kinderzeichnungen und das Skelett einer ausgewachsenen Robbe.

Derzeit wird in Gérakas ein Schwimmbad gebaut, das zukünftig für die Aufzucht gestrandeter Robbenbabys benutzt werden soll. Bisher fand diese Aufzucht in einem Container am Strand bei Steni Vála statt. Manche Robbenbabys werden in den Herbststürmen von ihrem Muttertier getrennt, was normalerweise ihren Tod bedeutet. Die von Fischern gefunden Tiere werden hier im Winter großgezogen und im Frühjahr dann wieder freigelassen. Während der Urlaubersaison gibt's also meist nicht viel zu sehen.

Eine Ausnahme machte die Robbe *Theodoros,* die nach Alónnissos zurückkam, sich längere Zeit am Strand von Steni Vála tummelte und auch im Hafenbecken von Patitíri herumschwamm. Dort fand das Tier ein gemütliches Plätzchen zum Schlafen in einem kleinen Fischerboot ...

In den letzten Jahren wurden aber keine Robben mehr an den Stränden von Alónnissos gesichtet (siehe auch Kap. „Land und Natur: Der Meeresnationalpark").

- Das Musem ist ausgeschildert und während der Saison täglich von 10-14 Uhr und von 18-22 Uhr geöffnet, außerhalb der Saison ist es geschlossen. Der Eintritt ist frei, eine Spende aber erwünscht.

066s Foto: vbFoto:

Rsoúm Gialós

Die Orte Patitíri, Rsoúm Gialós und Vótsi sind mittlerweile zu einer großen Siedlung zusammengewachsen. In Rsoúm Gialós gibt es einen Kieselstrand, der bei **griechischen Familien** besonders beliebt ist. Der Ort ist während der griechischen Schulferien fest in griechischer Hand, und Kindergeschrei hält einen bis in den späten Abend munter. Sehenswürdigkeiten bietet Rsoúm Gialós keine.

Vótsi

Vótsi ist mit seinen **weißen Kalkfelsen** und dem kleinen Hafen hübsch anzuschauen. Es ist ein kleines Dorf, deutlich ruhiger als die Nachbarbuchten, aber in knapp einer halben Stunde sind Sie zu Fuß nach Patitíri, dem Hauptort der Insel, gelaufen.

Die Bucht von Vótsi

Am Ende der Bucht von Vótsi liegt ein mit Kiefern **bewaldetes Kap,** das auf seiner Rückseite sehr steil ins Meer abfällt – ein Gefühl wie auf den Kalkfelsen von Rügen, nur ist alles etwas kleiner. Achtung: Es gibt nicht überall Geländer! Vorne am Kap befindet sich unten am Meer eine Höhle. Am Kiefernwäldchen laden Tavernen mit herrlicher Aussicht zu einem Halt ein.

Oberhalb von Vótsi liegt hinter der Hauptstraße die **Internationale Akademie für klassische Homöopathie.** Der international bekannte griechische Homöopath *Geórgios Vithoulkas* hält Kurse über homöopathische Heilmethoden ab. Die Kurse sind auf englisch, werden aber auch mit deutschen Kopfhörerergänzungen angeboten und finden meist im Frühjahr und im Herbst statt. In der Regel wohnen die Kursteilnehmer in Vótsi. Das Zimmerangebot hat sich dort in den letzten Jahren daher deutlich vergrößert.

Die Chóra

Ursprünge

Hoch oben auf dem Berg, mit schönem Blick auf alles rings herum, so liegt die alte Inselhauptstadt. Während des **Byzantinischen Reiches** gegründet, wurde die Festung später von den **Venezianern** ausgebaut. Nur ist von dieser Festung nicht mehr allzuviel zu sehen.

Das Erdbeben

1965 schüttelte ein Erdbeben den Ort kräftig durch. Eine Frau kam dabei ums Leben. Daraufhin wandten sich die Bewohner dem Meer zu, **verließen das Dorf** und bauten neu in Patitíri. Die Behörden hatten die Menschen schon in den Jahren zuvor gedrängt, ans Meer hinunterzuziehen, aber die Bewohner von Alónnissos waren dafür nicht zu begeistern. Nach dem Erdbeben gab's Aufbauhilfe, aber nur für Häuser in Patitíri. Nun gaben die meisten Leute nach und zogen um. Patitíri bekam Strom und Wasser, die alte Chóra nicht. Sie verkam in den folgenden Jahren immer mehr.

Aussteiger In den 70er und frühen 80er Jahren zogen viele Ausländer durch Griechenland, auf der Suche nach ihrem **persönlichen kleinen Paradies.** Auf Alónnissos wurden einige in der verlassenen Chóra dabei fündig. Es waren v.a. Engländer, die hier Häuser kauften. Künstler und Aussteiger trafen sich, alle auf der Suche nach sich selbst und natürlich nach einem Haus. Mit viel Mühe, wenig Geld, aber mit viel Eigenarbeit und handwerklichem Geschick wurden die Häuser wieder aufgebaut. Die alte Hauptstadt erlebte eine neue Blütezeit.

Feriendorf Urlauber mögen altes Gemäuer, und im Sommer erwacht die Ruinenstadt zu neuem Leben. Den Pionieren folgten die Geschäftsleute, und heute stehen nicht wenige **Häuser zum Verkauf.** Die Träumer ziehen sich zurück. Was bleibt, ist ein renoviertes Feriendorf. Einige griechische Familien sind jetzt sogar zurückgekehrt. Noch gibt es ein paar Ruinen im Dorf, aber das Bild ändert sich von Jahr zu Jahr, und die meisten Gebäude sind inzwischen wieder instand gesetzt.

Von Patitíri aus fährt der Bus jetzt mehrmals täglich zur Chóra hoch. Im Dorf entstehen immer neue Tavernen, die im Juli und August sehr viele **Tagesausflügler** von den Nachbarinseln bewirten. Im Mai ist die Chóra noch ein Geisterdorf, aber im August quillt der Ort fast über von Menschen. Souvenirshops und einen Antiquitätenladen finden Sie an der Hauptgasse. Es lohnt sich aber, auch durch die Seitengassen des Dorfes zu schlendern.

Die **Kirchen** des Ortes sind fast immer verschlossen. Auch sie mußten nach dem Erdbeben gründlich renoviert werden. Am Platz erinnert ein **Denkmal** an die Opfer der Balkankriege und des

067s Foto: vbFoto:

griechischen Bürgerkrieges. Weiter oben treffen Sie auf eine **Gedenktafel,** die an die griechischen Opfer von Alónnissos erinnert, die 1944 von deutschen Soldaten erschossen wurden. Der Hauptweg endet an einer sehr schön gemachten **Taverne** mit toller Aussicht.

Die runden Plätze am Dorfrand sind **Dreschplätze.** Sie liegen ganz oben auf dem Grat, so daß

Pittoreske Gasse in der Chóra

der Wind hier mithelfen konnte, den Spreu vom Weizen zu trennen. Große Sehenswürdigkeiten bietet die Chóra nicht, aber wer gerne zeichnet oder malt, wird hier genügend Motive finden.

Lohnend sind auch einige **Spaziergänge,** die in der Chóra beginnen. Auf Alónnissos sind die Wanderwege in den letzten Jahren wirklich gut markiert und liebevoll angelegt worden (siehe „Wanderungen").

Die Ostküste und der Norden

Mit dem Bus erreichen Sie nur Stení Vála, per Boot nur die Strände. Wer etwas mehr von der Insel sehen will, sollte sich deshalb ein Fahrzeug mieten.

Stení Vála

Stení Vála ist nicht mehr als eine Hand voll Häuser und ein **hübscher Hafen.** Im Dorf wohnen gerade mal vierzig Menschen. Tagsüber ist am Hafen manchmal mächtig viel los, denn Stení Vála ist bei Ausflugsbooten fest im Programm. Hinten in der Bucht steht der Container, in dem in den vergangenen Jahren die Robbenbabys aufgepäppelt wurden. Schön ist die Stimmung am Abend auf den umliegenden Hügeln. Ansonsten hat der Ort aber nicht viel zu bieten.

Kokkinókastro

Von der **antiken Stadt Ikos,** die beim Strand Kokkinókastro im Meer liegt, ist nicht mehr viel übrig: Nur einige Mauerreste aus dem 5. Jh. v. Chr., die das Meer verschluckt hat, sind erhalten.

Kalamákia

Kalamákia ist ein sehr ruhiger kleiner Hafen, der nur im Sommer bewohnt wird. Auch hier ist Ruhe und Erholung in einer hübschen Umgebung angesagt. Die **Fischer** flicken ihre Netze, die **Tavernenwirte** freuen sich über Gäste.

Ag. Dimítrios

Die Straße führt noch weiter bis zum **schönen Strand** von Ag. Dimítrios. Etwas weiter nördlich befindet sich eine kleine Höhle, die aber nur vom Meer aus erreicht werden kann.

Mourtero

Schon in der Gegend um Stení Vála herum wird deutlich, daß es im Norden der Insel an Wasser mangelt. **Macchia und Phrygana** überziehen die Landschaft. Die Berge sind steinig und sogar im Frühjahr graugrün. Eine Straße führt hoch in die Berge. Mourtero ist ein **Weiler** mit zwei kleinen Kapellen, aber hier wohnen mehr Ziegen als Menschen.

Gérakas

Gérakas ist eine von kahlen Felsen umgebene Bucht mit Anlegesteg. Hier soll das Hauptquartier des Unterwasserparks mit Laboratorium entstehen. Das Geld dafür war während der Bauphase nicht immer geflossen. Nun scheint langsam aber sicher dennoch etwas aus der **Meeresforschungsstation** zu werden. Es wird ein Schwimmbad gebaut, in dem zukünftig Robbenbabys aufgezogen werden sollen.

WANDERUNGEN

Auf der Insel Alónnissos finden Sie **vierzehn gut markierte Wanderungen.** Die Wege wurden zum Teil neu angelegt und an den entlegensten Stellen finden Sie noch Picknickbänke und gelbe Hinweisschilder. Ein großes Lob an diejenigen, die sich die Mühe gemacht haben, diese Insel für Wanderer zu erschließen. In Griechenland findet man so etwas sehr selten.

Die angegebene Wanderzeit wurde von uns meist deutlich unterschritten. Da viele Wanderungen aber mitten auf der Insel beginnen und irgendwo anders enden, stellt sich die Frage, wie man eine solche **Tour organisieren** kann. Hier unsere Vorschläge:

Von der Chóra nach Mikros Mourtiás

Tour 1

Ein **alter Eselspfad** führt von der Chóra hinunter zum einsamen Strand Mikros Mourtiás. Abwärts benötigten wir 20 Minuten, aufwärts 40 Minuten. Der Weg ist ziemlich sonnig. Die Chóra erreichen Sie per Bus.

Von der Chóra zum Kalovoulos

Tour 2

Diese Tour beginnt ebenfalls in der Chóra und führt zu einem **Aussichtspunkt** auf dem westlichsten Berg der Insel, dem Kalovoulos. Eine sehr lohnende Wanderung, denn Sie bietet eine herrliche Aussicht nach Skópelos. Die Wege sind allerdings relativ sonnig. Starten Sie daher am besten vormittags oder abends, aber nicht während der Mittagshitze. Die Tour ist mit 45 Minuten angegeben, wir benötigten rund 40 Minuten, um hinauf zu kommen und 30 Minuten wieder herunter.

Von der Chóra nach Víthisma

Tour 3

Ein steiler Weg führt von der Chóra zum Strand Víthisma. **Landschaftlich schön** gelegen, ist die Bucht zum Baden doch recht ungeeignet, denn der Strand ist leider total **verschmutzt.** Abwärts benötigt man für die Strecke ca. 20 Minuten, aufwärts 35 Minuten.

Von Patitíri zur Chóra

Tour 4

Der alte Weg zwischen Patitíri und der Chóra ist ein schöner Spaziergang, der über **Felder** und, im Frühjahr, auch durch **Blumenwiesen** führt. Er wird von fast jedem Urlauber auf der Insel begangen. Wir benötigten rund 30 Minuten. Den Rückweg können Sie auch per Bus zurücklegen

Von Vótsi zur Kirche Ag. Anárgiri

Tour 5 und Alternative

Die **markierte Tour** zur Kirche Ag. Anárgiri ist nicht sehr glücklich gewählt, denn diese Gegend ist landschaftlich sehr schön, und neben den breiten Pisten gibt es dort auch schmale Fußpfade, die durch den Wald führen, aber nicht mit gelben Schildern markiert sind.

Die folgende **Alternative** halten wir für empfehlenswerter. Sie führt durch die schönsten Kiefernwälder der Insel zu der kleinen Kirche, die wunderschön, hoch über der Küste liegt. Danach erreichen Sie einladende Badebuchten. Vergessen Sie also Ihre Badesachen und Verpflegung nicht, denn unterwegs haben Sie keine Möglichkeit Wasser aufzutanken. Die reine Wanderzeit für diese Tour beträgt 2,5 Stunden.

Folgen Sie zunächst der Hauptstraße hinter Vótsi in Richtung Stení Vála. Die Straße macht zunächst eine Kurve. Dann zweigt nach links eine sehr breite Piste ab, die sich nach rechts wendet. Der Weg nach links führt zur Quelle Mega Nera. Wenn Sie der Piste nach rechts folgen, zweigt kurz danach ein Weg nach links ab, den Sie aber ignorieren. Wählen Sie den zweiten Weg, der nach links abzweigt. Hier ist die Kirche **Ag. Anárgiri** bereits markiert. Es sind jetzt noch gut 30 Minuten zu gehen.

Die alte Kirche war jahrelang dem Zerfall preisgegeben, und man baute ein neues Gotteshaus in unmittelbarer Nachbarschaft. Der Schweizer *Hans Jörg Rothenberger* setzte sich jedoch für die Renovierung der alten Kirche ein und sammelte gemeinsam mit anderen Kirchenliebhabern Spenden. Mit der Renovierung hat man mittlerweile begonnen.

Der Fußpfad führt direkt am Kirchplatz, einem der schönsten Orte der Insel, vorbei. Er mündet unweit eines **Strandes bei Tourkonéri** nach rund 10 Minuten auf eine Piste. Folgen Sie dieser Piste hinter dem Strand den Hang hoch und durch einen Wald. Nach einer scharfen Rechtskurve beginnt unterhalb einer kleinen Steinmauer ein schmaler Fußweg. Er führt an einem Haus vorbei zu einem Gatter. Vergessen Sie nicht, es wieder zu schließen.

Um einen **weiteren Strand** zu entdecken, folgen Sie nun der Piste nach links bis Sie an ein Schild *„Private Road"* kommen. Hier zweigt nach links ein schmaler Pfad ab, der zum zweiten Strand von Tourkonéri führt. Von Strand zu Strand waren wir 20 Minuten unterwegs. Folgen Sie dann dem Pfad wieder zurück auf die Piste, und gehen Sie nach rechts weiter in die Richtung, aus der Sie gekommen sind.

Gehen Sie nun an dem **Gatter** vorbei und die Piste den Berg hoch am Zaun entlang. Am Ende des Zaunes zweigt nach rechts ein schmaler Fußweg ab. Er ist nicht so gut ausgetreten, wie dies auf Alónnissos sonst üblich ist, aber diese Tour ist als Wanderweg eben auch nicht mit großen Schildern markiert. Sie finden jedoch längs des Weges immer wieder **rote Punkte.**

Der Pfad trifft weiter oben im Wald auf eine Piste. Folgen Sie dieser nach halbrechts. Wenige Meter weiter liegt links des Weges ein **alter Brunnen.** Kurz darauf zweigt nach links ein kleiner Fußpfad von der Piste ab. Auch dieser ist mit roten Punkten markiert, wird aber nicht viel begangen und ist daher im oberen Teil etwas überwuchert. Die Markierung ist aber einfach zu finden.

Sie erreichen eine Piste, der Sie nach rechts folgen. Von rechts mündet nun ein Weg ein. Sie gehen aber weiter auf der Piste geradeaus, Vótsi ist hier markiert. Nach zehn Minuten macht die Piste eine scharfe Linkskurve, in der ein Weg nach rechts abzweigt. Hier beginnt ein kleiner, mit roten Punkten markierter **Fußweg,** der Sie nach rund fünf Minuten auf einen breiteren Weg bringt. Folgen Sie diesem Weg nach rechts.

Kurz darauf wird der Weg etwas schmaler, denn links liegt nun die **Akademie für Homöopathie,**

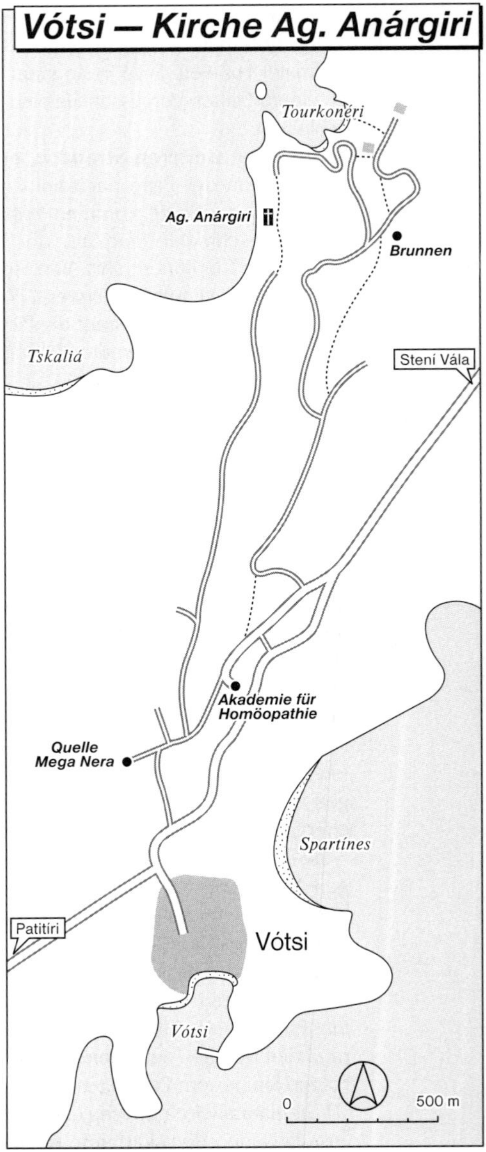
Vótsi — Kirche Ag. Anárgiri
Tourkonéri
Ag. Anárgiri
Brunnen
Tskaliá
Stení Vála
Akademie für Homöopathie
Quelle Mega Nera
Spartínes
Patitíri
Vótsi
Vótsi
0
500 m

zu der der breitere Weg führt. Folgen Sie der Piste geradeaus, und Sie erreichen die Stelle, an der Sie am Morgen Ihre Tour nach Ag. Anárgiri begonnen haben. Der breitere Weg biegt nach links ab, geradeaus erreichen Sie die Quelle Mega Nera, links die Inselhauptstraße am Ortseingang von **Vótsi.**

Durch das Bergland von Alónnissos

Tour 6

Diese Tour führt durch das mit Macchia bewachsene Bergland von Alónnissos. Sie haben immer wieder einen sehr schönen Blick nach Skópelos hinüber. Der Weg ist teilweise jedoch ziemlich sonnig. Außerdem ist es schwierig, diese Tour zu organisieren, denn sie beginnt in **Ag. Konstantínos** und führt über **Megálo Chorâfi** in 1,5 Stunden nach **Rémata.** Sie müssen also zweimal das Taxi nehmen und dafür rund 40 DM ausgeben.

Rundwanderung Rémata

Touren 7 und 8

Diese Wanderungen lassen sich zu einer Rundwanderung mit Strandbesuch **kombinieren.** Start und Ziel ist Rémata (Ende der Tour 6). Hier können Sie ein Mietfahrzeug parken. Der Ort ist zwar auch mit dem Bus von Steni Vála aus zu erreichen, nur leider fährt der erst recht spät und zum Wandern ist es um die Mittagszeit auf Alónnissos meist zu heiß. Die reine Wanderzeit für diese Tour beträgt 3-3,5 Stunden.

Die Wanderung führt zunächst über eine sonnige Piste in rund 30 Minuten hoch nach **Megálo Chorâfi.**

Wählen Sie abwärts die **Tour 7** über **Toufoto Pounari.** Sie endet unten nach 40 Minuten an einer Piste, der Sie nach links zehn Minuten folgen sollten. Gehen Sie zunächst an der Stelle vorbei, an der die Tour 8 wieder nach oben führt. Kurz darauf zweigt nach rechts eine Piste ab, die Sie nach unten führt. Halten Sie sich bei den Gabelungen rechts, und Sie erreichen eine Stelle, an der ein großes Schild den Trampelpfad zum Strand von **Megáli Ámmos** markiert.

Auf dem **Rückweg** folgen Sie zunächst der gleichen Strecke, bis Sie die Piste erreichen, die waagerecht am Hang entlang führt. Gehen Sie nach links zurück, und nach wenigen Metern erreichen Sie ein Schild, an dem die **Tour 8** beginnt. Sie führt durch ein Tal nach oben und verläuft dann durch einen Kiefernwald. Sie müssen waagerecht am Hang entlang einen Olivenhain durchqueren. Danach ist der Weg wieder einfach zu finden. Er führt durch Macchia weiter aufwärts. Nach rund 40 Minuten erreichen Sie Megálo Choráfi, von wo aus Sie der sonnigen Piste von **Tour 6** hinunter nach **Rémata** folgen können.

Zum Strand von Leftós Gialós

Tour 9

Diese schöne Tour führt Sie von der Hauptstraße bei Tourkovigla, wo Sie den Bus verlassen können, in rund 40 Minuten **zu einem der schönsten Strände der Insel,** nach Leftós Gialós. Für den Rückweg zur Bushaltestelle würden wir etwas mehr Zeit einplanen.

068s Foto: vbFoto:

Zum Strand von Leftós Gialós fahren auch **Badeboote.** Wenn Sie per Boot zurückfahren wollen, sollten Sie vorher am Hafen von Patitíri fragen, ob es möglich ist, nur den Rückweg per Boot zu unternehmen.

Der **Pfad** ist gut zu finden. Er führt zu einem Haus, hinter dem Sie auf eine Piste treffen, dieser folgen Sie nach rechts. Nach einigen Minuten markiert ein großes Schild den Weg erneut nach rechts. Der Pfad führt durch eine Senke hinunter auf einen Rücken, von dem aus Sie den Strand schon sehen können.

Von Stení Vála nach Leftós Gialós

Tour 10

Für diese Tour braucht man gut eine Stunde. Der Weg ist relativ sonnig, entschädigt aber durch **schöne Aussichten.** Tour 10 endet in Isomata an einer Piste. Wenn Sie dieser nach links folgen, markiert nach fünf bis zehn Minuten ein großes Schild die Tour 9 nach rechts. Über diesen Pfad erreichen Sie schließlich den Strand Leftós Gialós.

Von Diásselo zum Strand von Ag. Dimítrios

Tour 11

Eine **herrliche Tour –** sehr sonnig, aber mit wunderschöner Aussicht. Allerdings ist diese Wanderung ungünstig zu organisieren, denn sie beginnt in den Bergen bei Diásselo und endet am Strand von Ag. Dimítrios (Badesachen, Sonnenschutz und Verpflegung nicht vergessen).

Der Anfang der Tour liegt bei **Koumarorachi** (an der Stelle, an der auch die Tour in die Schlucht

Strand Leftós Gialós

Foto: vbFoto: 069s

Gorge beginnt). Ein Taxi hier hoch kostet ca. 40 DM. Die markierte Tour führt zu einem schönen, aber sonnigen Rastplatz auf dem Koumarorachi. Dann geht's den Hang hinunter zum Strand von Ag. Dimítrios. Achtung: Die letzten 10 m, bevor der Pfad auf die Piste trifft, sind sehr steil.

Von Ag. Dimítrios aus können Sie eventuell das **Badeboot** für die Rückreise nehmen.

Rundwanderung Ag. Geórgios

Touren 12 und 13

Diese Wanderungen lassen sich als Rundwanderung unternehmen: Durch die **Hochebene im Inselinneren,** über Ziegenweiden und durch Macchia führen sie zu einer kleinen Kapelle, an einigen Aussichtspunkten und Ruinen alter Häuser vorbei.

Wandern am Koumarorachi

Parken Sie Ihr Mietfahrzeug frühmorgens an der kleinen Kirche von **Ag. Geórgios.** Dort gibt es einen riesigen, sonnigen Parkplatz. Von Patitíri aus sind Sie per Mofa gut 45 Minuten bis hierher unterwegs.

Folgen Sie nun zunächst rund 20 Minuten der Straße in Richtung Gérakas. Nach rechts zweigt bald schon eine Piste nach Koumarorachi ab. Bleiben Sie aber noch auf der Straße, bis Sie links ein großes Schild sehen, das den Wanderweg markiert. Nach einer halben Stunde erreichen Sie eine Hausruine. Dort sind auffällig rote Pfeile aufgemalt. Folgen Sie hier aber nicht den Pfeilen, sondern halten Sie sich rechts. Nach einer weiteren viertel Stunde gelangen Sie an ein Gatter. Die kleine Kirche **Ag. Konstantínos** erreichen Sie von hier in etwa 20 Minuten. Der Ort lädt zu einer Pause ein.

Danach geht's über eine sehr sonnige Piste den **Berg hoch.** Oben auf dem Bergrücken wohnt eine Bauernfamilie. Hier beginnt die Tour 6. Ignorieren Sie dieses Schild aber, und folgen Sie der Piste nach links. Kurz darauf markiert ein Schild die **Tour 12,** die von dieser Piste nach links abzweigt und über die Sie nach 45 Minuten wieder den Parkplatz bei der kleinen Kirche **Ag. Geórgios** erreichen.

Von Megálo Choráfi nach Lakka

Tour 14

Diese ist die einzige Tour, die uns nicht sehr begeistert hat. Sie führt von Megálo Choráfi wirklich **sehr steil** den Berg hinunter. Der Pfad ist nicht einfach zu begehen, und am Ende landen Sie bei einer kleinen, einsamen Badebucht in Lakka auf der Piste, die oberhalb von Megáli Ámmos an der Küste entlangführt und hinter Lakka endet. Mit Kindern ist diese Tour eine Quälerei, aber auch Erwachsene laufen Gefahr, sich die Füße zu vertreten.

Abendspaziergang bei Patitíri

Einen schönen Abendspaziergang (nicht markiert) können Sie von Patitíri aus unternehmen. Folgen Sie zunächst der Straße in Richtung Marpountahotel. Kurz vor dem Hotel zweigt ein Weg ins Inselinnere nach rechts ab. Wenn Sie dann wieder das Meer erblicken, liegt links des Weges eine Art Plateau.

Hier kann man sehr **schöne Sonnenuntergänge** erleben. Sie haben von hier aus einen einmaligen Blick auf die vorgelagerte Insel Ag. Geórgios und auf Skópelos. Manchmal kann man beobachten, wie die Fischer mit ihren Booten zurückkommen und Delphine um die Boote herumspringen.

Wenn Sie dem Weg weiter folgen, erreichen Sie den Strand **Megálo Mourtiás.**

Bootsausflüge

Südostküste

Auf Alónnissos werden zahlreiche Bootsausflüge angeboten. So können Sie **per Kaiki** die meisten Strände der Südostküste erreichen. Preise: von 6,50 DM bis 20 DM (je nach Entfernung), Abfahrt: gegen 10.30 Uhr, Rückkehr: ca. 18.30 Uhr.

Nationalpark

Von den Reisebüros werden außerdem Bootstouren zu den Inseln des Meeresnationalparks angeboten. Diese Touren sind allerdings empfindlich **teuer** geworden, weswegen nicht wenige Urlauber auf dieses Vergnügen verzichten.

Angeboten werden je nach Jahreszeit einmal wöchentlich bis täglich Bootstouren für rund 90 DM (!) pro Person inkl. Verpflegung. Die Hoffnung vieler Urlauber, auf einer solchen Tour eine Robbe zu sehen, wird dabei meist enttäuscht, denn die Tiere leben in Teilen des Nationalparks, die von den Ausflugsbooten nicht angesteuert werden dürfen.

DIE INSELN DES MEERESNATIONALPARKS

Zum Nationalpark siehe auch Kapitel „Land und Natur: Der Meeresnationalpark Nördliche Sporaden".

Psathoúra

Vor dieser Insel liegt eine **Stadt der Antike** im Meer versunken, vermutlich das alte Alónnissos. Für Schnorchler liegt sie jedoch zu tief, und Tauchen ist verboten. Die Stadt bestand vermutlich schon um 1000 v. Chr., möglicherweise ist sie auch noch älter. Archäologen haben sich bisher nicht ernsthaft um diesen Ort bemüht.

Psathoúra ist die einzige Sporadeninsel **vulkanischen Ursprungs,** ihr Gestein ist daher dunkel. Dennoch besitzt die Insel einen hellen Sandstrand, an dem die Ausflugsboote gerne zu einem Badestopp anlegen. Psathoúra ist flach und trocken und mit Phrygana bewachsen. Ein großer Leuchtturm überragt die Insel im Norden.

Gioúra

11 km² groß und bis zu 570 m hoch ist diese felsige, steile Insel. Auf Gioúra liegt eine **Tropfsteinhöhle,** die sich wie manche andere Höhle in der Ägäis rühmt, die Höhle des Kyklopen *Polyphemos* zu sein, der von *Odysseus* geblendet worden ist. Vermutlich lag diese Höhle aber ganz wo anders.

Die Höhle wurde 1989 nach einem Unfall für Touristen gesperrt und soll erst nach dem Bau einer für Besucher sicheren Erschließung wieder geöffnet werden. Ärgerlich ist aber auch, daß die Tropfsteine von manchen Urlaubern abgebrochen und als Souvenir mit nach Hause genommen wurden, und so scheint es nur sinnvoll, daß Touristen heute keinen Zugang mehr zur Höhle haben.

Auf Gioúra gibt es außerdem die Überreste eines **antiken Poseidontempels.** Die Römer hatten die Insel als Verbannungsort entdeckt. In späterer Zeit lebten Mönche auf Gioúra. Im 19. Jh. wurde die Insel aber wieder verlassen.

Kýra Panagía

Die 25 km² große Insel gehört zu einem **Athoskloster** und ist zum Teil an einen Bauern verpachtet, der dort Ziegen züchtet. Das Kloster Ag. Pétros ist in den letzten Jahren renoviert worden und wird jetzt im Sommer wieder von einem Mönch bewohnt.

Die ganze Insel ist zwar trocken aber doch recht fruchtbar. Die **Ziegen** haben in den letzten Jahren verhindert, daß aus der Macchia Wald nachwachsen konnte, denn sie fraßen alles kurz und klein.

Die **Mönche** vom Berg Athos kauften die Insel im 10. Jh. vom Byzantinischen Kaiser, und um 1100 n. Chr. wurde das Kloster gebaut. Den Athos darf kein weibliches Wesen betreten, also nicht nur Frauen, auch weibliche Schafe, Ziegen und Kühe haben keinen Zutritt zu den Klöstern. Tierzucht läßt sich ohne Muttertiere aber nun mal schwierig betreiben, und so gründeten die Mönche externe Versorgungsstationen. Die weiblichen Tiere auf Kyra Panagía sorgten also dafür, daß die Herren der Klöster nicht fleischlos leben mußten. Das Klösterchen wird während der organisierten Touristentouren meist besichtigt.

Die ganze Insel ist voller antiker Scherben, aber es ist streng verboten, auch nur das kleinste Stück mitzunehmen. Archäologen fanden Reste von einer Siedlung, die um **6000 v. Chr.** hier stand, und auch während der klassischen Antike war die Insel vermutlich bewohnt.

Vor der Küste fand man Schiffe, die hier zur Zeit der Klostergründung untergegangen waren. In späteren Jahren müssen neben den Mönchen auch **Piraten** auf der Insel gelebt haben.

Skantzoúra

Auch diese Insel gehört zu einem Athoskloster und ist als Weideplatz an Hirten verpachtet. Vom Kloster stehen aber nur noch Ruinen, und ansonsten gibt es nicht viel zu sehen. Da auf der Insel **seltene Vogelarten** brüten, ist der Zugang in den letzten Jahren immer wieder verboten gewesen.

Früher wurde hier Marmor abgebaut, heute sind die Minen stillgelegt.

Pipéri

Ein ertrunkener Tafelberg ragt aus dem Meer. Die 7 km² große und bis zu 350 m hohe Insel ist die **Heimat der Robben,** und Sie sollten sie besser aus Ihren Reiseplänen streichen. Der Zugang ist verboten. Leider sind die Zwergrinder, die früher auf Pipéri lebten, seit 1992 ausgestorben, weil die Bewohner nicht wußten, daß es sich bei den Tieren um eine seltene Rinderrasse handelte, und weil sich niemand für sie einsetzte.

Peristéra

Peristéra ist eine jüngere Insel, die früher wohl mit Alónnissos verbunden war. Die Insel ist 14 km² groß und mit Macchia bewachsen.

Vasiliko, das im nördlichen Teil der Insel liegt, war auch eine der Stationen der alliierten Soldaten, die von den Griechen während des zweiten Weltkrieges in die nazifreie Türkei geschleust wurden. Die Insel ist heute noch von ein paar Familien **bewohnt,** früher gab es hier drei Dörfer.

Auf der direkt vor der Ostküste von Alónnissos liegenden Insel gibt es mehrere **schöne Strände,** die häufig von Bootstouristen angelaufen werden, wie z.B. Xilo oder Glifa. Organisierte Badeboote fahren aber nur selten hierher.

Vor wenigen Jahren wurde ein vor über 2000 Jahren versunkenes Schiff vor der Küste von Peristéra entdeckt. Archäologen hoben den **Schatz.** Auch hier gilt für Urlauber: Fundstücke liegen lassen oder abgeben.

Dio Adelphi Inseln

Dio Adelphi heißt soviel wie „zwei Brüder". Die beiden Brüder sind recht kahle Inseln, auf denen es nicht viel zu erleben gibt, obwohl man dort zahlreiche **giftige Sandvipern** antreffen kann. Uns sind diese Tiere auch schon auf Alónnissos beim Wandern begegnet, aber auf diesen beiden Inseln soll es sehr viele dieser Schlangen geben. Die Inseln werden selten von Ausflugsbooten angelaufen.

STRÄNDE

Lakka

20 m lange und 10 m breite Kieselbucht mit felsigen Kaps, vorgelagerte kahle Inseln, hinter der Bucht Olivenbäume, am Strand sonnig, keine touristischen Einrichtungen, keine Strandsäuberung, leer, zu erreichen über eine Piste oder zu Fuß (siehe Wanderung 14).

Megáli Ámmos

Zwei Buchten sind durch ein mit Kiefern bewaldetes Kap getrennt.

Nordbucht: 70 m lang und 20 m breit, weißer Kies, fällt steiler ab, hinter der Bucht Macchia und Olivenbäume, sonnig, Schatten nur auf dem Kap, Schnorcheln gut möglich, keine touristischen Einrichtungen, relativ leer, keine Strandsäuberung, angetriebenes Strandgut.

Südbucht: 50 m lang und 5 m breit, roter Grobsand, teils Steine im Wasser, hinter dem Strand eine Felswand, auf dem anderen Kap ein Privathaus, teils Schatten durch die Felsen, leer, keine touristischen Einrichtungen, angetriebenes Strandgut; kein Bus, wenig Parkmöglichkeiten, zu erreichen über eine Staubpiste oder von den markierten Wanderwegen 7 und 8, von der Piste führt ein Trampelpfad zu den Stränden.

Tourkonéri

Drei Buchten, davon zwei vom Land aus einfach erreichbar, werden manchmal auch als Megáli Ámmos bezeichnet.

Bucht unter Ag. Anárgiri: 20 m lang und 10 m breit, weißer Kies, klares Wasser, Felsen im Wasser, flacher abfallend, schöner Blick, hinter der Bucht Wald, seitlich Felsen, sonnig, keine touristischen Einrichtungen, keine Strandsäuberung, aber relativ sauber, NS ruhiger, HS gut besucht; zu erreichen über eine Piste oder über Wanderweg 5.

Nördliche Bucht: 50 m lang und 5-15 m breit, Sand und Kies, klares Wasser, seitlich Steine und Felsen, keine Strandsäuberung und angespültes Strandgut, keine touristischen Einrichtungen, hinter dem Strand Felsen, sonnig, teils an den Felsen etwas Schatten; zu erreichen über eine andere Piste, die zu einem Haus führt *(Private, No entry)*. Vor dem Gartentor zweigt nach links ein markierter Trampelpfad ab, der zum Strand herunterführt. Kein Bus und wenig Parkmöglichkeiten (Wanderung 5).

Tskaliá

100 m lang und 30 m breit, Kiesel, Felsen im Wasser, steiler abfallend, kahle Felsenkaps, Windmühle am Strand, leer, sonnig, hinten im Tal grün, keine touristischen Einrichtungen, keine Strandsäuberung, stark verschmutzt, zu erreichen über eine Staubpiste, Parkmöglichkeiten vorhanden, kein Bus.

070s Foto: vbFoto:

Alónnissos

Giália

P

80 m lang und 10 m breit, Sand und Kiesel mit Steinen, Felsen im Wasser, flach abfallend, Felsenfjord mit Windmühle, die gerade renoviert wurde, im Hinterland Macchia und Phrygana, sonnig, keine touristischen Einrichtungen, keine Strandsäuberung, stark verschmutzt, leer, über Piste zu erreichen, Parkmöglichkeiten vorhanden, kein Bus.

Vrissítsa

P

50 m lang und 20-25 m breit, schwarzer Sand und Kies, flach abfallend, Seegras, felsiger Fjord, hinter der Bucht Phrygana, liegt direkt unter der alten Chóra und ist von dort aus auch zu sehen, keine touristischen Einrichtungen, sehr stark verschmutzt, leer, zu erreichen über die Piste von der Chóra aus, Parkmöglichkeiten vorhanden, oder zu Fuß (Wanderung 3), Bushaltestelle oben in der Chóra.

Mikrós Mourtiás

P

50 m lang und 10 m breit, Kiesel, Sand und Steine am Strand, klares Wasser, im Meer auch Felsen und Seeigel, flach abfallend, Felsenkaps mit Phrygana bewachsen, im Tal hinter dem Strand einige Olivenbäume, dort ein wenig Schatten, ansonsten sonnig, keine touristischen Einrichtun-

Mühle am Strand Tskaliá

gen, relativ sauber, leer, zu erreichen über eine Piste von der Chóra aus, Parkmöglichkeiten vorhanden, oder zu Fuß (Wanderung 1).

Megálos Mourtiás

100 m lang und 5-10 m breit, Kiesel, im Wasser Sand, klares Wasser, relativ flach abfallend, Bucht mit felsigen Kaps, hinter der Bucht ein Tal mit Olivenbäumen, sonnig, NS gut besucht, HS voll, drei Tavernen mit WC und Telefon, zwei Pensionen, Strand wird gesäubert, in der HS Liegen und Schirme, kein Wassersport, kleiner Bootsanlegesteg, aber Ankerverbot wegen Starkstromkabel, zu erreichen über eine Piste von der Chóra oder über Weg von Patitíri aus (dort ist das letzte Stück nicht befahrbar), auch zu Fuß von Patitíri aus in rund 30 Minuten zu erreichen, Parkmöglichkeiten vorhanden.

Víthisma

200 m lang und 15 m breit, Sand und Steine, klares Wasser, teils Seegras und Felsen im Wasser, steiler abfallend, hinter dem Strand steiler, bewaldeter Hang, morgens Schatten, nachmittags aber sonnig, relativ ruhig, keine touristischen Einrichtungen, sauber, zu erreichen über Piste von Patitíri aus, oben an der Piste ein kleiner Parkplatz, dann ein kleiner Trampelpfad, der zum Strand herunterführt, kein Bus, zu Fuß von Patitíri aus in knapp 30 Minuten zu erreichen.

Marpoúnta

Zwei Strände, die nur für Hotelgäste des Village Club Marpounta zugänglich sind, Kiesel, gut besucht von Hotelgästen, Bootsanlegesteg, sauber, Angebote nur für Hotelgäste: Tennis, Liegen und Schirme, Kinderspielplatz, Basketball, Volleyball, Tischtennis, Kanu, Tauchen, Paddelboote, Bogenschießen, Surfen. Für alle anderen Urlauber gilt *„Private, no entry"*.

Patitíri

Strand neben dem Fähranleger, 100 m lang und 5-10 m breit, Kies, das Wasser ist relativ klar, aber wenn Schiffe kommen, wird's recht trübe, steiler abfallend, voll, hinter dem Strand liegt die Uferpromenade mit Tavernen, Telefon, WC, Supermarkt, keine touristischen Einrichtungen. Eine weitere Badestelle befindet sich hinter dem Kavoshügel. Dort finden Sie auf den Felsen eine Leiter, über die Sie ins Wasser gelangen können. Das Wasser ist hier sauberer.

Rsoúm Gialós

100 m lang und 20-25 m breit, Kies, fällt steiler ab, felsige Kaps, oben bewaldet, an der Uferpromenade ein paar Bäume, sonnig, gut bis sehr gut besucht, mäßig sauber, beliebt bei griechischen Urlaubern, Bootsanlegesteg, keine touristischen Einrichtungen, aber Tavernen mit WC, Pensionen, Supermarkt, Telefon hinterm Strand, zu Fuß von Patitíri aus in rund 15 Minuten zu erreichen, Straße bis an den Strand, Parkmöglichkeiten vorhanden.

Vótsi

80 m lang und 10 m breit, zwei Buchtabschnitte, feiner weißer Kies, klares Wasser, steiler abfallend, im tieferen Wasser Felsen, hinter der Bucht Kalkfelsen, von denen manchmal Steinchen herunterrieseln, oben auf den Felsen Kiefern, toller Blick, in der Bucht liegen viele Boote, Anlegesteg, gut besucht, Strand sauber, Supermarkt, Tavernen mit WC, Cafés, Pensionen, Telefon oberhalb, keine touristischen Einrichtungen, zu erreichen über die Straße, von dort aus Trampelpfad, von Patitíri auch zu Fuß in rund 30 Minuten, Parkmöglichkeiten oben im Dorf vorhanden.

Spartínes

100 m lang und 10-15 m breit, Kies, klares Wasser, teils Seegras, teils Felsen, fällt steiler ab, weiße und rötliche Felswände rahmen die Buchten ein, oben dichter Pinienhain, Blick auf Peristéra und Kokkinókastro, sonnig, keine touristischen Einrichtungen, leer, keine Strandsäuberung, Tavernen, Telefon und Supermarkt in Vótsi. Der Weg zum Strand (Piste) ist nicht einfach zu finden. Er beginnt am oberen Dorfende von Vótsi und führt oberhalb des Dorfes entlang zur Nachbarbucht. Von Vótsi aus rund 15 Minuten zu Fuß, Parkmöglichkeiten vorhanden.

Miliá Gialós

200 m lang und 10 m breit, malerische Bucht, bewaldete Felsenkaps mit Häusern, seitlich ein Baum, hinterm Strand Macchia und Wald, sonnig, klares Wasser, Kies, etwas Seegras, seitlich Felsen im Wasser, steiler abfallend, gut besucht, keine touristischen Einrichtungen, keine Strandsäuberung; zu erreichen über eine Piste, ca. 1 km von der Hauptstraße (auf der der Bus fährt) entfernt, Parkmöglichkeiten vorhanden.

Chrissí Miliá Gialós

100 m lang und 5-10 m breit, Sand mit etwas Kies, klares Wasser, kein Seegras, aber am Rand der Bucht kleine Felsen im Wasser, sehr flach abfallend, gut geeignet für Kinder, Blick auf die Dio Adelfi Inseln, bewaldetes Felsenkap, hinter der Bucht brannte es vor einigen Jahren, leider wurde dort seither nicht wieder aufgeforstet, links oberhalb der Bucht große Hotelanlagen, NS sehr gut besucht, HS voll, Taverne mit WC, Telefon, Imbiß, Strandsäuberung, Papierkörbe vorhanden, es werden Liegen und Schirme vermietet, kein Wassersport, eine Teerstraße führt bis zum Strand, Parkplatz vorhanden, während der Saison regelmäßig Boote nach Patitíri.

Kokkinókastro

200 m lang und 5-30 m breit, weißer und rötlicher Kiesel, rote Felsen an den Kaps und auch im Wasser, steiler abfallend, vorgelagerte rote Felseninsel, sonnig, in der HS Strandbar, Liegen und Schirme, in der NS keine Einrichtungen, kein WC, Strand wird gesäubert, Papierkörbe vorhanden, NS gut besucht, HS voll, zu erreichen über Piste, Parkmöglichkeiten vorhanden, danach Trampelpfad, in der Saison regelmäßig Boote nach Patitíri.

Tzórtzi

150 m lang und 5 m breit, Kiesel, klares Wasser, etwas Seegras, flach abfallend, keine Strandsäuberung, aber relativ sauber, schönes Felsenkap vorgelagert, oben Pinien, hinter dem Strand brannte es vor ein paar Jahren, der neue Wald dort ist noch sehr dünn, im Tal Olivenhain, leider hinter dem Strand ein Zaun, Schatten nur in der Taverne, diese hat nur in der HS geöffnet, dort auch WC, gut besuchter Strand, keine touristischen Einrichtungen, nächste Bushaltestelle an der Hauptstraße nach Stení Vála in 2 km Entfernung, Teerstraße führt bis zum Strand, Parkmöglichkeiten vorhanden. In Sommer manchmal Badeboote nach Patitíri.

Leftós Gialós

200 m lang, 20-30 m breit, weißer Kies, einer der schönsten Strände der Insel, klares Wasser, steiler abfallend, kein Seegras und keine Felsen im Wasser, bewaldete Kaps, Schnorcheln an den Felsenkaps gut möglich, hinterm Strand Olivenhain, sauber, im Sommer gut besucht, Taverne mit WC und Telefon, zum Zeitpunkt der Recherchen keine touristischen Einrichtungen, aber die werden wohl bald folgen, zu erreichen über eine Piste, Parkmöglichkeiten vorhanden, oder zu Fuß (siehe Wanderungen 9 und 10), regelmäßig auch Badeboote von Patitíri aus.

Ag. Pétros

80 m lang und 5-10 m breit, Steine und Kies, an einer Seite auch etwas Sand, klares Wasser, Seegras, flach abfallend, Kap mit Pinien bewaldet, aber dort *„private, no entry"*, in der Bucht zahlreiche Häuser, hinter der Bucht Schilf, vorgelagert ein kahles Felseninselchen und die Insel Peristéra, sonnig, keine touristischen Einrichtungen, keine Strandsäu-

071s Foto: vbFoto:

berung, meist leer, von Stení Vála aus in rund fünf Minuten über Fußweg zu erreichen, in Stení Vála Bus und Parkmöglichkeiten, dort auch Taverne, Telefon und Supermarkt.

Stení Vála

500 m lang, 5-10 m breit, Kies, sonnig, klares Wasser, viele Steine im Meer, flach abfallend, gut besucht, sauber, im Dorf hinter dem Kap Tavernen mit WC, Campingplatz, Pensionen, Supermarkt, Telefon, Hafen, am Strand keine touristischen Einrichtungen, zu erreichen per Boot oder per Bus (Hafen), Teerstraße führt zum Hafen von Stení Vála, dort überall Parkmöglichkeiten, der Strand liegt nördlich des Dorfes in der nächsten Bucht, zu Fuß von Stení Vála aus in fünf bis zehn Minuten zu erreichen.

Glifá

Zwei bis drei kleinere Buchten, die nördlich an den Strand von Stení Vála anschließen, maximal 50 m lang und 5 m breit, sehr flach abfallend, klares Wasser, Kiesel und Steine, Badeschuhe können nicht schaden, schöne Felsenhalbinsel vorgelagert, Blick nach Peristéra und Stení Vála, hinter Stränden steile Böschung mit Bäumen, oberhalb die Straße nach Kalamákia, gut besucht, teilweise FKK (wird aber von den Einheimischen nicht gerne gesehen), keine Strandsäuberung, aber relativ sauber, keine touristischen Einrichtungen, nächste Taverne mit WC, Supermarkt, Telefon in Stení Vála, oben am Hang werden Zimmer vermietet, zu erreichen wie Stení Vála, dann ca. 15 Minuten am Strand entlang nach Norden gehen.

Kalamákia

Ein sehr gemütliches Dorf mit Tavernen, Pensionen, Telefon und Hafen. Nördlich davon erreichen Sie nach ca. fünf Minuten zu Fuß zwei ruhige Buchten: mit Pinien bewaldete Felsenkaps, roter Feinkiesel, flacher abfallend, keine touristischen Einrichtungen, der Hafen ist per Badeboot zu erreichen, Straße bis an den Hafen, im Dorf einige wenige Parkplätze, dann geht's zu Fuß weiter.

Vamvakiés

400 m lang und 5 m breit, liegt direkt an der Straße, die hier allerdings wenig befahren wird, Kiesel mit kleinen Felsen, klares Wasser, weiter draußen Seegras, steiler abfallend, kleiner Bootsanlegesteg, Blick auf Peristéra, sonnig, ruhig, keine touristischen Einrichtungen, die nächste Taverne in Kalamákia, mit dem Fahrzeug über die Küstenstraße zu erreichen, Parkmöglichkeiten an der Straße vorhanden

Ag. Dimítrios

Ein spitz ins Meer hineinragendes Kap, auf beiden Seiten 300 m weißer Kieselstrand, 15-20 m breit, klares Wasser, Achtung: starke Strömung vorne an der Spitze, steiler abfallend, im Meer draußen Seegras, sonnig, schön, auf der Kapspitze eine Strandbar, die nur in der HS geöffnet ist, dort auch Liegen und Schirme, eine kleine Pension hinter dem Strand (aber nur pauschal von England aus buchbar), noch kein Telefon, seitlich eine nette Taverne mit WC, nur in der HS geöffnet, NS ruhig, HS gut besucht, sauber, Bootsanlegesteg, kein Wassersport, regelmäßig Badeboote von Patitíri aus, zu erreichen auch über die Küstenstraße, immer dem Wegzeiger „Thetis" folgen, gegen Ende Piste zum Strand, ausreichend Parkmöglichkeiten vorhanden.

Gérakas

100 m lang und 10 m breit, Steinstrand, der nicht gerade zum Baden einlädt, Felsen im Wasser, fällt flach ab, Bootsanlegesteg, felsiges, kahles Umland, sonnig, keinerlei touristische Einrichtungen, leer, viel Strandgut, zu erreichen über Teerstraße.

072s Foto: vbFoto:

PRAKTISCHE TIPS

Verkehrsmittel

Bus

Auf Alónnissos ist der Transport leider nicht unbedingt zufriedenstellend geregelt. Gut funktioniert die Busverbindung von Patitíri hoch zur alten **Chóra.** Der Bus fährt vormittags und abends stündlich bis 22 Uhr, auch in der NS.

Nach **Stení Vála** fährt während der NS kein Bus und in der HS täglich nur ein- bis dreimal.

Taxi

Taxis stehen **am Hafen** von Patitíri zur Verfügung. **Preise:** Patitíri – Strand Leftós Gialós 25 DM, Patitíri – Ag. Dimítrios 25 DM, Patitíri – Stení Vála knapp 20 DM, Patitíri – Ag. Geórgios (Wanderungen 12 und 13) 25 DM, Patitíri – Rémata (Wanderung 6, 7 und 8) 13 DM; Tel: 65425, 65449 oder Handy: 093391026, 094564393.

Mietfahrzeug

Man kann in Patitíri Mofas, Motorräder und Autos mieten. Allerdings liegen die **Preise** für Mietfahrzeuge höher als auf den Nachbarinseln Skópelos und Skíathos. Der **Zustand** vieler Mofas, die angeboten werden, ist außerdem schlecht. Für einen Kleinstwagen werden auf Alónnissos 75-110 DM verlangt, für ein ganz normales Mofa, Zustand eher beklagenswert, 25-40 DM!

- Autos werden von den Reisebüros **Ikos Travel,** Tel: 65320, Fax: 65321, **Alónnissos Travel,** Tel: 65188, Fax: 65511 und **Albedo Travel,** Tel: 65804, Fax: 65806 vermietet.
- Mofas werden ebenfalls von den Reisebüros, aber darüber hinaus auch noch von folgenden Vermietern angeboten: **Ilias Vlaikou Motorbike,** Tel: 65010, **Affitto Di Moto,** Tel: 65140 oder Handy 093-286731, **Kyriasis,** Tel: 65820.

Kap Ag. Dimítrios

Boote

Die Badeboote fahren erst ab Anfang Juni. Am Hafen von Patitíri steht dann angeschrieben, welche Strände angelaufen werden. Im Juni sind das z.B. Chrissí Miliá Gialós oder Tzórtzi für 6,50 DM, Stení Vála für knapp 10 DM und Ag. Dimítrios oder Kalamákia für 13,50 DM (jeweils pro Person). In der HS werden weitere Strände angesteuert.

Unterkünfte

Patitíri

- **Hotel Charavgi,** Tel: 65090, Fax: 65189, nette Zimmer mit Bad, Balkon, Küchenecke, Telefon, sauber, Blick auf den Hafen, 50-110 DM.
- **Rooms und Taverne Pleiades,** Tel: 65235, in der NS angenehm, in der HS wegen der Taverne relativ laut, schön eingerichtete Zimmer mit Bad, teils auch mit Küchenecke, Balkon mit Blick in eine alte Kiefer und auf den Hafen, netter Besitzer, 30-50 DM.
- **Evangelia Drosaki,** auf dem Kavoshügel, Tel: 65121, Zimmer mit Bad und Balkon, Blick auf den Hafen, sauber, 40-65 DM, mit Küche 50-75 DM.
- **Rooms Nikoleta,** über der Taverne Tzimakos auf dem Kavoshügel, Tel: 65634, 65306, schöne, neue, saubere Zimmer mit Bad, Küchenecke, Balkon und schönem Blick auf den Hafen, fragen Sie nach einem Zimmer ganz oben, die Taverne schließt gegen 24 Uhr, 50-75 DM.
- **Hotel Liadromia** auf dem Kavoshügel, Tel: 65521, Fax: 65096, saubere Zimmer mit Bad, Balkon und schönem Blick, oben Dachbar nur für Hotelgäste, bis 22 Uhr geöffnet, 60-95 DM mit Frühstück.
- **Pension Ninna** auf dem Kavoshügel, Tel: 65242, Handy 093560559, teils von Reisebüros vorgebucht, nimmt aber auch gerne andere Gäste, relativ kleine Zimmer und kleine Balkone mit schönem Blick auf den Hafen, sauber, mit Bad und Küche, 50-75 DM.
- **Paradise Hotel,** auf der Rückseite des Kavoshügels sehr schön gelegen, Tel: 65213, Fax: 65161, Swimmingpool, Bar, ruhige, gepflegte Anlage mit vielen Blumen, Zimmer mit Bad und Balkon, teilweise von Reisebüro ausgebucht, DZ mit Frühstück 90-130 DM, EZ mit Frühstück 70-95 DM, Gruppenrabatt möglich.
- In Patitíri finden Sie noch **zahlreiche** andere **Hotels** und **Privatzimmer.**
- **Camping on the Rocks,** bei Patitíri auf dem Weg nach Marpoúnta schön im Wald gelegen, Tel: 65410, sauber, Sanitäranlagen sind o.k., Juni–September geöffnet, 6,50 DM pro Person.

Rsoúm

- **Ethra Rooms,** Tel: 65011, 65970, Fax: 65011, ruhig gelegen, sauber, schöne größere Zimmer, hell möbliert, Bad, Balkon, Blick auf die Dächer unten und die Bucht, 35-70 DM, mit Küchenecke 40-78 DM.
- **Pension Machi Balala,** Tel: 65106, Fax: 65653, liegt an der Straße, kein Meerblick, hell möbliert mit Bad und Balkon, aber ohne Küche, sauber, 25-55 DM.
- **Studio Elena,** Haus liegt etwas weiter hinten in der Bucht, Tel: 65747, Fax: 65074, große, saubere Zimmer mit Bad, Balkon und Küche, z.T. mit Meerblick, 38-65 DM.

Vótsi

- **Pension Vótsi,** Tel: 65510, Fax: 65878, sehr angenehmes Haus, große Zimmer mit schönem Blick auf die Bucht, ruhig, Bad, Balkon, Gemeinschaftsküche, häufig Gäste von der Homöopathieakademie, 30-60 DM.
- **Pension Dimitrios,** Tel: 65035, 66075, ruhig gelegen, kleine Zimmer mit Bad, kleinem Balkon und sehr schönem Blick, unten im Haus Pizzeria und Eiscafé, 30-50 DM, mit Küche 55-68 DM.
- **Pension Oneiro,** Tel: 65368, Fax: 65764, ruhige, nette Zimmer, sauber, mit Bad und Balkon, Blick aufs Meer, 50-60 DM, mit Küchenecke 60-87 DM, ein stolzer Preis für Vótsi.
- **Weitere Privatzimmer** siehe Stadtplan.

Strand Megálos Mourtiás

- **Rooms und Taverne Megálos Mourtiás,** *Ria* und *Jannis Anagnostou,* 20 m bis zum Strand, Tel: 65737, 65954, nette, ruhige Zimmer mit Bad und Balkon, Blick in Olivenbäume, 25-50 DM.
- **Rooms und Taverne Meltemi,** liegt am Strand, Tel: 65420, 65755, Zimmer mit Bad und Balkon, Meerblick, 25-50 DM.

Chóra

- Wer in der alten Chóra ein **Haus mieten** möchte, wende sich an eines der Reisebüros in Patitíri. Häuser werden immer ganz und pro Woche vermietet. Versuchen Sie aber zu handeln, denn die Häuser der Chóra werden für das Gebotene viel zu teuer angepriesen. Auch über das Reisebüro Thalpos auf Skópelos (Adresse siehe „Skópelos: Praktische Tips/Adressen und Service") können Sie Ferienhäuser auf Alónnissos vorbuchen. Die Preise für ein 2-Personen-Haus liegen aber mit 75-145 DM am Tag nicht gerade niedrig.
- **Fantasia House,** *Kostas Nikólaos,* Tel: 65186, Zimmer mit hellen Möbeln, schöner Aussicht, Bad, Balkon, gegenüber Taverne, 50-65 DM, mit Küchenecke 60-80 DM.
- **Rooms Tsoukanas,** Tel: 65030, 65469, nette Zimmer, sauber, Bad, teilweise mit Balkon, 38-65 DM, mit Küche 50-80 DM.

Miliá Gialós

- **Hotel Miliá Bay,** Tel: 66032, Fax: 66037 oder in Athen Tel: 01-8950794, Fax: 01-8953591, Appartements mit Bad, Terrasse und Küche, Anlage mit Swimmingpool und Bar für Gäste, sehr sauber und gepflegt, ruhig, 110-175 DM.

072s Foto: vbFoto:

Stení Vála

- **Rooms to let Kyria Tasia,** Tel: 65590, Fax: 65545, sauber, Kiefernholzmöbel, Bad, Balkon, Blick nach hinten: ruhig, nach vorne: Lärm der Taverne, aber Blick auf den Hafen, 38-55 DM.
- **Rooms Taverne To Fanari,** Tel: 66013, Fax: 65544, oberhalb der Taverne am Hang, ruhig, nett eingerichtet, Kühlschrank, aber keine Küche, Bad und Balkon, Meerblick, 38-55 DM.
- **Kalypso Studio,** hinter Stení Vála, direkt am Strand, Tel: 65739, 65740 oder in Athen 01-9835876, ganz neue Anlage, sehr ruhig gelegen, schöne, neue Zimmer mit Bad und Küche, Gemeinschaftsterrasse mit Blick aufs Meer, 65-93 DM.
- **Camping Ikarus,** in Stení Vála, Tel: 65772, 65258, die sanitären Anlagen sind nicht gerade umwerfend, Schatten durch einige Olivenbäume, in der HS 6,50 DM pro Person, in der NS ist der Platz eigentlich geschlossen, manchmal Campen aber gratis möglich.

Kalamákia

- **Rooms Margarita,** Tel: 65738, 65051, fünf Zimmer über der Taverne, teils mit Blick aufs Meer, ruhig, Kiefernmöbel, Bad, Gemeinschaftsküche, hinten im Garten neue Zimmer mit Blick in den Garten, 38-55 DM.

Taverne mit Flair

Essen und Trinken

Patitíri

●**Taverne Avrogiali,** liegt am Strand, große Platane und schöner Blick aufs Meer, leider dröhnt aus der Bar nebenan häufig Musik, das Essen ist gut, das Giuvétsi mit Lamm schmeckt hervorragend, Preise sind o.k.

●**Restaurant Argo,** herrliche Lage auf dem Kavoshügel, gute Fischgerichte, Preise etwas gehoben.

●**O Tzimakos,** schöne Lage auf dem Kavoshügel, man sitzt auf einer Terrasse über dem Meer unter Bäumen und zwischen Blumen, Essen gut, Preise etwas gehoben.

●**Taverne Faros,** liegt außerhalb, sehr schöner Blick auf den Hafen von Patitíri, griechische, aber auch internationale Küche, nur in der HS geöffnet.

●**Archipelagos,** direkt am Hafen, bei Griechen sehr beliebt, Essen gut, aber Preise etwas gehoben.

●**To Kamaki,** eines der besten Restaurants auf den Nördlichen Sporaden überhaupt, die Atmosphäre ist die gleiche geblieben, die Lage ist allerdings nicht ganz so schön, wir haben dort schon oft gegessen und hatten noch nie etwas zu beanstanden, hervorragende Fischgerichte, sehr leckere Hackfleischbällchen, Preise o.k.

●**Café und Taverne Pleiades,** schöne Aussicht, man sitzt unter einer großen Kiefer, es gibt Frühstück und Getränke, abends auch manchmal Grill, nur in der HS geöffnet.

●**Verginia,** Bar und Café mit Frühstück, Crêpes, schöner Blick auf den Hafen, beliebt bei der griechischen Jugend.

Chóra

Die Preise der Cafés in der Chóra sind für das Gebotene manchmal ziemlich hoch.

●**Taverne Alónnissos,** bei der Bushaltestelle, tolle Aussicht, griechische Gerichte, Preise o.k.

●**Estiatorio Paraport,** am Ende der Hauptgasse, mit toller Aussicht, sehr beliebt und oft voll, gutes griechisches Essen, Grillgerichte.

Vótsi

●**Tavernen Kali Kardia** und **O Panolis** mit schönem Blick auf die Bucht, Fischgerichte gut, aber Portionen recht klein, Preise normal.

●**Dimítrios,** Eiscafé mit herrlichem Blick auf die Bucht, auch Pizza, Preise o.k.

Rsoúm Gialós

●**Taverne Remezzo,** am Strand, die Gäste sind zufrieden, über die Preise kann man sich nicht beschweren.

Megálos Mourtiás

●**Drei Strandtavernen** bieten gute griechische Gerichte, Preise o.k.

Leftós Gialós

●Sehr hübsch gemachte, neue **Strandtaverne.**

Stení Vála

- **I Kyria Machi** und **To Psaradosiako,** Tavernen direkt am Meer, griechische Gerichte, zufriedene Gäste, Preise o.k.
- **Taverne To Fanari,** liegt ganz vorne, etwas erhöht, der Leuchtturm steht mitten im Restaurant, griechische Küche, Preise o.k.

Kalamákia

- **Drei Tavernen,** die v.a. Fisch anbieten, nur während der HS geöffnet, Preise o.k.

Wichtige Adressen und Service

Sofern nicht anders vermerkt, befinden sich die folgenden Einrichtungen alle in **Patitíri.**

Ärzte und Apotheken

- **Krankenhaus,** (siehe Stadtplan) Tel: 65208, Notfälle werden per Hubschrauber, der auf dem Fußballplatz landet, ausgeflogen.
- **Arzt,** (siehe Stadtplan) Tel: 65470
- **Zahnarzt,** Oststraße, Tel: 65616
- **Apotheke,** Oststraße, Tel: 65540

Geldwechsel

- Die **Bank** hat Mo-Do 8-14 Uhr und Fr 8-13.30 Uhr geöffnet.
- Wechsel von Bargeld oder Reiseschecks ist auch beim **Postamt** möglich.
- Die **Reisebüros** am Hafen, die täglich auch abends geöffnet haben, wechseln ebenfalls, aber zu etwas schlechteren Kursen.

Polizei

- Tel: 65205

Hafenbehörde

- Tel: 65595 oder 65480

Reisebüros

- Am Hafen finden Sie ein **Zimmervermittlungsbüro,** das aber nur während der Saison geöffnet ist. Oft stehen die privaten Zimmeranbieter auch selbst am Hafen und warten auf die Fähre.
- **Reisebüros Ikos Travel,** hier erhalten Sie die sehr zu empfehlende Inselkarte von *Hans Jörg Rothenberger.* Die Karte ist eine einfache Kopie, aber die Informationen stimmen. Ikos Travel bietet zahlreiche Ausflüge an, leider zu 90 DM pro Person (wie alle anderen Reisebüros auch). Autos, Schifftickets und Zimmer werden vermittelt.

- **Albedo Travel,** hier kann man ebenfalls Autos mieten, außerdem gibt es Tickets für die Ausflüge in den Nationalpark, Zimmer, Ferienwohnungen und Fährtickets.
- **Alónnissos Travel** hat im Sommer eine Zweigniederlassung in der Chóra. Angeboten werden Ausflüge in den Nationalpark, Zimmer und Häuser (auch in der Chóra), Autos, Ausflugtickets.
- Das auf Skópelos ansässige **Reisebüro Thalpos Leisure** bietet auch Zimmer, Ferienwohnungen und Häuser auf Alónnissos an. Sie können sich Prospekte zuschicken lassen. Vorbuchungen sind allerdings immer etwas teurer als die Preise vor Ort, in der NS sind sie außerdem nicht notwendig (siehe „Skópelos: Praktische Tips/Adressen und Service").

Wäscherei

- Es ist möglich, in Patitíri Kleidung zum Waschen abzugeben, allerdings kostet eine Trommel 25 DM, ein stolzer Preis!

Einkaufen

- **Lebensmittel** können Sie in den Tante-Emma-Läden erstehen. Die Läden abseits des Hafens sind günstiger.
- **Internationale Zeitungen** gibt's am Hafen zu kaufen.
- Zwei **Bäckereien** finden Sie in Patitíri. Die am Hafen in der Weststraße macht leckere Blätterteigtaschen.
- Am Hafen ist es möglich, morgens **Fisch** zu kaufen.
- In Patitíri werden auch **Taucherbrillen,** Schnorchel, Flossen, **Bademoden** und **Sportartikel** verkauft.
- **Souvenirs** werden in mehreren Läden angeboten, allem voran Plüschrobben.
- **Selbstgefertigten Schmuck** können Sie in den Läden von Alexandros erstehen.
- Einen **Antiquitätenladen** und weitere Souvenirshops finden Sie oben in der Chóra.

Nachtleben

- Auch in Patitíri gibt es inzwischen während der HS **zahlreiche Bars** und **Pubs.**
- Disco finden Sie in der HS auf dem **Campingplatz On the Rocks,** in der **Disco Enigma** und im **Volcano Club.**

Sonstiges

- **Büro des Nationalparks,** Tel: 65789
- **Stiftung für klassische Homöopathie,** *George Vithoulkas,* Heimstr. 32b, D-82131 Stockdorf, Tel: 089-8561644, Fax: 8561455. Hier können Sie Informationen über die Homöopathiekurse in Vótsi erhalten.

074s Foto: vbFoto:

SKÝROS

Überblick

Einwohner: 3000
Fläche: 208 km²
Höhe: bis 792 m
Vorwahl: 0222
PLZ: 37004

Was bietet die Insel? Skýros ist eine Insel mit **vielen Gesichtern.** Auf manche Urlauber wirkt sie zunächst nicht sehr anziehend: Die Bewohner sind anfangs eher zurückhaltend, die touristische Infrastruktur ist nicht gerade gut ausgebaut, das Preis-Leistungsverhältnis der Unterkünfte ist deutlich schlechter als auf den Nachbarinseln, Fortbewegung ist nicht ganz unproblematisch, Wassersportangebote fehlen fast ganz. Aber wer etwas Geduld mitbringt, der wird Gefallen an dieser Insel finden, wenn auch erst auf den zweiten Blick: Manch feiner Sandstrand ist sogar während der HS beinahe menschenleer, eine Besichtigung des Klosters Ag. Dimítrios ist eine beschauliche Angelegenheit und kein Touristenrummel, es gibt einige sehr schöne Wanderwege, die Chóra, die Inselhauptstadt, ist sehr malerisch – sie lebt wirklich und ist nicht konserviert. Und wer etwas länger bleibt, der findet auch einen Weg zu den Bewohnern der Insel.

Landschaft Skýros besteht aus zwei sehr unterschiedlichen Teilen. Der **Süden** ist gebirgig, rauh, trocken und menschenleer (dafür aber voller Ziegen). Der **Norden** ist hingegen überwiegend bewaldet, und hier liegen eigentlich alle touristischen Anziehungspunkte (aber auch hier: Ziegen, Ziegen, Ziegen ...).

EU-Projekte Natürlich lebten auch die Bewohner von Skyros früher überwiegend von der Landwirtschaft. In den letzten Jahren entdeckte man aber eine ande-

Vorhergehende Seite: Mühle am Kap Poúria

re sehr gute Einnahmequelle: Die EU. Man hatte Skýros als besonders strukturschwaches Gebiet auf der Dringlichkeitsliste für Fördergelder ganz nach oben gesetzt. Häufig wurden die Inselbewohner vom **Subventionsgeldregen** aber regelrecht überrascht, und viel europäisches Steuergeld floß in schlecht vorbereitete Projekte, die letzten Endes mehr Schaden als Nutzen brachten oder einfach scheiterten.

Tourismus

Der Tourismus spielt heute fast eine **untergeordnete Rolle.** Die Anzahl der ausländischen Urlauber nimmt seit einigen Jahren wieder ab. Dafür haben die Athener Skýros als Wochenend- und Urlaubsinsel entdeckt, und die Anzahl der griechischen Besucher steigt von Jahr zu Jahr.

Militär

Die Haupteinnahmequelle in neuerer Zeit ist aber wohl das griechische Militär. Bis vor wenigen Jahren lebten die Skyrioten noch sehr traditionell, so trugen etwa viele Bewohner der Chóra auch im Alltagsleben ihre Trachten. Das ist heute vorbei. Aber es waren weniger die ausländischen Touristen, die die Skyrioten vom modernen Lebensstil überzeugten, als vielmehr das griechische Militär, das grundlegende **Veränderungen** in die Gesellschaft von Skýros brachte. Heute finden Sie in der Chóra zahlreiche Pubs und Snackbars mit überlauter Popmusik, wie die griechischen Städter sie lieben. Die Cafenien, in denen sich die Großväter wohl fühlen, verschwinden Stück für Stück. Und mit den Cafenien verschwinden auch die alten griechischen Lieder und die Trachten. Der einzige Brauch, der auch von der Jugend bis heute noch mit viel Engagement gefeiert wird, ist das Faschingsfest. Dann tragen auch die jungen Skyrioten alle Trachten.

Die Zahl der stationierten Soldaten ist in letzter Zeit stark angestiegen. Das Militär baute fast alle Straßen und Pisten, und der Straßenbau kostete die Inselbewohner nichts. Anfangs fand man diese

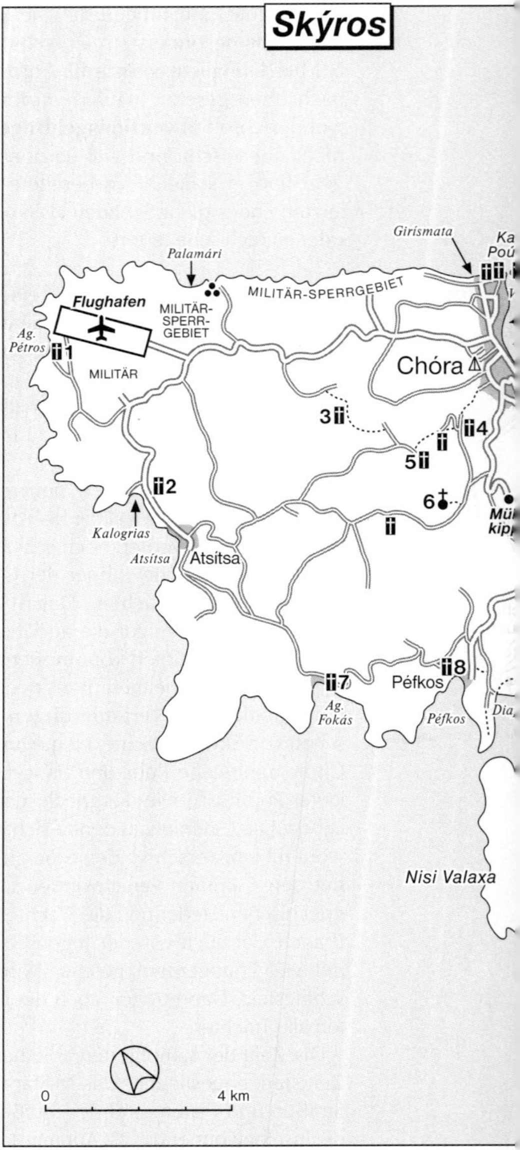
Skýros
Girísmata
Palamári
MILITÄR-SPERRGEBIET
Flughafen
MILITÄR-
SPERR-
GEBIET
Ag.
Pétros
1
MILITÄR
Chóra
3
4
5
2
6
Kalogrias
Atsítsa
Atsítsa
7
8
Péfkos
Ag.
Fokás
Péfkos
Nisi Valaxa
0
4 km

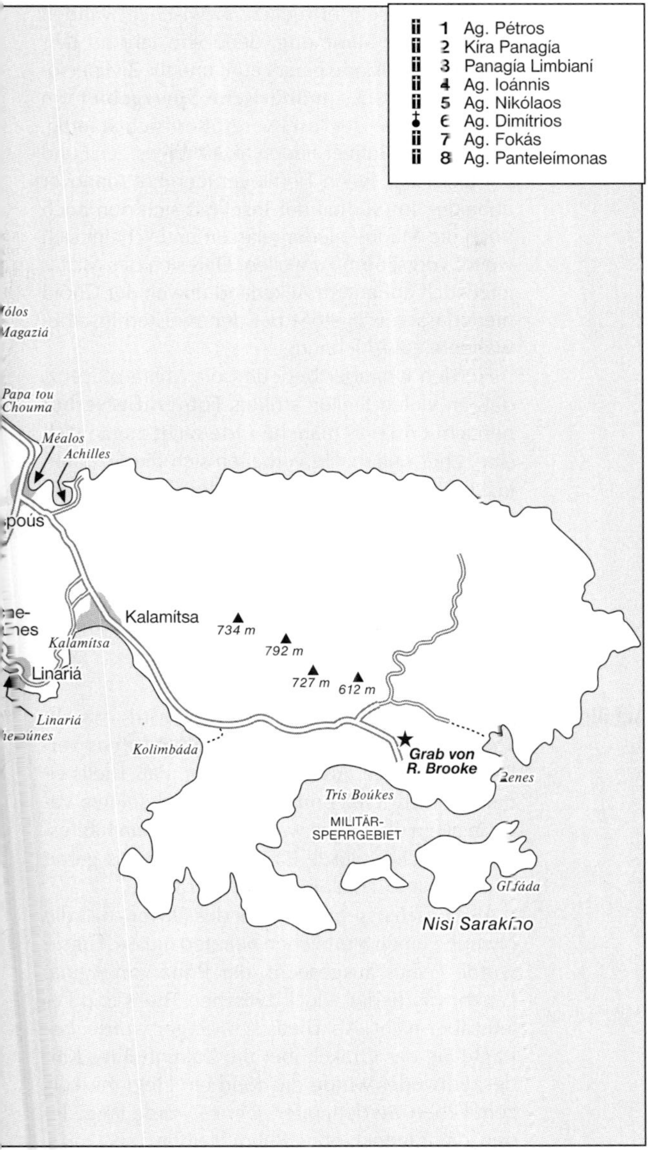
1 Ag. Pétros
2 Kira Panagía
3 Panagía Limbianí
4 Ag. Ioánnis
5 Ag. Nikólaos
6 Ag. Dimítrios
7 Ag. Fokás
8 Ag. Panteleímonas
Papa tou Chouma
Méalos
Achilles
Kalamítsa
734 m
792 m
727 m
612 m
Kalamítsa
Linariá
Linariá
Kolimbáda
Grab von R. Brooke
Trís Boúkes
MILITÄR-SPERRGEBIET

Entwicklung sehr erfreulich, inzwischen wandelt sich aber die Stimmung, denn von Jahr zu Jahr wird mehr Gelände eingezäunt und für Zivilpersonen gesperrt. Das **militärische Sperrgebiet** um den Flughafen der Insel vergrößert sich ständig, und immer häufiger finden Skyrioten es ganz und gar nicht fein, wenn Tiefflieger hier ihre Manöver abhalten. Im Südteil der Insel hat sich nun auch noch die Marine niedergelassen und scheint sich weiter vergrößern zu wollen. Daß sich das Militär jetzt auch auf gutem Ackerland unweit der Chóra niederlassen will, stößt bei den meisten Inselbewohnern auf Ablehnung.

Für den Urlauber bedeutet die Militärpräsenz, daß an vielen Stellen striktes **Fotografierverbot** herrscht und daß manche Orte nicht zugänglich sind. Eher unauffällig verhalten sich die Soldaten in ihrer Freizeit, die sie meist in der Chóra oder am Strand verbringen.

Geschichte und Mythologie

Achilles

In der griechischen Mythologie wird erzählt: *Thetis* war eine schöne Nymphe, und *Zeus* verliebte sich in sie. Als er aber erfuhr, daß Thetis einen Sohn zur Welt bringen würde, der seinem Vater in allem überlegen wäre, schwand sein Interesse an ihr. Dies würde für Zeus, der Thetis gerne verführt hätte, zu einer Gefahr werden.

Also beschlossen die Götter des Olymp, daß die Nymphe einen Sterblichen heiraten müsse. Für sie wurde *Peleus* ausgesucht, der Prinz von Ägina. Lange währte das Glück zwischen Thetis und Peleus aber nicht. Als Thetis schwanger wurde, befragte Sie das Orakel über die Zukunft ihres Kindes: Entweder würde das Kind ein Held mit kurzem Leben werden, oder aber es würde lange leben, dafür jedoch ohne Ruhm bleiben.

Also versuchte Thetis, ihren Sohn *Achilles* unsterblich zu machen. Es gelang ihr, das Kind in den Styx (der Fluß der Unterwelt, ein Bad darin machte unverwundbar) zu tauchen. Sie mußte es aber an einer Stelle festhalten, und so hielt sie Achilles an der Ferse fest, seiner daraufhin einzigen verwundbaren Stelle. Und da sie wußte, daß diese verwundbare Stelle ihrem Sohn doch noch den Tod bringen konnte, versuchte sie ihn zu verstecken, denn sie wünschte sich natürlich für ihren Sohn ein langes Leben. Sie ging zu *König Lykomides von Skýros.* Dort wurde der junge Achilles versteckt und als Mädchen getarnt.

Odysseus hatte aber von einem Orakel erfahren, daß der Trojanische Krieg nur mit Hilfe von Achilles zu gewinnen wäre, und er machte sich auf die Suche nach ihm. Als er nach Skýros kam, präsentierte er der königlichen Familie Gastgeschenke: Schmuck, einen Speer und einen Schild. Eine der „Töchter" der Familie zeigte an den Waffen mehr Interesse als am Schmuck, und so machte Odysseus Achilles auf Skýros ausfindig.

Achilles heiratete *Deidameia,* eine Tochter von Lykomides, und sie hatten einen Sohn, *Neoptolemos.* Achilles wurde ein bekannter Held des trojanischen Krieges, aber er starb, als ihn ein Pfeil an der Ferse traf. Daraufhin holte Odysseus auch noch Neoptolemos ins Kampfgetümmel, er überlebte den Krieg aber.

Theseus

An anderer Stelle berichtet die Mythologie von *Theseus,* der König von Athen war und während seiner Abwesenheit von Verwandten abgesetzt wurde. Die neuen Herrscher der Stadt brachten das Volk gegen den alten König auf, und er konnte nicht mehr in die Stadt zurückkehren. Der König von Kreta gewährte Theseus Asyl.

Auf dem Weg nach Kreta legte Theseus auf Skýros eine Pause ein, um seine Ländereien auf der Insel zu besichtigen. Er besuchte dabei auch *König Lykomides,* der aber nicht gerade begeistert

von Theseus' Besuch war, denn die Ländereien hatte er sich selbst unter den Nagel reißen wollen. So nahm er den Gast mit auf einen Felsen und riet ihm, ganz dicht an den Abgrund heranzutreten, denn von dort könne er sein Land besser sehen. Als Theseus dort am Abgrund stand, gab Lykomides ihm einen Stoß, und das Problem um die Ländereien war gelöst.

Nach diesem „Unfall", wie Lykomides das nannte, wurde Theseus auf Skýros begraben. Aber an den Unfall glaubte niemand so recht, und so entwickelte sich das Grab zur Pilgerstätte von Leuten, die sich ungerecht behandelt fühlten.

Manchmal verweben sich Mythologie und Geschichte. Den Mord an Theseus nahmen die Athener während der Perserkriege zum Vorwand, die Insel zu erobern und ihre Bevölkerung zu vertreiben. Das Grab des Theseus wurde damals angeblich gefunden und die Gebeine von Theseus

470 v. Chr. nach Athen gebracht. Skýros wurde danach eine Kolonie der Athener, so lange, bis die Makedonier kamen.

Erste Spuren

Skýros war aber schon viel länger besiedelt. Die ältesten Funde wurden bei **Palamári** gemacht. Dort wird von Archäologen eine Siedlung ausgegraben, die ab 2800 v. Chr. bewohnt war. Zahlreiche Fundstücke, die vornehmlich aus der Zeit um 2000 v. Chr. stammen, sind im Archäologischen Museum in Skýros ausgestellt. Eine weiter Blütezeit erlebte die Insel um 1000 v. Chr., wie Funde belegen.

Antike

Im 5. Jh. geriet die Insel dann unter den Einfluß **Athens.** Später regierten die **Makedonier** und dann die **Römer** Skýros. Auch aus dieser Zeit sind zahlreiche Fundstücke im Archäologischen Museum ausgestellt. Schon damals wurde auf der Insel Marmor abgebaut.

Das Kástro und die Stadt

Während des **Byzantinischen Reiches** wurde mit dem Bau des Kástros der Stadt begonnen. Vom antiken Königspalast und einem Apollontempel, der auch hier oben gestanden haben muß, ist nichts mehr übriggeblieben. Die Hauptbauzeit des Kástros lag aber in der Zeit, in der die **Venezianer** auf den Sporaden herrschten. Im Bereich des Kástros liegen auch die Ruinen einer dreischiffigen Basilika aus dem Jahre 895.

Schon zu Zeiten des Byzantinischen Reiches hat sich die Stadt Skýros **klassenbewußt formiert,** was in der damaligen Zeit nichts Besonderes war. Diese Struktur blieb aber auch während des Osmanischen Reiches erhalten und ist bis heute im Dorf ablesbar. Ganz oben, direkt unter der Festung, liegen die Herrenhäuser, die sich jedoch nur im Detail von den weiter unten liegenden Bauernhäusern unterscheiden. Ganz unten leben bis heute die Leute der unteren sozialen Schicht. Hintergrund dieser Siedlungsweise ist die Tatsache, daß seit dem Mittelalter bis ins 19. Jh. Seeräuber die Ägäis unsicher machten, und die begehrten, sicheren Plätze waren oben.

Piraten

In der Bucht von **Trís Boúkes** lebten Piraten, allerdings hatten diese sich im Laufe der Jahre auf das Plündern von Schiffen spezialisiert und ließen die Dorfbewohner in Ruhe. Sie trieben mit ihrem Diebesgut sogar Handel auf der Insel. Daher finden sich in skyriotischen Haushalten oft recht inselfremde Güter: altes chinesisches Porzellan, holländische Keramik Delft-Blau aus dem 17. Jh. und zahlreiche Kupfergefäße. Oft wurde das erbeutete Kupfer auf Skýros eingeschmolzen und zu Haushaltsgegenständen neu geschmiedet.

Die Kirche

Die Geschichte der Kirche auf Skýros gehört wohl auch nicht gerade zu den angenehmen Kapiteln der Kirchengeschichte. 960 zog der byzantinische Feldherr *Nikephoros Phokas* in Begleitung des Mönchs *Athanassíos* von Norden her in Richtung Kreta, um dort dem Piratenvolk der Sarazenen das Handwerk zu legen. Athanassíos hatte aber bald genug von der Schaukelfahrt und ließ sich auf Skýros absetzen. Er versprach, für den byzantinischen Sieg inbrünstig zu beten. Seine Gebete müssen erhört worden sein, denn Phokas kehrte siegreich zurück, das Schiff voller Piratenbeute. Damit kaufte er seinem Freund, der bis dahin in einer Höhle im Kástroberg gelebt hatte, ein Stück Land. Der Mönch baute eine Kirche auf dem Kástroberg. Nach einigen Jahren stieg Phokas zum byzantinischen Kaiser auf, und, fromm wie er war, schenkte er dem Mönch noch mehr. Dieser gründete daraufhin das erste **Athoskloster** auf den Chalkidiki in Nordgriechenland.

Schon seit dieser Zeit gehören also größere **Ländereien** auf der Insel der Kirche. In den letzten Jahren gab es aber Streit um Landflächen, die zu einem Athoskloster gehören. Die Kirche hatte nämlich drastisch den Pachtzins erhöht. Auf die-

076s Foto: vbFoto:

sem Gelände sollten die letzten der beinahe ausgestorbenen Wildpferdchen weiden. Dann wollten die Mönche das Gelände an die griechische Regierung verkaufen, und zwar mit der Auflage, die Fläche müsse militärisch genutzt werden. Da gingen natürlich die Gemüter der Inselbewohner hoch.

Rupert Brooke

Seit 1830 gehört Skýros zum griechischen Königreich. Während des ersten Weltkrieges lagen längere Zeit alliierte Flotten vor der Bucht von Trís Boúkes. Hier starb 1915 auf einem Schiff der britische Dichter *Rupert Brooke,* und die alliierten Truppen begruben ihn unweit der Küste. Auf seinem Grab wurde eingraviert, daß er für die Befreiung Konstantinopels von den Türken gefallen wäre. So etwas gefällt den Griechen natürlich sehr, obwohl das eigentlich gar nicht stimmt. Er starb an einem entzündeten Insektenstich. Aber *Churchill* selbst veröffentlichte einen Nachruf auf *Brooke*. Der Dichter wurde zum **Helden** hochgeschaukelt, und 1931 wurde ihm in der Chóra ein Denkmal gesetzt. Um dieses Denkmal gibt es aber bis zum heutigen Tag Kontroversen. Wenn Gottesdienst in der nahegelegenen Kirche abgehalten wird, muß die nackte Bronzefigur eingepackt werden, so daß man die Blöße des verehrten Dichters nicht sieht.

Rupert Brookes **Gedichte** sind stark vom Patriotismus geprägt. Seine Haltung wurde damals von vielen Zeitgenossen geteilt, während sie heute oft kritisiert wird. Sehr pazifistisch orientiert sind seine Werke nicht. Eines seiner bekanntesten Gedichte ist das Sonett „The Soldier".

DIE CHÓRA

Das Ortsbild

Die Chóra von Skýros ist eines der schönsten Dörfer der nördlichen Ägäis. Sie erinnert in ihrer Bauweise stark an ein Kykladendorf. Die weißgetünchten Häuser haben alle ein Flachdach. Hoch oben liegt die venezianische Festung mit den alten Kirchentrümmern und dem strahlend weißen Kloster Ag. Geórgios. Die Gassen sind eng und steil, es gibt viele Treppen, und das Dorf ist nicht befahrbar. Im unteren Teil der Chóra, an der Hauptstraße entlang, reiht sich eine Bar an die nächste. Machen Sie einen Spaziergang hoch zum Kástro, dabei lernen Sie den Ort kennen.

Panagía Melikarou

Folgen Sie dazu zunächst der Hauptstraße, die bald in eine Gasse übergeht. An dieser Gasse finden Sie die Kirche Panagía Melikarou. Sie ist die **Hauptkirche** des Dorfes und hat eine prächtige handgeschnitzte Altarwand mit zahlreichen alten Ikonen. An der Holzdecke befindet sich eine große Ikone, die den Pantokrator darstellt.

Das Herrenviertel Weiter oben wird die Hauptgasse deutlich ruhiger. Gehen Sie am Café Kalypso nach links weiter, und folgen Sie dem Weg **nach oben.** Ein Schild markiert das Museum nach links. Gehen Sie hier rechts hoch, und Sie treffen bald auf ein Schild mit der Aufschrift „Kástro". Dann erreichen Sie das alte Herrenviertel Krokos. Kurz unterhalb des Klostereingangs liegt ein **Aussichtsplateau,** von dem sich ein schöner Blick nach Mólos und Magaziá bietet. Danach erreichen Sie das Kloster Moní Ag. Geórgios.

Moní Ag. Geórgios Im Moní Ag. Geórgios lebt heute noch ein Mönch. Die ältesten Teile des Klosters werden auf 895 datiert (siehe „Geschichte und Mythologie"). Die Klosterkirche erreichen Sie über einen Vorraum, von dem aus Sie über eine Treppe die eigentliche Kirche erreichen. Im Vorraum stehen zahlreiche Ikonen, Pilger beten hier. In der Kirche selbst befindet sich eine sehr alte Altarwand mit vergoldeten Holzschnitzereien und weiteren alten Ikonen. Der **Heilige Georg** ist der Schutzpatron der ganzen Insel, und viele Kirchen und Kapellen sind ihm geweiht. Die Wände sind mit alten Fresken verziert. Der Mönch *Gerontios* öffnet Ihnen die Klosterkirche gerne, er erwartet aber eine kleine Spende (geöffnet tägl. 7-22 Uhr, im Herbst und Winter 7.30-18 Uhr).

Das Kástro Wenn Sie durch das Kloster hindurchgehen, erreichen Sie die **alte Festung.** Sie wurde im Byzantinischen Reich ab dem 12. Jh. gebaut und von den Venezianern im 14. Jh. erweitert und vervollständigt. Unterhalb des Kástros auf der Magaziá zugewandten Seite befinden sich noch Reste von alten Befestigungstürmen. Später wurden auf die Ruinen dieser Türme Kapellen gebaut. Auch in der Antike stand hier oben schon eine Festung, die im 4. Jh. v. Chr. errichtet wurde, von der heute allerdings nichts mehr übrig ist. Funde, die heute im Archäologischen Museum ausgestellt sind, bele-

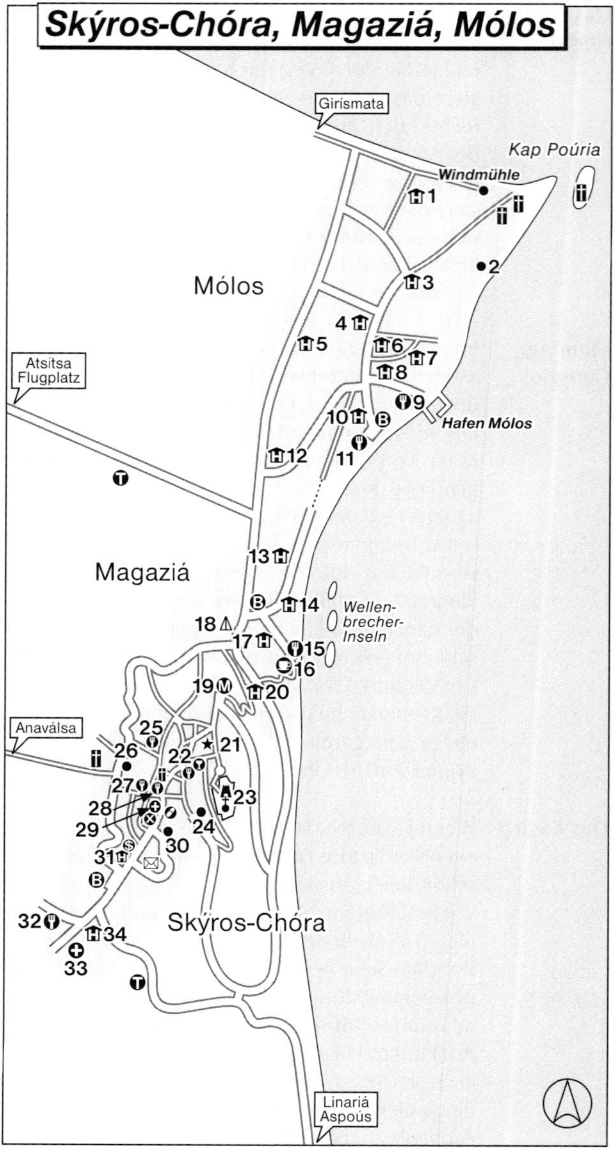
Skýros-Chóra, Magaziá, Mólos
Girísmata
Kap Poúria
Windmühle
Mólos
Atsítsa Flugplatz
Hafen Mólos
Magaziá
Wellen-brecher-Inseln
Anaválsa
Skýros-Chóra
Linariá Aspoús
1
2
3
4
5
6
7
8
9
10
11
12
13
14
15
16
17
18
19
20
21
22
23
24
25
26
27
28
29
30
31
32
33
34

gen, daß der Berg sogar schon um 1000 v. Chr. bewohnt war.

Rechts des Weges sehen Sie die Ruinen einer alten **Basilika** (9. Jh.). Einige Steine, aus denen die Kirche damals gebaut wurde, entstammen einem Apollontempel, der in antiker Zeit hier oben stand. Ganz oben steht eine neu renovierte **Doppelkirche.** Wenige Meter weiter sehen Sie die Reste der **mittelalterlichen Burg,** ein hoher Gewölbebau.

Rupert Brooke-Denkmal

Wenn Sie nach Norden vom Berg wieder herunterkommen und das Herrenviertel durchqueren, markiert ein Schild nach rechts die Museen. Sie erreichen dann eine **Aussichtsterrasse,** an der das Archäologische Museum und das Faltaits-Museum liegen. Auf dem Platz können Sie das oben erwähnte Denkmal für *Rupert Brooke* bewundern.

Archäologisches Museum

Ein Besuch des Archäologischen Museums sei Liebhabern von alten Steinen geraten. Die Dame, die das Museum betreut, ist freundlich und bemüht sich auch, Fragen auf englisch zu beantworten. In zwei Sälen werden zahlreiche **Skulpturen, Keramiken** und **Schmuckgegenstände** ausgestellt. Die ältesten Stücke stammen aus Palamári und werden auf 2500-2800 v. Chr. datiert. Zahlreiche Ausstellungsstücke stammen aus der Zeit um 1000 v. Chr. Neben den archäologischen Fundstücken ist in einem Raum ein **traditionelles skyriotisches Haus** nachgebaut. Auch alte Trachten werden hier ausgestellt (geöffnet Di-So 8.30-15 Uhr, Eintritt 3 DM).

Faltaits-Museum

Sehr lohnend ist ein Besuch im Faltaits-Museum. *Manos Faltaits* ist Sproß einer angesehenen und wohlhabenden skyriotischen Familie. Ihre Mitglieder sammeln schon seit Generationen Bücher, Hausratsgegenstände, Trachten und vieles mehr. Herr Faltaits wohnt in diesem Anwesen und begann schon in den 60er Jahren, die Schätze seiner

Das skýriotische Haus

Schon während des Byzantinischen Reichs erfolgte in Skýros eine **Besiedelung** außerhalb der Stadtmauer, da es in der Festung zu wenig Platz gab. Dicht unterhalb des Klosters, an den sichersten Plätzchen, durften die Herren, die Grundbesitzer, bauen. Die unabhängigeren Bauern, die Viehzüchter, folgten darunter. Am unteren Dorfrand, wo man am gefährlichsten lebte, mußten sich die armen Ackerbauern niederlassen. Sie waren somit bei Überfällen die ersten, die es erwischte. Diese Hierarchie blieb bis in die heutige Zeit hinein bestehen. Die Häuser der Armen und die der Reichen unterscheiden sich aber in der Größe kaum, nur in der Ausstattung und im Detail sind die Herrenhäuser etwas großzügiger. Die Gebäude der Stadt stammen heute fast alle aus dem 19. Jh., denn im 18. und 19. Jh. war Skýros mehrmals Opfer von Erdbeben und Überfällen. Nur die alten Grundmauern blieben dabei erhalten, auf ihnen wurden die Häuser neu errichtet.

Die Siedlung wurde strategisch angelegt. Die **Platznot** zwang die Menschen dazu, ihre Häuser mehrgeschossig zu bauen. Das steile Gelände war hier natürlich von Vorteil. Jede Wohnung bekam aber immer eine eigene Treppe und einen eigenen Hauseingang. Oft werden die Treppen oben breiter, denn unten war meist sehr wenig Platz. Das Maß aller Dinge war ein beladener Esel. Die Straße mußte nämlich so breit sein, daß ein beladener Esel noch laufen konnte. Man lebte in sehr beengten Verhältnissen.

Es gab keine niedergeschriebenen Gesetze, die das Zusammenleben der Menschen regelten. Ein strenges unantastbares **Gewohnheitsrecht** regelte die Beziehungen der Dorfbewohner und deren Besitztümer. Wenn ein Paar heiraten wollte, mußte die Frau Wohnung und Hauseinrichtung mit in die Ehe bringen. Die Häuser wurden meist von der Familie selbst gebaut, nur die Grundbesitzer ließen bauen. Die armen Leute, die von ihnen Land pachten mußten, um überleben zu können, stellten sich als kostenlose Arbeitskräfte zur Verfügung.

Das skyriotische Haus ist ein rechteckiger Baukörper. In den **Außenwänden** gibt es wenige, meist asymmetrisch gesetzte Öffnungen. Über der Eingangstür befand sich früher oft ein vergittertes Oberlicht zur Belüftung. Die Wände bestehen aus Steinmauern, die unten dicker sind (bis zu 70 cm) als oben. Sie wurden aus großen Steinen errichtet, zwischen denen kleinere Steinplatten in die Fugen gestopft wurden. Dann wurde die ganze Wand mit Lehm und sehr kleinen Steinchen verfugt. Die Ecksteine der Gebäude stammen meist aus dem alten Steinbruch am Kap Poúria. Die Wände sind innen und außen verputzt und weiß gekalkt. Außen, am Straßenrand, ist ein Farbstrich gezogen, so daß man Ungenauigkeiten am Gebäudesockel nicht so gut sehen kann.

Das Haus hat ein **Flachdach.** Die tragende Konstruktion besteht aus Holzbalken, die auf Holzstützen und auf den Außenwänden aufliegen. Die Stützen, die *Stylos* genannt werden, stehen meist auf einem Steinfundament im Innern. Auf den Holzbalken ist dann die *Kalámoma* verlegt. Sie besteht aus Schilfrohren, die aneinander gebunden werden und von unten sichtbar sind. Darüber liegt dünnes, getrocknetes Schilfrohr mit Blättern und getrocknetem Seetang zur Wärmedämmung. Es folgt eine 5-7 cm dicke Tonschicht, die mit den Füßen aufgestampft wird. Zuletzt wird noch einmal Ton aufgetragen und mit einem Brett oben geglättet. Diese Schicht hat ein Gefälle zum Wasserspeicher hin. Erst nach dem ersten Regen ist das Dach richtig dicht. Alle 2-3 Jahre muß es ausgebessert werden. Dabei wird das Unkraut entfernt und wieder eine dünne Schicht Ton aufgetragen, um eine Erosion der oberen Tonschicht zu verhindern. Da dies aber viel Arbeit bedeutet, ließen sich die meisten Bewohner der Chóra in den letzten Jahren eine Betonschicht aufs Dach setzen. Am Archäologischen Museum kann man aber noch ein altes Dach mit Tonabdichtung sehen. Es ist nicht ganz so mausgrau wie Beton, die Farbe geht mehr ins Violette.

Früher war der **Fußboden** des Hauses der gewachsene Boden, auf den man Sand streute. Heute ist er meist mit Steinplatten gefliest oder betoniert.

Im **Innenraum** wurde ein Drittel der Fläche des Hauses abgetrennt. Parallel zur kürzeren Stirnseite des Hauses wurde das *Boulmés,* eine Holzwand um den Stylos, gebaut. Der kleinere Teil des Raumes wurde in rund 2 m Höhe überdacht. So entstehen drei Wohnbereiche: Auf dem Dach des Einbaus wurde geschlafen, darunter im *Apokrévatos* waren Nahrungsmittel und die Küche untergebracht, und alles andere spielte sich im Megáli Sála, dem Hauptraum, ab. Eine Holztreppe führte von diesem Hauptraum zum Schlafbereich hoch. Oben zieht sich ein dünner Balken durch den Raum, über den man die Kleidung und an Feiertagen Stickereien hängt.

In einer anderen Ecke der Megáli Sála befand sich der **Kamin.** Auf dem Dach wird der Kamin von einem Tontopf überdeckt. Früher wurden so zerbrochene Gefäße wiederverwendet, heute sind die Schornsteinköpfe neu angefertigte Töpferwaren, teils mit eigenartigen Formen.

Der **Hausrat** wurde in zahlreichen Regalen und an den Wänden entlang um den Kamin herum verstaut. Neben dem Kamin stand ein niedriges Sofa und ein niedriger Tisch. An den Wänden entlang wurden Truhen und mehrere sehr niedrige Stühlchen aufgestellt. Sie wurden mit Holzschnitzereien stark verziert. Im Hof vor dem Haus liegen normalerweise der Backofen, Lagerräume und die Toilette. Oft gab's allerdings zu wenig Platz für einen Vorhof. Dann wurden diese Räumlichkeiten auf das Dach gepackt.

Heute sind die Töpfe, Pfannen und das Porzellan im Haus mehr **Zierde** als Gebrauchsgegenstände. Zu finden ist hier auch altes Porzellan aus Holland und aus China und teils auch Vasen aus dem arabischen Raum. Sie kamen nach Skýros, da im Südteil der Insel Piraten wohnten, die Handelsschiffe überfielen. Die geraubten Gegenstände wurden als Tauschmittel für Nahrung und Kleidung eingesetzt.

Familiensammlung auszustellen. Das Museum stellt so etwas wie ein Lebenswerk von Manos Faltaits dar.

Der ältere Herr ist in vieler Hinsicht rege engagiert. Er ließ auch ein Theater nach antikem Vorbild bauen und organisiert dort in den Monaten Juli und August zahlreiche Veranstaltungen. Manchmal ist er auch im Museum anzutreffen, aber in den letzten Jahren zieht er sich häufiger in seine Privaträume zurück. Er hat ein gutes Buch über die Insel Skýros geschrieben, das auch in englisch erschienen ist. **Manos Faltaits** ist ein „unbequemer Geist", der sich der Obrigkeit nicht so einfach beugen will. Er setzt sich seit Jahren gegen die Ausdehnung der Militärpräsenz auf der Insel ein, allerdings bisher mit wenig Erfolg.

Im Faltaits-Museum ist in einem Raum die **Inneneinrichtung eines skyriotischen Hauses** untergebracht. Die Stühlchen, die an Kindergartenmöbel erinnern, sind für erwachsene Menschen gedacht. Überall auf Skýros werden inzwischen solche Stühlchen als Souvenirs angeboten. Allerdings werden heutzutage die Motive mit Hilfe von Maschinen herausgearbeitet. Die alten Möbel sind dagegen handgeschnitzt.

Zu sehen gibt es neben **Hausratsgegenständen** und **Stickereien** zahlreiche alte **Trachten.** Auch Karnevalstrachten und Fotos vom alljährlichen Umzug werden gezeigt. Eine Besonderheit sind sicher die alten **Bücher** der Familie. Die ältesten stammen aus dem 16. Jh. Am Ende erreichen Sie einen Raum, in dem der museumseigene Souvenirshop untergebracht ist (geöffnet tägl. 10-13 und 17.30-20 Uhr, Eintritt 3 DM).

Andreas-Yalouris-Haus

Wer gerne ein weiteres traditionelles Haus von innen sehen möchte, kann dies auch im Andreas-Yalouris-Haus tun. *Yalouris* selbst ist zwar verstorben, aber das kleine Museum wird weitergeführt. Eine Voranmeldung ist allerdings notwendig (siehe Stadtplan).

Nachtleben Gegen 20 Uhr wird das Dorf langsam munter. Am zentralen Platz spielen dann meist Kinder. Richtig **lebendig** wird die Hauptgasse von Skýros aber erst gegen 22 Uhr. Sehr schön sitzen Sie im Café Kalypso oder im Neoptolemos. Etwas weiter unten liegt die alte Apotheke, die vor einigen Jahren zu einer Taverne umgebaut wurde. Deutlich mehr los ist im unteren Teil des Dorfes. Hierher zieht es auch viele Soldaten in ihrer Freizeit.

Nachts ist es in der Chóra **nicht gerade ruhig.** Die Hauptlärmquelle, eine Diskothek, liegt zwar außerhalb der Chóra, unweit des Brooke-Denkmals, und beschallt in der Hauptsaison v.a. den Campingplatz und das Viertel Magaziá bis in den frühen Morgen, aber auch in der Chóra gibt es Lärmquellen genug, insbesondere in der Hauptgasse.

MAGAZIÁ

Der Strand bei Magaziá besteht aus **feinem Sand** und liegt **unweit der Chóra** – das sind wohl die Gründe für die hohen Besucherzahlen.

Das Meer Der starke Wind, für den Skýros bekannt ist, fegt häufig von Osten her übers Meer. Im Winter, wenn auf Skýros äußerst unangenehmes Wetter herrscht, rückte das Meer den Bewohnern von Magaziá auf die Pelle. Also baute man schon vor vielen Jahren eine hohe **Schutzmauer.** Die Häuser von Magaziá liegen beinahe 10 m über dem Meeresspiegel.

Ursprünge *Magaziá* heißt soviel wie „Läden". Ihren Ursprung hat diese Siedlung in alten **Lagerhäusern.** Hier wurde Wein gekeltert, Lebensmittel und Viehfutter aufbewahrt. Wertvolle Dinge wurden aber ins Kástro gebracht. Im 19. Jh., als sich die Bedrohung durch Piraten verminderte, ließen sich einige Familien ganz hier nieder. Der alte Kern von Magaziá, der rund um die Strandtaverne lag, vergrößerte sich schnell.

Der Strand

In den letzten Jahren wuchs die Siedlung nach Norden am Strand entlang weiter. Es entstanden überwiegend Hotels und Pensionen. Ein Problem hatte man allerdings in Magaziá: Der Strand, die Ursache des Touristensegens, wurde immer kleiner. Das Meer schwemmte ihn ab. Mit drei **Wellenbrecherinseln** versuchte man daraufhin, dem Meer die Grabearbeit zu erschweren. Und die Wellenbrecherinseln zeigen Wirkung, wenn auch eine etwas andere als die geplante: Nun gräbt das Meer den Sand in Mólos ab und spült ihn in Magaziá wieder an, was natürlich die Bewohner von Mólos verärgert.

An der Küste entlang nach Mólos werden immer mehr Touristenunterkünfte gebaut. Mólos und Magaziá gehen ineinander über. Die Grenze bildet die Mündung des Baches Kifisos. Leider ist der Bach stark verschmutzt, aber man will auch diesem Übel bald zu Leibe rücken. Die Wasserschildkröten, die sich hier tummeln, wird's freuen.

Mólos

Der Fischerhafen

Das Zentrum von Mólos bildet ein kleiner Platz mit mehreren Tavernen. Etwas weiter nördlich liegt der Fischerhafen. Er wurde mit EU-Geldern errichtet. Die Planung der Anlage überließ man Experten aus Athen. Leider ließen diese die Strömungsverhältnisse bei der Planung außer acht, so daß sich nun im Hafenbecken häufig **angeschwemmter Dreck** sammelt. Die Fischer, die diesen Experten wohl von Anfang an nicht über den Weg trauten, sind nun natürlich sauer. Es schwirren Gedanken vom Umbau des Hafenbeckens durch die Luft, aber der EU-Geldhahn wird langsam, aber sicher zugedreht, und selbst bezahlen? – man wird sehen ...

Der alte Steinbruch

Nördlich des Hafens befindet sich der alte Steinbruch am Strand. Er ist markiert als *„ancient*

077s Foto: vbFoto:

querry" (gemeint ist wohl „quarry") und als ΑΡΧΑΙΟ ΛΑΤΟΜΕΙΟ. Bizarre Felsen stehen hier am Strand. Es sind die Reste der Felsen, die von den Bewohnern der Chóra schon seit langer Zeit zur Gewinnung von Baumaterial abgebaut wurden. Hier kommen die Ecksteine und Fundamente der skýriotischen Häuser her.

Am Kap Poúria

Am Kap Poúria finden Sie eine **Plastik** ins Gestein gehauen. Sie wurde vor 15-20 Jahren von „deutschen Hippies", wie man uns erzählte, geschaffen. Auch durch Skýros streifte früher, wie an vielen Orten in Griechenland, eher lockeres Publikum. Man schlief am Strand und versetzte die Einheimischen manchmal ins Staunen. Geblieben ist von all dem nur noch diese Plastik.

Auf der dem Kap vorgelagerten **Insel** steht die Kirche Ag. Ermoláos. Am Namenstag des Heili-

Archao Latomio – der alte Steinbruch

gen, dem 23. Juni, fahren die Boote vom Hafen von Mólos aus mit zahlreichen Pilgern an Bord zum Kirchweihfest.

Gleich gegenüber dieser Kirche finden Sie auf dem Kap zwei weitere Kirchlein: Die Kapelle **Zoodóchos Pirgí** mit einer alten Altarwand im Inneren und die **Höhlenkirche Ag. Nikólaos,** die in einen großen Felsen geschlagen wurde. Innen ist diese Kirche gekalkt, und der Fußboden ist sauber mit Grobsand bedeckt, so wie dies früher auf der Insel überall üblich war. Der *Heilige Nikolaus* ist der Schutzpatron der Fischer, und daß er gerade hier verehrt wird, hat sicher seinen Grund: Dem Kap sind zahlreiche Untiefen vorgelagert.

Einige Meter weiter liegt eine alte **Windmühle.** Sie war jahrelang am Zerfallen, aber nun scheint jemand Interesse an der Mühle gefunden zu haben: Bei unserem letzten Besuch wurde gerade umgebaut.

Der ganze Ort hat sich in den letzten Jahren zielstrebig in Richtung **Urlaubsort** entwickelt. Immer mehr Melonenfelder wurden zu Bauland. Mólos ist eine Streusiedlung mit zahlreichen Touristenunterkünften geworden. In der NS gleicht sie eher einem Geisterdorf, während der HS ist der Ort jedoch sehr gut besucht.

Der Norden

Der grüne Landstrich

Da die Busverbindungen auf Skýros eher schlecht sind, empfiehlt es sich, ein **Fahrzeug** zu **mieten.** Wer sich im nördlichen Teil der Insel nach einem Zimmer umsehen möchte, sollte sich am besten zunächst in der Chóra oder Umgebung niederlassen. Von hier aus kann man dann eine Tagestour unternehmen und sich überlegen, ob und wo man sich einmieten möchte. Die Ziele im grünen Norden werden unter „Wanderungen" und „Ausflüge" beschrieben.

LINARIÁ UND DER SÜDEN

Linariá

Linariá lernen wohl die meisten Urlauber als erstes kennen, denn hier kommen die Schiffe an. Der **Hafenort** ist klein und hat wenig Flair. Für die meisten Gäste ist er nur Durchgangsort. Das Leben wird vom An- und Abfahren der Fähren bestimmt. Nachmittags legen die Fischer die Netze zum Trocknen über den Betonkai.

Dem Hafen vorgelagert ist die kahle Insel Valáxa. Am südlichen Ende überragt die Kirche Ag. Nikólaos die Hafenbucht, im Norden thront das **Café Kávos** über dem Hafen. *Kávos* bedeutet „vom Meer umgeben", und genau das ist das Café. Der Blick nach unten fällt aufs tiefblaue Meer, und so finden sich trotz gehobener Preise viele Gäste. Das Café versteht auch mit Show auf sich aufmerksam zu machen: Wenn die Fähre einläuft, ertönen die ersten Töne von *Richard Strauß'* „Also sprach Zarathustra".

Sehenswürdigkeiten gibt es in Linariá so gut wie keine. Erfreulich ist, daß hierher regelmäßige **Busverbindungen** von der Chóra aus bestehen und daß der Busfahrplan auf den der Fähren und Flying Dolphins abgestimmt ist.

Gen Süden

In der benachbarten Bucht **Acheroúnes** brummt das Dieselkraftwerk, das die Insel mit Strom versorgt, vor sich hin. Anziehend wirkt dieser Ort nicht gerade.

Die Inselhauptstraße durchquert von hier aus von West nach Ost die Insel. Bei der **Méalosbucht** stößt sie auf die Ostküste und führt weiter nach Norden zur Chóra. Kurz bevor sie im Osten am Meer ankommt, zweigt der Weg nach Süden ab (siehe „Ausflüge/Mit dem Mietwagen in den Süden und Bootsausflüge").

WANDERUNGEN

Vom Weiler Katoúnes zur Chóra

Diese Tour führt durch Wälder, an herrlichen Aussichtspunkten und hübschen Kirchlein vorbei, durch das Inselinnere von Skýros und ist eine der schönsten Wanderungen auf der Insel.

- **Route:** Katoúnes – Panagía Limbianí – Ag. Nikólaos – Ag. Ioánnis – Anaválsa – Chóra
- **Strecke:** schmale Fußpfade, meist mit roten Punkten markiert, durch Wald und Tal
- **Dauer:** ca. 2½ Std. (reine Wanderzeit ohne Pausen)
- **Hinweis:** Starten Sie am besten am frühen Morgen. Die Anreise nach Katoúnes ist leider nur per Taxi möglich. Der Bus, der ab und zu nach Atsítsa fährt, kommt hier so spät an, daß Sie während der Mittagshitze wandern müßten. Und davon würden wir abraten.
- **Organisierte Tour:** *Niko Sikkes* bietet diese Tour als Gruppenwanderung an, wenn sich genügend Interessenten finden (siehe „Praktische Tips/Reisebüros").

Zur Panagía Limbianí

In Katoúnes steht links neben der Straße die weißgekalkte Kapelle **Ag. Geórgios.** Starten Sie dort, und folgen Sie zunächst der Straße den Berg hoch, zurück in Richtung Chóra. Die Straße zieht sich gleich oberhalb der Kapelle nach links. Hier zweigt nach rechts eine **Staubpiste** ab.

Diese Piste führt Sie zunächst über spärlich bewachsene, sonnige Hügel. Wenn Sie sich an der ersten Gabelung rechts halten, erreichen Sie bald ein **Gatter.** Folgen Sie der Piste weiter, aber bitte vergessen Sie nicht, das Gatter wieder sorgfältig zu verschließen – Ziegen reißen gerne aus.

Ungefähr eine halbe Stunde nachdem Sie die Straße verlassen haben, finden Sie am rechten Rand der Piste ein **Holzschild** mit der Aufschrift „ΠΡΟΣ ΛΥΜΠΙΑΝΗ". Folgen Sie nun dem kleinen Trampelpfad, der hier nach rechts den Hang hinauf abzweigt. Nach fünf bis zehn Minuten erreichen Sie ein weiteres Holzschild mit dem gleichen Text. Der Pfad führt durch Kiefernwald hoch

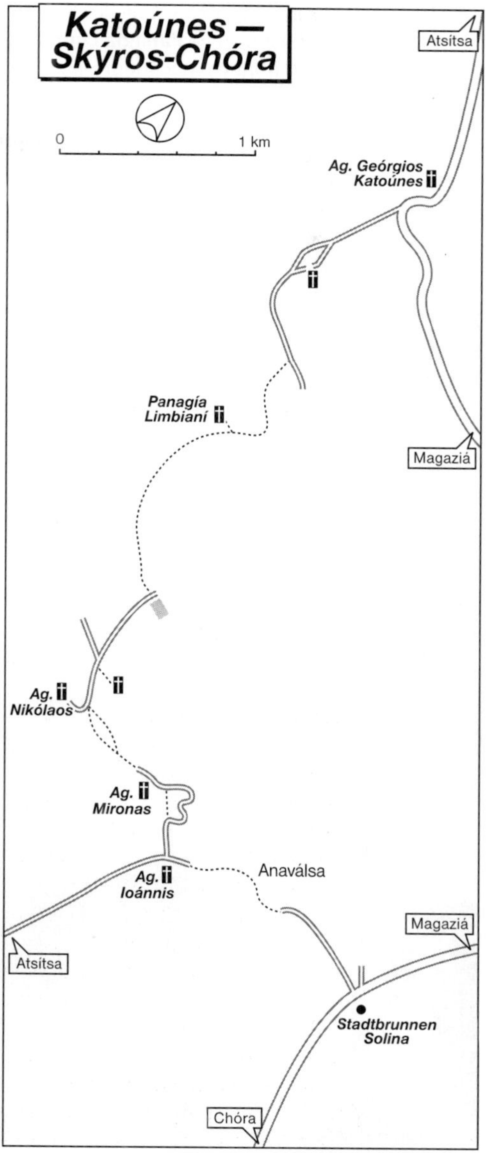
Katoúnes —
Skýros-Chóra
0
1 km
Atsítsa
Ag. Geórgios
Katoúnes
Panagía
Limbianí
Magaziá
Ag.
Nikólaos
Ag.
Mironas
Ag.
Ioánnis
Anaválsa
Magaziá
Atsítsa
Stadtbrunnen
Solina
Chóra

bis kurz unter den Gipfel des Berges Olympos und zur Höhlenkirche **Panagía Limbianí,** die Sie ungefähr 50 Minuten nachdem Sie die Straße verlassen haben, erreichen.

Diese Kapelle wird häufig von griechischen Pilgern aufgesucht und ist meist unverschlossen. Die **Höhle** ist weiß gekalkt, und zahlreiche Ikonen zieren den Raum. Der Kirchenvorplatz wurde bei unserem letzten Besuch gerade mit Beton verschönert. Eine Pause bietet sich hier an.

Zur Kirche Ag. Nikólaos

Folgen Sie nun weiter dem kleinen Trampelpfad, der unterhalb der Kirche am Hang entlang und schließlich über einen bewaldeten Bergrücken auf einen Felsengipfel zuführt. Der Weg ist immer wieder mit **roten Punkten** markiert, und obwohl zahlreiche Ziegenpfade vom Hauptpfad abzweigen, ist er doch einfach zu finden.

Ungefähr 30 Minuten nachdem Sie die Kirche verlassen haben, trifft der Pfad auf eine breitere Piste. Links am Ende der Piste ist ein markanter kleiner Tunnel in den Fels gesprengt worden, der heute als **Viehtränke** genutzt wird.

Es folgt ein recht sonniges Stück, denn der Wald

078s Foto: vbFoto:

der früher hier oben stand, brannte vor einigen Jahren ab, und von Wiederaufforstung ist weit und breit nichts zu sehen. Halten Sie sich bei den nächsten beiden Gabelungen links. Dann erreichen Sie ein weiteres **Gatter** (das Sie auch wieder gut verschließen sollten). Die Piste fällt nun leicht ab und erreicht schließlich den **Wald.**

Dann macht die Piste eine Rechtskurve und Sie landen erneut an einem **Gatter,** vor dem nach links ein mit **roten Punkten** markierter Weg in ein Tal abzweigt.

Bevor Sie jedoch diesem Fußweg folgen, sollten Sie noch einen Abstecher zur Kirche **Ag. Nikólaos** unternehmen. Folgen Sie also der Piste noch ein kleines Stück (Gatter schließen), und schon nach wenigen Metern sehen Sie die weißgekalkte Kirche zwischen Felsen, Kiefern und Oleanderbüschen. Auch hier können Sie eine Pause einlegen.

Zur Kirche Ag. Ioánnis

Folgen Sie nun dem Fußpfad, der draußen vor dem Gatter den Hang hinunterführt. Hier gibt es zwei Pfade, der an der rechten Seite ist etwas schattiger. Beide Pfade treffen aber bald wieder aufeinander und an einem Viehstall beginnt eine Piste, die den Hang hinab zur 1952 erbauten Kapelle **Ag. Mironas** führt. Vom Kirchplatz neben der Kirche haben Sie einen sehr schönen Blick auf die Chóra. Auch dieser Platz eignet sich zum Rasten.

Folgen Sie nun der Piste **hangabwärts.** Rechts unterhalb der Piste verläuft ein Zaun. Dort, wo dieser endet, zweigt nach rechts, durch ein steiniges Tälchen am Zaun entlang, ein schmaler Fußweg ab. Er trifft bald wieder auf die Piste. Wem dieser Fußweg zu steil erscheint, der kann auch der Piste nach unten folgen. Nach zehn Minuten erreichen Sie die nächste Kirche, **Ag. Ioánnis.**

Dieses alte Kirchlein aus dem 14. Jh. ist meist offen. Es wurde im 15. Jh. mit Fresken ausgemalt. In späterer Zeit wurde das Innere der Kirche aber mit Kalk zugepinselt. Heute ist ein Teil der alten Fresken wieder zum Vorschein gekommen. Bei unserem letzten Besuch waren sie allerdings in keinem sehr guten Zustand, sollen aber in Kürze restauriert werden.

Nach Anaválsa

Folgen Sie nun der Piste vor der Kirche das Tal hinab. Bald schon wird aus der Piste ein Trampelpfad, der durch das Kifisostal zwischen **Oleanderbüschen** hindurch und am **Bach** entlang nach Anaválsa führt. Die Quellen dieses Tales sind sehr wasserreich. Sie werden zur Trinkwasserversorgung der Chóra gefaßt, und so kann es im Sommer auch sein, daß vom Bach weit und breit nichts zu sehen ist.

Zur Chóra

Der Pfad führt schließlich über eine alte **Steinbrücke** auf die rechte Talseite und geht in einen Betonweg über. 20 Minuten nach Ihrer Besichtigung der Kirche liegt rechter Hand am Weg ein **alter Brunnen.** Sein Wasser ist trinkbar. Die alten Steinplatten sind teilweise von Frauenhaarfarn überwuchert, aber die Ornamente sind noch gut zu erkennen: Dieser Brunnen ist eine der wenigen Spuren, die das Osmanische Reich auf Skýros hinterlassen hat.

Nach weiteren zehn Minuten erreichen Sie die Straße zwischen Chóra und Magaziá unweit des Stadtbrunnens, der von den Einheimischen **„Solina"** genannt wird. Hier versorgen sich fast alle Inselbewohner mit Trinkwasser, und auch die Feuerwehr hat hier ihr Domizil.

Von Atsítsa zur Chóra

Wanderung im Norden der Insel – durch ein fruchtbares Hochtal und zwischen bewaldeten Bergen hindurch zu einsamen Bauernhäusern und alten Kapellen

- **Route:** Atsítsa – Moní Ag. Dimítrios – Ag. Ioánnis – Anaválsa – Chóra
- **Strecke:** sonnige, aber selten befahrene Schotterpiste
- **Dauer:** ca. 3 Std. (reine Wanderzeit ohne Pausen)
- **Ausrüstung:** viel Wasser und viel Sonnencreme
- **Hinweis:** Um wegen der Hitze morgens möglichst früh starten zu können, bleibt nur die Anreise per Taxi oder eine Übernachtung in Atsítsa.

Zum Kloster Ag. Dimítrios

Die Tour beginnt am Ortseingang von Atsítsa. Hier zweigt eine Piste nach links von der Straße ab. Sie führt an der Rückseite des **Atsítsa-Centers** vorbei und dann durch Kiefernwald langsam den Hang hinauf. Ein Weg zweigt nach links ab, Sie bleiben aber auf der Hauptpiste. Auch die Abzweigung nach rechts bei dem Haus mit der Hausnummer 1, ca. 25 Minuten später, ignorieren Sie. Nach weiteren fünf Minuten treffen Sie an einer Gabelung auf ein Holzschild, das den Weg zur Chóra nach links markiert.

Dann erreichen Sie nach 20 Minuten ein weiteres Holzschild, das Skýros an dieser Gabelung nach rechts markiert. Es zweigen mehrere Wege nach links ab. Sie bleiben aber auf der Hauptpiste, die den **Strommasten** folgt.

Nach weiteren zehn Minuten ist das nächste Holzschild mit der Aufschrift „Skýros“ erreicht. Die Piste führt nun an einem sonnigen Feld entlang von oben in ein **Hochtal** hinein. Nach ca. 20 Minuten sehen Sie rechts des Weges ein Bauernhaus, hinter dem eine Piste von rechts einmündet. Halten Sie sich links, und gehen Sie das Tal hinunter. Rechts der Piste liegen weitere **Bauernhäuser** und einige Bäume. Hier können Sie eine Pause einlegen.

Folgen Sie danach weiter der Piste, die nun ein wenig ansteigt. Dann erreichen Sie die Kapelle **Profítis Ilías,** die rechts der Straße liegt. Rund 45 Minuten nach dem ersten Bauernhaus sehen Sie links oben das **Moní Ag. Dimítrios** liegen. Dieses Kloster ist auf jeden Fall einen Besuch wert, aber Sie benötigen Schlüssel, denn die Kirche ist normalerweise verschlossen (siehe Wanderung „Chóra - Moní Ag. Dimítrios".

Ag. Nikólaos – Chóra

Wenn Sie nun der Piste weiter talabwärts folgen, erreichen Sie die Kirche **Ag. Ioánnis** aus dem 14. Jh. Folgen Sie dann dem Weg, wie unter Wanderung „Katoúnes - Chóra" bereits beschrieben, über **Anaválsa** bis zum Stadtbrunnen Solina in der **Chóra.**

Von der Chóra zum Kloster Ag. Dimítrios

Spaziergang durch ein grünes Tal – am alten Brunnen, großen Oleanderbüschen und einer alten Kapelle vorbei zum Klösterchen

- **Route:** Chóra – Ag. Ioánnis – Moní Ag. Dimítrios und zurück
- **Hinweis:** *Niko Sikkes* organisiert kleine Wandergruppen, besorgt die Schlüssel zum Kloster und erzählt darüber hinaus noch manche Geschichte über die Insel (siehe „Praktische Tips/Reisebüros").

Zur Kirche Ag. Ioánnis

Starten Sie am Stadtbrunnen **Solina.** Er liegt an der Straße nach Magaziá im westlichen Dorfteil. Folgen Sie vom Brunnen aus der Straße hangaufwärts. Nach wenigen Metern zweigt nach rechts eine kleine Straße ab. Sie führt an einer Kirche mit Brunnen vorbei ins Tal hinunter. Nun zweigen dreimal nach links Wege ab. Gehen Sie hier geradeaus bzw. halten Sie sich rechts. Nach ca. zehn Minuten liegt dann links der kleinen

Betonstraße der **alte türkische Brunnen** (siehe Wanderung „Katoúnes - Chóra"). Der Weg führt weiter zur Steinbrücke und geht in einen Fußpfad über, der zur Kirche **Ag. Ioánnis** führt.

Zum Kloster Ag. Dimítrios

Folgen Sie hinter der Kirche der Piste weiter das Tal hinauf. Nach ca. 20 Minuten erreichen Sie eine Kreuzung, an der Sie geradeaus in **Richtung Atsítsa** gehen. Nach wenigen Minuten zweigt dann eine Piste nach rechts ab, die Sie zunächst zu einem Gatter und dann zum Kloster führt.

Die Kirche wurde im 16 Jh. auf den Ruinen eines frühchristlichen Gotteshauses erbaut. Dieses wiederum stand auf den Ruinen eines antiken Tempels, der vermutlich *Demeter* geweiht war. Am Eingang zur Kirche sehen Sie noch einige Bruchstücke aus Marmor, die von diesem Tempel stammen.

Das Klösterchen ist in einer Art **„Erbpacht"** an eine Familie aus Magaziá übergegangen. Die Familie hat neben dem Kloster ein Sommerhaus gebaut und kümmert sich um das Anwesen. Meist ist hier aber niemand anzutreffen. Hinter der Kirche liegen Gräber, in denen Mitglieder dieser Familie beigesetzt sind.

In der Kirche befindet sich eine sehr alte **Altarwand** mit kunstvollen Holzschnitzereien. Aber auch die Holzwürmer scheinen Gefallen an der Altarwand gefunden zu haben. Ein Teil des angeknabberten Holzes ist mit dem doppelköpfigen Adler verziert, der zum Wappen des byzantinischen Königshauses gehörte und von den Skyrioten bis heute als Wappenfigur benutzt wird.

Die Innenwände der Kirche wurden 1691 mit **Fresken** vom Mönch *Damaskenos* ausgemalt. Der aus Ioannina stammende Damaskenos zog Ende des 17. Jh. durch Griechenland und malte Kirchen aus. Die Fresken wurden in den letzten Jahren in mühevoller Kleinarbeit freigelegt und sind in gutem Zustand.

Zurück

Hangaufwärts, rechts oberhalb der Kirche, liegt unter Bäumen ein alter Brunnen und ein Goldfischteich. Wandern Sie nun den gleichen Weg wieder zurück in die Chóra.

Von der Chóra zum Kap Poúria

Schöner Abendspaziergang mit herrlicher Aussicht – die Küste entlang, an den alten Steinbrüchen vorbei zu den kleinen Kirchen und der Windmühle auf dem Kap Poúria.

- **Route:** Chóra – Magaziá – Mólos – Kap Poúria
- **Dauer:** Starten Sie 2-2½ Std. vor Sonnenuntergang

Nach Magaziá

Starten Sie bei den beiden **Museen** in der Chóra. Rechts neben den Museen beginnt ein Fußweg mit Treppen, der nach Magaziá hinunterführt. Sie treffen am **Campingplatz** auf die Straße und folgen dieser zunächst nach rechts. Auf der rechten Seite zweigt dann zunächst die Straße nach Aspoús und wenige Meter weiter die Straße nach Magaziá ab. Sie führt am Eingang des Xenia-Hotels vorbei und parallel zum Strand an zahlreichen Pensionen entlang, bevor sie auf die Mündung des **Kifisosbachs** trifft. Der ist hier leider stark verschmutzt. Eine kleine Holzbrücke führt über das Wasser, in dem sich zahlreiche Wasserschildkröten tummeln.

Nach Mólos

Danach geht es über eine Treppe an einer bewohnten **Windmühle** vorbei auf eine kleine Straße. Zweigen Sie bei der nächsten Möglichkeit nach rechts ab. Dann geht's gleich wieder rechts weiter, und Sie erreichen den **Platz** von Mólos, an dem Sie mehrere Strandtavernen finden. Wenn Sie nun am Sandstrand weiter in Richtung Norden gehen, kommen Sie nach wenigen Minuten an den kleinen **Fischerhafen.**

Nach Mólos

Gehen Sie weiter am Meer entlang. So treffen Sie bald auf den **alten Steinbruch,** den APXAIO ΛATOMEIO, und gelangen dann zum **Kap Poúria.** Am Kap Poúria langsam die Sonne hinter den Bergen verschwinden zu sehen ist ein Erlebnis.

Auf dem Rückweg können Sie den gleichen Weg einschlagen. Parallel zum Strand verläuft aber auch eine kleine Straße, die bis zum Platz von Mólos führt.

AUSFLÜGE

Per Mietfahrzeug durch den Inselnorden

- **Route:** Chóra – Katoúnes – Palamári – Ag. Pétros – Atsítsa – Ag. Fokás – Ag. Panteleímonas – Chóra
- **Hinweis:** Da es nur einen Autovermieter gibt, ist es ratsam, sich schon zu Beginn des Urlaubs um ein Fahrzeug zu bemühen. Benzinstand prüfen, Mofa volltanken! Tankstelle ca. 1 km hinter Magaziá, auf dem Weg zum Flughafen.

Katoúnes

Die Straße führt zunächst durch ein Tal nach Nordwesten. Nach wenigen Kilometern zweigt nach rechts eine Straße zu den **Kasernen** ab. Nehmen Sie das Fotografierverbot ernst, griechische Soldaten zeigen sich wenig humorvoll, wenn ihre Gerätschaften vor die Linse kommen.

Folgen Sie der Straße weiter bis Katoúnes. Hier zeigt sich Skýros kahl und trocken. Katoúnes ist eine **Ruinensiedlung.** Nur die Kirche Ag. Geórgios wird instand gehalten. Alle anderen Gebäude verfallen. Als *Katoúnes* werden landwirtschaftliche Nutzbauten bezeichnet.

Der Blick fällt auf den Flughafen – fotografieren natürlich verboten, denn er wird überwiegend militärisch genutzt. In den letzten Jahren hat sich das **Militär** hier immer mehr ausgedehnt, Jahr für Jahr ist mehr Land von Stacheldraht umgeben.

Palamári

Hinter Katoúnes weist ein Schild den Weg nach Palamári. Eine Staubpiste führt nach rechts zur Küste runter. Dort finden Sie die spärlichen Überreste einer Siedlung aus der Bronzezeit. Die **Ausgrabungen** sind noch nicht abgeschlossen. Zahlreiche Keramikfunde sind aber schon in Skýros-Chóra im Archäologischen Museum ausgestellt. Die Siedlung hatte um 2000 v. Chr. Handelsbeziehungen mit sehr vielen Städten, wie z.B. Troja oder Paliochni auf Limnos. Vor Ort sind nur einige Mauerreste am sonnigen Strand zu bewundern.

Strand von Ag. Pétros

Zurück auf der Hauptstraße geht es nun weiter in **Richtung Flughafen** und Atsítsa. An der Einfahrt zum Flughafen, bei der Taverne To Perama, finden Sie eine Telefonzelle (das nächste Mal haben Sie erst wieder in Atsítsa die Möglichkeit, Kontakt mit der Außenwelt aufzunehmen).

Ungefähr 3 km hinter dem Flughafen erreichen Sie eine Kreuzung. Sie folgen der breiten Staubpiste, die geradeaus führt. Der zweite Weg, der dann nach links abzweigt, führt zum schönen Strand von Ag. Pétros. An der Gabelung ist auch ein kleines, verwittertes Holzschild mit Markierung zu finden. Die Piste wird schmaler und führt durch ein Tal zum Strand. Hinter dem Strand finden Sie auf einem Hügel die **Kapelle Ag. Pétros.**

Wenn Sie bis ans Ende der breiten Piste weiterfahren, erreichen Sie einen Zaun, der das militärische Sperrgebiet umschließt. Zu Fuß am Zaun entlang, erreichen Sie eine sehr **schöne sandige Badebucht,** die direkt an das Sperrgebiet angrenzt, aber noch öffentlich zugänglich ist.

Atsítsa

Wenn Sie dann über die Piste wieder auf die Hauptstraße treffen, fahren Sie nach rechts weiter in Richtung Atsítsa. Nach wenigen Kilometern erreichen Sie den **Strand von Kalogrias.** Dahinter befindet sich eine Ausflugstaverne, deren Tische unter schattenspendenden Bäumen stehen.

Die Straße führt nun an der Küste entlang nach Atsítsa. Rechts der Straße tauchen am Ortseingang die Ruinen einer alten Verladestation auf, über die früher Erz und Marmor auf die Schiffe gehievt wurde. Links erreichen Sie dann ein Bruchsteinhaus, in dem das **Atsítsa-Center** seine Kurse abhält. Der ganze Ort ist durch dieses „Alternativ-Pauschalurlauber-Unternehmen" geprägt. Viel zu erleben gibt es in Atsítsa nicht, wenn man einmal von den unfreiwillig komischen Szenen absieht, in denen zufällig hier gestrandete Urlauber mit den Urschreiproben der Kursteilnehmer konfrontiert werden.

Strand von Ag. Fokás

Hinter Atsítsa ist es vorbei mit der gut ausgebauten Asphaltstraße. Die bucklige Piste windet sich durch ein Tal zwischen bewaldeten Hügeln hindurch und an einigen Bauernhäusern vorbei zum Strand von Ag. Fokás. *Kalliopi* und *Manolis* betreiben dort eine einfache aber gute **Taverne** und vermieten auch **Zimmer.** Dies ist wohl die ruhigste Ecke von Skýros.

Ag. Panteleímonas

Die Piste führt nun steil durch den Pinienwald nach oben. Mofafahrer müssen hier damit rechnen, daß auch gutes Zureden nicht immer hilft. In rund 300 m Höhe erreichen Sie schließlich die alten **Marmorsteinbrüche.** Das ganze Bergmassiv besteht aus Marmor, und an der Rückseite wird in den Gipfelregionen auch heute noch Marmor abgebaut. An dieser Stelle tut sich allerdings nichts mehr.

Kurz hinter den Marmorbrüchen zweigt nach rechts eine Piste zur Kirche **Ag. Panteleímonas** ab. Vom Kirchplatz aus haben Sie einen sehr schönen Blick auf den Süden der Insel.

Zurück

Danach windet sich die Piste den Hang hinab und trifft auf die Asphaltstraße Aspoús – Péfkos. Nach rechts runter führt die Straße zum Sandstrand von

Péfkos. Folgen Sie nun der Asphaltstraße zurück zur Chóra. In Aspoús können Mofas wieder aufgetankt werden.

Mit dem Mietwagen in den Süden

- **Route:** Chóra – Aspoús – Achilles Bucht – Fléa – Kalamítsa – Grab v. R. Brooke – Kolimbáda – Chóra
- **Hinweis:** Benzinstand prüfen, Mofa volltanken!

Der Inselsüden präsentiert sich karg, sonnig, bergig und nur sehr spärlich bewachsen. Die Bucht von Trís Boúkes wurde in den letzten Jahren zum militärischen Sperrgebiet erklärt und ist für Touristen nicht mehr zugänglich. Südskýros wirkt recht abweisend. Trotzdem zieht es die meisten Urlauber hierher, wenn auch nur für ein paar Stunden, denn „Sehenswürdigkeiten" gibt es hier so gut wie gar nicht.

Aspoús

Von der Chóra aus führt die Straße zunächst an der Küste entlang bis Aspoús. Links sehen Sie eine moderne **Windmühle ohne Flügel.** Sie wurde von der EU bezahlt, aber die Experten haben den Wind auf Skýros wohl unterschätzt: Der Sturm riß der Mühle die Flügel ab, jetzt rottet sie vor sich hin. In Aspoús zweigt nach links eine Straße nach Kalamítsa ab. Folgen Sie dieser ein kleines Stück.

Achilles Bucht

Dann zweigt eine Piste zur Achillesbucht ab. Von hier aus soll *Achilles* nach Troja aufgebrochen sein, nachdem *Odysseus* ihn ausfindig gemacht hatte. Hier wurde EU-Geld leider dazu benutzt, einen der schönsten Strände der Insel zu zerstören und einen **Hafen** zu bauen, der völlig unsinnig ist. Die

Kapelle an der Achillesbucht

Bucht öffnet sich nach Nordosten, und genau dort kommen meistens der Wind und die unangenehm großen Wellen her. Daher meiden Schiffe diesen Küstenabschnitt, und im wirklich nicht sehr stilvoll errichteten Hafen legen fast keine Schiffe an. Am rechten Ende der Bucht wurde zwischen den Felsen eine Kapelle errichtet, das einzig nette Fleckchen weit und breit.

Nach Kalamítsa

Wenn Sie zurück auf die Straße nach Kalamítsa fahren, so erreichen Sie nach wenigen Kilometern in **Fléa** die Ausflugstaverne Mouries, die bei griechischen Ausflüglern sehr beliebt ist. Man sitzt gemütlich unter einem grünen Blätterdach.

079s Foto: vbFoto:

Der **Strand von Kalamítsa** ist v.a. bei Griechen sehr beliebt. Die Straße führt nun an der einzigen Quelle im Süden, namens Nífi, vorbei und an kahlen Hängen entlang. Überall hört man Ziegengebimmel und sieht ab und zu Ponys.

Die meisten dieser **Pferdchen** sind allerdings keine Pikermik-Pferde. Diese sind sehr klein, haben braunes Fell, braune, dichte, lange Mähnen und einen braunen, dichten Schweif (keine Schimmel, auch wenn es Postkarten gibt, auf denen weiße Pferde als „original Skýros-Ponys" abgebildet sind). Früher wurden die Pferdchen einmal im Jahr eingefangen. Dann mußten die Tiere für die Bauern arbeiten. Den Rest des Jahres lebten sie wild, und nur bei Naturkatastrophen kümmerten sich die Bewohner um die Wildpferdchen. 1987 hat dies aber wohl nicht so gut funktioniert, denn in diesem Winter gab's auf Skýros viel Schnee. Nach jenem Winter war die Zahl der Pikermik-Pferdchen auf rund 100 zusammengeschmolzen. Der Rest der Tiere war in diesem Winter verhungert, verdurstet oder erfroren. Die seltene Kleinpferdrasse war also akut vom Aussterben bedroht. Daraufhin wurden die Tiere unter den Hirtenfamilien aufgeteilt. Sie werden jetzt regelmäßig gefüttert, leben zwischen den Ziegen auf dem jeweiligen Weideland, und man gibt sich auch Mühe mit dem Nachwuchs. Die Anzahl der Pferdchen nahm in den letzten Jahren wieder zu. Achtung: Zahlreiche Touristen wurden bei dem Versuch, die Ponys zu füttern oder aus der Nähe zu fotografieren, verletzt. Die Pferdchen hier sind nicht an Tuchfühlung gewöhnt und beißen, wenn Menschen ihnen zu nahe kommen!

Grab von R. Brooke

Die Teerstraße führt zum Grab von *Rupert Brooke*. Allzuviel zu sehen gibt es dort nicht. Das Grab liegt in einem **Olivenhain,** und auf der Grabplatte steht ein Gedicht von Brooke (siehe auch „Skýros: Geschichte").

Gleich hinter dem Grab beginnt das militärische **Sperrgebiet** der Marine, zu dem Touristen keinen Zugang haben.

Kolimbáda und zurück Am Ende dieser Tour können Sie auf dem Rückweg noch einen Abstecher zum **Kiesstrand** von Kolimbáda machen. Von der Straße zweigt oberhalb des Strandes ein Weg ab.

Zurück geht's dann wieder über die gleiche Straße, über die Sie hergekommen sind.

Bootsausflüge

Entlang der Südküste In der HS wird diese Tour häufig angeboten, in der NS dagegen nur einmal wöchentlich. Sie können bei Skýros-Travel in der Chóra **buchen,** billiger wird es jedoch, wenn Sie sich direkt in Linariá am Hafen um ein Ticket bemühen. Allerdings ist im Preis von Skýros-Travel (ca. 40 DM) der Transfer von und nach Linariá enthalten. Sie können aber auch im Hotel Lykomides nachfragen, wo man Ihnen gerne ohne Aufpreis weiterhelfen wird. Oder fragen Sie am Hafen nach Kapitän *Nikos.*

Das Boot fährt bei ruhigem Wetter die kleine **blaue Grotte** an. Wenn das Meer unruhig ist, kann man jedoch nicht in die Grotte hinein. Vorbei an der Steilküste geht es zur **Insel Sarakino.** Dort ist ein mehrstündiger Badestop am Strand von Glifáda angesagt. Es wird auch gegrillt. Der Strand ist recht sonnig, und Sonnenschutz müssen Sie selbst mitbringen. Danach geht's wieder zurück zum Hafen von Linariá.

STRÄNDE

Achilles

Einstmals ein sehr schöner Strand, wurde durch den Bau des Hafens zerstört, jetzt ist nur noch ein kleines Stück Sandstrand am östlichen Ende der Bucht übrig, ca. 50 m lang und 10 m breit, Sand flach abfallend, sonnig, ziemlich verdreckt; eine Staubpiste führt bis zur Kapelle, der Strand ist von dieser Piste aus zu erreichen, keinerlei Strandeinrichtungen vorhanden.

Méalos

Sand, flach abfallend, 300 m lang und 20 m breit, sonnig, trockene Hügel umgeben die Bucht, viel Seegras, auch Felsen im Wasser, in Aspoús (neben dem Strand) gibt's Tavernen, Zimmer, Supermarkt, Telefon, WC in den Tavernen, am Strand ein kleiner Bootsanlegesteg, während der Saison Strandsäuberung, in der HS gut besucht, Liegen und Schirme, Wasserski, Crazy Banana und Tretboote nur während der HS; zu erreichen ist der Strand mehrmals täglich per Bus (Aspoús liegt zwischen Chóra und Linariá).

Papa tou Chouma

Sandbuchten unterhalb der Straße, 200 m lang, 10-15 m breit, Strand fällt steil ab, klares Wasser, kein Seegras, oft Wind und große Wellen, hinter dem Strand Felsen, aber erst am späten Nachmittag Schatten, auf der Inselkarte als FKK-Strand benannt, zum Zeitpunkt der Recherchen waren aber alle Personen am Strand züchtig in Bademoden verpackt, keinerlei Strandeinrichtungen, auch keine Strandsäuberung, in der NS fast leer, in der HS besser besucht, aber selten voll; oben an der Straße einige wenige Parkplätze, ein schmaler, steiler Trampelpfad führt zum Strand hinunter, zu Fuß auch in 20-30 Minuten von Magaziá aus zu erreichen.

Magaziá

Schöner Sandstrand, 20-30 m breit und sehr lang, geht im Norden in den Strand von Mólos über, sauber, kein Seegras, steiler abfallend, dem Strand vorgelagert sind drei Wellenbrecherinseln, Achtung: Im Bereich, der nicht von diesen Inseln geschützt wird, beim Schwimmen auf die Strömungen achten! Der Sandstrand wird sehr heiß, und ohne Schuhe ist es fast nicht möglich, bis ans Wasser zu gelangen, ohne sich dabei die Fußsohlen zu verbrennen. HS voll, NS sehr beliebt, viele Kinder, hinter dem Strand hohe Betonmauer mit Treppe, die zum Strand runterführt, sonnig, am Nachmittag verschattet aber die Mauer den hinteren Strandteil, oben Strandpromenade, dort Taverne, Cafenion, wenige Meter weiter Supermarkt und Telefon, zahlreiche Hotels und Pensionen, Campingplatz liegt hinten an der Straße; täglich fährt ein Bus von der Chóra hierher, einfacher ist die Verbindung zu Fuß: von der Chóra aus in weniger als 30 Minuten zu erreichen.

Mólos

Schöner Sandstrand, der an den Strand von Magaziá anschließt, in den letzten Jahren wurde hier aber viel Sand abgetragen und in Magaziá wieder angeschwemmt, noch rund 10-20 m breit, sehr lang, sauber, sehr sonnig, starker Wind führt manchmal zu hohen Wellen, in der NS gut besucht, in der HS voll, Volleyballnetz, schöner Blick auf die Chóra, nördlich des Strandes kleiner Hafen, Tavernen, Telefon und Pensionen hinter dem Strand; Parkmöglichkeiten vorhanden, ein- bis zweimal täglich Busverbindung mit der Chóra.

Vina und Poúria

Schmaler Sandstrand nördlich des Hafens von Mólos, geht in den alten Steinbruch über, Sand mit Felsen, 5-15 m breit, sonnig, z.T. etwas Schatten durch die Felsen, keine Strandsäuberung, über eine Leiter kann man ins Wasser gelangen, dort stellenweise Seegras und auch Felsen mit Seeigeln, schöner Blick auf die Chóra, vorgelagerte Insel, Kirchen und Windmühle auf dem Kap, relativ ruhig; nächstes Telefon, Taverne mit WC sowie Bus in Mólos am Platz, von dort 10-20 Minuten am Strand entlanglaufen, Parkmöglichkeiten an der Piste am Kap.

Girísmata

Strände nördlich des Kaps Poúria, sehr lang, 5-10 m breit, Sand mit flachen Felsen, viel Seegras, auch Felsen im Wasser, fällt flach ab, sonnig, kahle Umgebung, Strandsäuberung nur vor dem Hotel Skýros Palace, Liegen und Schirme sind nur für die Hotelgäste vorhanden, am Strand fast nur Hotelgäste; Teerstraße bis zum Hotel, hinter dem Strand führt eine Staubpiste entlang, keine Busverbindung.

Palamári

Bucht unterhalb der Ausgrabungsstätte, grober Sand und Felsen, 200 m lang und 20-30 m breit, Seegras, Algen und Felsen im Wasser, fällt flach ab, vorgelagert kahle Felseninsel, felsiges Kap, im Hinterland trockene Hügel, hinterm Strand Kugelstachelpolster, sonnig, keinerlei touristische Einrichtungen, keine Strandsäuberung; zu erreichen über eine Staubpiste, die zu den Ausgrabungen führt, genügend Parkmöglichkeiten, keine Busverbindung.

Ag. Pétros

Landschaftlich sehr schön gelegener Sandstrand, 150 m lang und 5-10 m breit, vorgelagert Felseninsel, schroffe Felsenkaps, im Tal hinter dem Strand Oleander und kleine Sanddünen, auf den Hügeln Kiefern, die fast bis an den Strand reichen, auf einem Hügel die Kirche Ag. Pétros, das Wasser ist klar, etwas Seegras und an einigen Stellen Felsen, fällt flach ab, keinerlei touristische Einrichtungen, sonnig, hinter dem Strand Schatten unter den Bäumen, leider viel angeschwemmtes Strandgut und keine Strandsäuberung, relativ leer; Anfahrt über Staubpiste, genügend Parkmöglichkeiten, keine Busverbindung.

Kalogrias

Sand mit großen flachen Kieseln, 100 m lang und 30 m breit, im Wasser nur Sand, etwas Seegras, fällt sehr flach ab, sonnig, ein einzelner Baum gibt etwas Schatten, kleine Sanddünen hinterm Strand, dahinter Phrygana, Strandsäuberung nur in der HS, NS leer, HS gut besucht, hinter dem Strand steht die Kapelle Kýra Panagía, außerdem eine Taverne mit WC und schattenspendenden Bäumen, in der HS werden von der Taverne kleine Kanus für knapp 5 DM/Std. vermietet, seitlich der Bucht ein Bootsanlegesteg, an dem in der HS Ausflugsboote anlegen; der Bus Chóra – Atsítsa fährt hier vorbei, ausreichend Parkmöglichkeiten.

Atsítsa

Kieselstrand mit Sand und Steinen, klares Wasser, im Meer auch Felsen, fällt flach ab, Hauptstrand bei Taverne Antonis, daneben aber noch schönere kleine Buchten mit kleinen, sonnigen Ständen, dahinter schattiger Wald, das Atsítsa-Center bietet zahlreiche Wassersportmöglichkeiten an, jedoch nur für Kursteilnehmer, die Strände sind fast immer sehr gut besucht von den Gästen des Centers, in Atsítsa Taverne mit WC, Zimmervermietung, Kartentelefon; Bushaltestelle und Parkmöglichkeiten am Ortseingang.

Ag. Fokás

Kieselstrand, 100 m lang und 10 m breit, klares Wasser, flach abfallend, etwas Seegras, felsige Kaps und bewaldete Hänge, sonnig, WC in Taverne, auch Zimmervermietung, aber sonst keinerlei touristische Einrichtungen, Bootsanlegesteg, im Sommer legen Ausflugsboote an, ansonsten sehr ruhig; nördlich der Hauptbucht ist ein weiterer schöner Strand, der nur über Trampelpfade zu erreichen ist; nach Ag. Fokás führt eine Staubpiste, keine Busverbindung und nur während der HS Ausflugsboote von Linariá aus.

Péfkos

Sandstrand mit Kies, 300 m lang und 10-15 m breit, flach abfallend, klares Wasser, ein wenig Seegras, Bootsanlegesteg, bewaldete Felsenkaps umrahmen die Bucht, sonnig, Strandsäuberung nur in der HS, in der NS verschmutzt, in der HS gut besucht, in der NS meist leer, zwei Tavernen mit WC haben nur während der HS geöffnet, dann auch Zimmervermietung, Volleyballnetz; keine Busverbindung, in der HS manchmal Ausflugsboot von Linariá, Teerstraße führt bis hinter den Strand, dort beginnen Treppen, Parkmöglichkeiten nur entlang der Straße.

Diapori

Sand, 100 m lang und 10-15 m breit, flach abfallend, ein ca. 1 m breiter Streifen Seegras führt fast durch die ganze Bucht, sehr viel Seegras auch am Strand, es gibt keinerlei touristische Einrichtungen, meist leer, leider keine Strandsäuberung; zu erreichen per Fahrzeug oder zu Fuß über eine schlechte Staubpiste, die einen knappen Kilometer vor Péfkos nach links von der Teerstraße abzweigt.

Weitere Buchten

Zwischen Acheroúnes und Diapori liegen zwei weitere schöne kleine Buchten, die man von Linariá aus sehen kann. Folgen Sie am westlichen Ende des Strandes von Acheroúnes zunächst der Staubpiste zurück ins Landesinnere. Dann wählen sie die erste Piste, die nach links auf das Kap führt. Sie ist ungefähr noch einen Kilometer mit dem PKW befahrbar, dann wird sie so schlecht, daß sie das letzte Stück zu Fuß zurücklegen müssen. Dabei durchqueren Sie auch ein Gatter. Der Weg schlängelt sich hinunter zu den Buchten.

Bucht 1: Sand mit Steinen, 80 m lang und 5-10 m breit, Algen im Wasser, kahle Felsenkaps, hinter der Bucht ein Tal mit Oleanderbüschen, sonnig, einige Büsche und die Felsen geben nachmittags etwas Schatten, viel Ziegenkot, keine Strandsäuberung und keinerlei touristische Einrichtungen, manchmal Wildcamper, das nächste WC, die nächste Möglichkeit Wasser zu kaufen – alles weit weg in Acheroúnes.

Bucht 2: beinahe runde Bucht mit schönen Felsenkaps, Grobsand und Feinkies, 40 m lang und 5 m breit, schöner zum Schwimmen, klares Wasser, fällt etwas steiler ab als die Nachbarbucht, im Wasser auch Felsen am Buchtrand, nachmittags ein wenig Schatten durch Büsche, ansonsten sehr sonnig, leider auch hier Ziegenkot am Strand.

Acheroúnes

Sand mit Steinen, 200 m lang und 10-15 m breit, teils Seegras im Wasser, kleiner Bootsanlegesteg, sonnig, kahle Hügel umgeben die Bucht, am Rand steht das unaufhörlich brummende Dieselkraftwerk der Insel, hinter dem Strand Schilf, Pensionen und Taverne mit WC, Telefon an der Straße Chóra – Linariá, ansonsten keinerlei touristische Einrichtungen, HS relativ gut besucht, NS ruhig; der Bus fährt mehrmals täglich hinter dem Strand entlang, Parkmöglichkeiten vorhanden.

Linariá

Im Hafen selbst besser nicht baden, südlich des Ortes gibt es mehrere kleine Buchten mit Kiesstrand, klares Wasser und viel Sonne, aber keinerlei touristische Einrichtungen – Tavernen, Supermarkt, WC, – alles nur am Hafen, zu erreichen sind die Buchten über Fußpfade.

Kalamítsa

Sand mit Steinen, gut 500 m lang und 5-15 m breit, flach abfallend, klares Wasser, gesäuberter Strand, sonnig, der Bucht sind kahle Inseln vorgelagert, kahle Hügel im Hinterland, das Dorf ist eine Streusiedlung, Taverne (WC voller Mücken), Pensionen, Telefon, aber keine touristischen Einrichtungen, der Strand eignet sich sehr gut für Kinder und ist im Sommer bei griechischen Familien sehr beliebt, die Besucher verteilen sich aber auch in der HS gut, da der Strand sehr lang ist, NS leer; keine Busverbindung, Teerstraße führt zum Strand, Parkmöglichkeiten vorhanden.

Kolimbáda

Schöner Kiesstrand, 150 m lang und 5-10 m breit, fällt flach ab, klares Wasser, im Meer teilweise Felsen, leider keine Strandsäuberung, sonnig, ruhig, keinerlei touristische Einrichtungen, vorgelagerte Inseln, am Strand Ruinen und ein Haus, hinter dem Strand Schilf und Bäume, die aber abgezäunt sind; zu erreichen über einen Fußweg, der von der Teerstraße oberhalb der Bucht abzweigt und durch ein Gatter führt (bitte wieder verschließen), Parkmöglichkeiten nur oben am Straßenrand.

Trís Boúkes

Der Kiesstrand von Trís Boúkes war noch bis vor wenigen Jahren zugänglich, jetzt liegt er aber im militärischen Sperrgebiet.

Rénnes

Kleine Kiesstrände mit Felsen, viele Seeigel, kein besonders günstiger Badeplatz, sonnig, keine touristischen Einrichtungen, leer, kahles Umland, zu erreichen über eine schlechte Piste, genügend Parkmöglichkeiten.

Glifáda

Hübsche Sandbucht, sonnig, wird von den Ausflugsbooten angelaufen, keinerlei touristische Einrichtungen.

PRAKTISCHE TIPS

Verkehrsmittel

Bus

Die Busverbindungen auf Skýros sind leider schlecht. Nach Ankunft der Fähre oder des Flying Dolphins fährt ein Bus in die Chóra, und auch die entgegengesetzte Richtung wird regelmäßig befahren. Zwischen **Linariá** und **Chóra** klappt die Verbindung gut. Aber das war es dann auch schon. In der NS ist es bereits ein Problem, mit dem Bus nach **Mólos** oder **Magaziá** zu kommen: Der Bus fährt nur einmal täglich. In der HS können Sie mit zwei bis drei Busverbindungen pro Tag rechnen. Nach **Atsítsa** fährt nur einmal wöchentlich ein Bus, wenn überhaupt.

Taxi

Was besser funktioniert, ist der Transport per Taxi. Die Taxipreise für kürzere Strecken sind relativ hoch, während längere Strecken auf dem in Griechenland üblichen Preisniveau liegen: von Chóra nach Magaziá rund 6,50 DM, von Magaziá nach

Linariá 15 DM, von Chóra zum Flughafen 15 DM und nach Atsítsa 20 DM, Tel: 91246 oder Handy: 094-4317106 oder 91666.

Miet-fahrzeug

Die Preise für Mietfahrzeuge sind fürs Gebotene recht hoch.

Autovermietung:

- **Skýros Travel,** Pegasus, *Lefteris Trakos,* Tel: 91123, 91600, Fax: 92123. Der einzige Autovermieter, hat aber auch nicht gerade viele Fahrzeuge im Angebot. *Lefteris* ist ein sehr geschäftstüchtiger Mann. Die von uns besichtigten Fahrzeuge waren in ordentlichem Zustand, aber mit Preisen für Seat Marbella mit Vollkasko 100-110 DM je nach Saison, Hyundai Atos mit Vollkasko 110-135 DM, Suzuki Jeep 140-160 DM pro Tag.

Mofavermieter:

- **Trachanas,** Tel: 92022, bietet Mofas an, die zwar gut gewartet werden, aber es sind uralte Maschinen, die schlecht ziehen und unbequem zu fahren sind, 18-25 DM pro Tag, je nach Saison und Mietdauer, Helme sind vorhanden.
- **Moto Vagios,** Tel: 92957, 0932144283, hat überwiegend dieselben alten Modelle zu gleichem Preis wie Trachanas, aber er vermietet auch fünf neuere Skooter, allerdings zum stolzen Preis von 30 DM/Tag.
- **Moto Rent Giannakakis,** Tel: 91223, 91459, an der Tankstelle, ebenfalls ältere Modelle für 18-25 DM pro Tag.

- **Tankstellen** finden Sie am unteren Dorfrand der Chóra, in Linariá am Hafen, in Aspoús und eine hinter Mólos in Richtung Flughafen.

Boote

Zu einigen Stränden fahren während der HS von **Linariá** aus auch Boote.

Unterkünfte

Die Zimmer auf Skýros sind **relativ teuer,** auch in der NS. In den letzten Jahren geht die Zahl der ausländischen Urlauber zwar beständig zurück, die Zahl der griechischen Urlauber nimmt jedoch zu. In der NS ist Skýros fast menschenleer und Sie finden überall eine Unterkunft. Nur während der griechischen Schulferien wird es eng. Das kommunale Zimmervermittlungsbüro, das über lange

Jahre eine Anlaufstelle für Reisende war, ist nach politischen Veränderungen im Bürgermeisteramt vor kurzem geschlossen worden.

Chóra

• **Hotel Nefeli,** am Ortseingang an der Straße, nicht gerade die beste Lage, große Eingangshalle, Swimmingpool mit Bar, sehr sauber, geräumige DZ mit Bad und Telefon, aber ohne Kochmöglichkeit, mit Heizung, da ganzjährig geöffnet, 120-150 DM sind allerdings ein ziemlich stolzer Preis.

• **Studios Dimítrios,** gehört zum Hotel Nefeli, also auch Swimmingpool mit Bar, traditionell eingerichtete, neue Studios mit Küchenecke, TV, Telefon, Balkon, für 2-3 Personen geeignet, 180-225 DM erscheinen uns sehr teuer.

• **Steinhaus,** gehört ebenfalls zum Hotel Nefeli, also auch Swimmingpool mit Bar, neues Haus, 155-185 DM.

Alle drei Unterkünfte sind zu erreichen unter Tel: 91964, 92060, 91481, Fax: 92061.

• **Privatzimmer,** Tel: 91459, unter der Bankfiliale unweit der Bushaltestelle, die einzige Unterkunft in der Chóra, bei der Preis und Leistung in einem guten Verhältnis stehen, sauber, Balkon, Gemeinschaftsbäder und Gemeinschaftsküche, 30-60 DM.

Magaziá

In der NS ist es angenehm, in Magaziá zu wohnen. Wenn aber die nahegelegene Open-Air-Diskothek öffnet, kann dies für Bewohner im südlichen Teil nachts ziemlich nervig werden.

• **Hotel Paliopirgos,** Tel: 91014, 92405, Fax: 02185, schöne Anlage am Hang mit toller Aussicht, Zimmer für 2-3 Personen mit neuen sauberen Bädern, Küche, Telefon, Radio, einige auch mit AC, häufig über den holländischen Pauschalanbieter NBBS ausgebucht, Reservierungen aber auch ohne Reisebüro möglich, 75-90 DM.

• **Hotel Xenia,** Tel: 92063, 92065, nicht zu übersehender Gebäudekomplex am Strand, DZ mit Bad, Telefon, Teppichboden, älterer Einrichtung und Balkon mit Meerblick, 80-140 DM.

• **Aegeolis Apartments,** Tel: 91113, Fax: 92482, sehr gepflegte Anlage mit schönem Garten, große Zimmer mit großen Balkonen oder Terrassen, meist Blick in den Garten, saubere Bäder, Küchenecke, Telefon, am Eingang eine Dusche für Strandrückkehrer, 100 m bis zum Strand, ruhig, teils Gäste vom holländischen NBBS, 50-80 DM.

• **Rooms Papastathis,** Tel: 91322, Privatzimmer in der Straße hinterm Strand, nur zwei Zimmer haben Meerblick, diese mit Gemeinschaftsbad, andere Zimmer mit Bad haben den Blick aufs Nachbarhaus, Gemeinschaftsküche, umlaufender Balkon, unten schattige Terrasse, alles wirkt recht sauber, 35-50 DM, auch ein Studio mit skyriotischer Einrichtung für 50-70 DM.

●In Magaziá finden Sie noch zahlreiche Zimmer. Schön sind auch die **Pension Perigiali,** Tel: 91889, Fax: 92770, die **Pension Ferogia,** Tel: 91828 oder **Rooms Tsakami,** Tel: 91357 (dort auch größere Appartements).

●Der einzige **Campingplatz** auf Skýros befindet sich in Magaziá. Leider ist diese Anlage in keinem guten Zustand. Die sanitären Anlagen gehören generalüberholt, unter den alten Olivenbäumen stehen Autowracks herum, und Hühner wackeln um die Zelte. Es gibt nur eine warme Dusche und nur einige Stellplätze im Schatten. Am Platz führt eine Straße vorbei, in unmittelbarer Nachbarschaft ein Gelände, auf dem Lkws mit Baumaterial be- und entladen werden. Es gibt viel Lärm, auch bei Nacht, wenn eine Open-Air-Disco oberhalb von Magaziá den ganzen Ort beschallt. Kartentelefon und Supermarkt liegen direkt vor dem Platz. Der freundliche Besitzer verlangt von zwei Personen mit Zelt rund 16 DM.

Mólos

Mólos ist eine Streusiedlung. Die Häuser liegen überwiegend in der Ebene hinter dem Strand und zwischen Feldern im Grünen. In der NS ist es hier wie ausgestorben, aber auch während der HS ist es deutlich ruhiger als in Magaziá. Um aber kein Mißverständnis aufkommen zu lassen: Einsam ist es hier in der HS auf keinen Fall. Jedes Jahr entstehen neue Pensionen und Hotels. Es wird nach wie vor viel gebaut.

●**Hotel Melikari,** Tel: 91421, Fax: 92421, etwas unglückliche Lage an der Straße, große Zimmer mit Bad und Balkon, sehr sauber, Swimmingpool und Tennisplätze, letztere können auch von hotelfremden Gästen benutzt werden, ein Teil des Hotels ist vom holländischen Reisebüro NBBS pauschal ausgebucht, 80-120 DM.

●**Pension Karina,** Tel/Fax: 92103, die Schweizerin *Karin* betreibt diese Pension, die an der Straße nach Girísmata liegt. Die Zimmer sind einfach, aber wie *Karin* betont, nur mit Naturstoffen und Handgearbeitetem bestückt. Zum Frühstück gibt's selbstgemachte Marmelade. Der Preis dafür ist aber hoch: Mit 56 DM pro Person ist diese Pension nur für Alleinreisende interessant, vergleichbare Unterkünfte für 2 Personen (ohne 100% Naturstoffe) kosten auf Skýros normalerweise ungefähr halb so viel.

●**Studio Crisio,** Tel: 91930, unweit vom Strand Girísmata, bisher sogar Meerblick, aber die Aussicht wird gerade vom Nachbarn verbaut, neues Haus, 2er Appartement mit Bad, Balkon und Küche, sehr sauber, 50-95 DM.

●**Motel Hara,** Tel: 91601, 92800, Fax: 91763, relativ kleine Zimmer, Küche, Telefon, Ventilator, in der NS meist leer, in der HS viele griechische Familien, grüner Garten, 4er Appartements im Inselstil werden ab 80 DM angeboten.

●**Hotel Angela,** Tel: 91764, 91490, Fax: 92030, zweigeschossige Bungalows in gepflegtem Garten, Zimmer mit Bad, Balkon, Telefon ab 65 DM, mit Küche 75-100 DM.

● **Paradise Hotel,** Tel: 91220, 91560, Fax: 91548, Lage im Hinterland, Zimmer mit Bad und Balkon, Telefon, gepflegter Garten, in der NS leer, in der HS viele griechische Urlauber, 65-100 DM.

● **Pension Alexiou,** Tel: 91305, auf dem Weg zum alten Steinbruch, nette Zimmer mit Bad, sauber, ruhig, Kühlschrank, Kaffee wird gemacht, nette Leute, 45-65 DM, auch eine Wohnung für 6 Personen mit Küche ab 65 DM.

● **Medousa Rooms Panagou,** Tel: 91185, Anlage um einen Innenhof mit Baum, angeboten wurde uns ein nettes Zimmer mit Bad, Küche und großer Terrasse für 43-60 DM, es gibt aber auch einfachere Zimmer.

● **Rooms Irini Manouso,** Tel: 91852, Zimmer mit Bad und Balkon, schöner Garten, sauber, 35-60 DM, nebenan neu gebaute Studios, noch kein Garten, aber der soll bald folgen, 55-120 DM.

● Es gibt noch zahlreiche andere Übernachtungsmöglichkeiten, z.B. **Skýros Studios,** Tel: 91376, **Avra Studios,** Tel: 91659, Fax: 91548 oder **Skýros Village Apartments,** Tel: 91904.

Atsítsa

● Die **Taverne Antonis,** Tel: 92990, vermietet kleine Zimmer mit Bad, Küchenecke, Balkon, z.T. mit Blick auf die Bucht, sauber, 50-80 DM.

● Außerdem finden Sie dort das **Atsítsa-Center.** Man kann hier aber nur pauschal alles buchen. Einzelne Kurse zu buchen ist also nicht möglich. *„Sun, sea and a sense of community"*, prangt auf der Broschüre, die über das Programm informiert. Ein Kurs dauert zwei Wochen, beginnt jeweils samstags und kostet 545-795 Englische Pfund. Neben Kost und Logie sind zahlreiche Kurse im Programm enthalten. Die Zielgruppe sind Leute, die, aus welchen Gründen auch immer, auf der Suche nach neuen Werten für ihr Leben sind. Mit Yoga, Urschreitherapien, Malkursen, Gesprächskreisen, Poesiekursen, Theaterkursen, Musik und nicht zuletzt mit Sport sollen die Kursteilnehmer zu sich selbst finden. Die nicht beteiligte Umwelt gerät manchmal ins Staunen, denn das ganze Center ist nur nach innen orientiert mit dem „sense of community". Yoga am Strand und Urschreiproben sind für manchen Außenstehenden eher lustig bis lästig. Die griechischen Bauern reden ganz einfach von den „Verrückten aus Atsítsa". Ganz Atsítsa wird vom Center geprägt. Die gleiche Organisation betreibt auch das Skýros-Center in der Chóra. Dieses hat aber keinen so prägenden Einfluß auf das Dorf. Die Kurse werden zu 80% von

Frauen belegt und in englischer Sprache abgehalten. Wer sich dafür interessiert, wende sich an: Skýros, 92 Prince of Wales Rd., London NW5 3NE, Great Britain, Tel: 0044-171-2674424, Fax: 2843063. Buchung im voraus ist notwendig.

Ag. Fokás

Kalliopi und **Manolis** haben neue Zimmer gebaut, neu möbliert, Bad, Terrasse, sauber, Strom derzeit noch vom Dieselgenerator, aber das Stromunternehmen verlegt bereits die Kabel, 60-80 DM sollen die neuen Zimmer kosten. Derzeit auch noch kein Telefon. Post an: Kalli Orfanou, Ag. Fokás, 34007 Skýros, Greece.

Péfkos

- Über der **Taverne To Pefko** werden Zimmer vermietet, Telefon bei Verwandten im Dorf: 9 313 (nach *Maria* fragen) oder 93357 (nach *Katerina* fragen), 3er Zimmer, relativ eng, Bad, Küche, 43-60 DM; 4er Wohnung mit Bad und Küche, 60-95 DM.
- Direkt **am Strand** eine weitere Pension, kein Telefon, Zimmer mit Balkon und schönem Blick aufs Meer, nur während der HS geöffnet, ab 60 DM.

Linariá

- **Hotel Linariá Bay,** Tel: 93274, 91410, Fax 91011, schöne Zimmer mit Bad, Balkon, Kühlschrank, TV, AC, gratis Kaffee, gepflegt, nach Zimmer im OG fragen, sie haben eine bessere Aussicht, am Hang oben Zimmer mit skyriotischer Einrichtung, von dort Buchtblick, 70-90 DM.
- **Hotel King Likomides,** Tel: 93249, 93472, Fax: 93412, die meisten Zimmer haben Blick auf den Hafen, weiter oben ist die Aussicht besser, sauber, Bad, Balkon, Kühlschrank, auch AC, 50-75 DM.

Skýros

080s Foto: vbFoto:

Ache-roúnes

Als Standort für Zimmer nicht so gut geeignet, da das Inselkraftwerk ziemlich laut brummt.

- **Pegasus Rooms,** Tel: 91600, 91123, gehören *Lefteris* von Skýros-Travel, schöne Anlage, gepflegter Garten, sauber, traditionell eingerichtete Zimmer mit Bad und Terrasse, 50-85 DM.
- **Rooms Anna Papagrigori,** Tel: 93345, einige Meter weiter vom Kraftwerk entfernt, direkt hinterm Strand, 50-75 DM.

Aspoús, Méalos

Die Inselhauptstraße führt hier durch. In der NS ist der ganze Ort wie ausgestorben, in der HS viele griechischen Urlauber.

- **Méalos Apartments,** Tel: 92028 oder im Farbengeschäft an der Straße fragen, neue Zimmer, direkt am Strand, mit Meerblick, sehr sauber, neues Bad und Küche, DZ 50-87 DM; 4er rund 120 DM.
- Es gibt noch **weitere Zimmer,** aber dort müssen Sie meist mit Lärm und Schmutz von der Straße rechnen.

Kalamítsa

- **Roula Fiolakis Studios,** Tel: 93071, oberhalb vom Strand gelegen, mit schönem Blick, bunter Garten, neu eingerichtete DZ, Bad, Küchenecke, schöne, schattige Terrasse 50-75 DM.
- **Kalamítsa Garsoniera,** Tel: 91245, 91187, unten am Strand hinter der Straße, neue Anlage, noch kein Garten, 3er Zimmer mit Bad, Küchenecke, große Terrasse, alles neu und sauber, Preise konnte man uns noch nicht sagen.

Essen und Trinken

Chóra

- **Kristinas Restaurant,** liegt etwas versteckt am Ortseingang in einem Garten, die Australierin *Kristina* kocht sehr lecker, als Gäste hat sie viele Deutsche und Engländer, die Gerichte wechseln häufig, die Fischsuppe ist hervorragend, Preise sind o.k.
- **Taverne Margetis,** im Zentrum an der Hauptgasse, sehr gut besucht, griechische Küche, viel vom Grill, relativ kleine Auswahl, Preise o.k.
- **Taverne Pegasus,** schön gemacht, liegt abseits der Hauptgasse in einem ummauerten Hof, Blick auf die Berge nach Westen, gehört auch zu den Betrieben von *Lefteris Trakos,* sehr lecker ist dort *Fáva,* ein Kirchererbsenpüree und Gratin, auch der Wein ist gut, dagegen haben uns die Fleischgerichte weniger zugesagt, gehobenes Preisniveau.
- **Pappous,** die alte Apotheke wurde zu einem Bistro/Taverne umgebaut. Man sitzt seitlich am oberen Ende der Hauptgasse. Serviert werden v.a. Vorgerichte, die hervorragend gut schmecken. Es ist schwierig ein freies Plätzchen im Freien zu finden, da der Platz begrenzt ist. Gefiel uns sehr gut. Preise sind o.k.

- **Kabanera,** im Gassengewirr, unterhalb der Hauptgasse zweigt auf Höhe der Hauptkirche eine Gasse ab, ausgeschildert, gute griechische Küche, liegt relativ ruhig, zufriedene Gäste, Preise o.k.
- **Taverne Apanemia,** auf dem Platz unter den Arkaden, man sitzt recht schön, griechische Küche, Preise o.k.
- **Pizzeria Skýros,** mitten im Gewühl der Hauptgasse, sehr beliebt, gute Pizzen, gehobene Preise.
- **Popi,** keine Taverne, sondern ein Imbiß, *Kalliopi* macht sehr leckere *Souvláki, Pita* und *Gýros* zum Mitnehmen, preisgünstig, aber oft Warteschlange, bei Griechen sehr beliebt.
- Die Tavernen **Estiatorio Skýros** und **To Panorama** liegen an der Straße nach Magaziá und sind v.a. bei den Einheimischen beliebt.

Magaziá

- **Taverne Stefanos,** direkt am Strand, oben auf der Mauer, schattige Terrasse, gutes griechisches Essen, sehr leckeres Lamm, Preise o.k.
- **Cafenion Corfari,** auf der Mauer oberhalb vom Strand, man kann dort ab 11 Uhr frühstücken, nachmittags schattig, Tavlispiele, der Innenraum ist skyriotisch eingerichtet, Jazz, Blues oder moderne griechische Musik in angenehmer Lautstärke.

Mólos

- **Taverne Thomas,** am Platz von Mólos am Strand, Schatten unter Schilfmatten, gut geschmeckt haben uns die *Chortokeftedes* (Kräuterbällchen). Gehen Sie in die Küche, und schauen Sie, was es gibt, im Becken schwimmen zahlreiche Hummer (die natürlich nicht gerade billig sind), am Grill wird Fisch und Fleisch zubereitet, Preise o.k.
- **Taverne Akti,** gleich neben Thomas, auch internationale Gerichte, Preise o.k.
- **Taverne Milos,** am Hafen von Mólos, alte Windmühle, v.a. Fischgerichte, Preise o. k.

Kalogrias

- **Taverne Kýra Panagía,** hinter dem Strand Kalogrias gelegen, Platz unter großer Pinie, nur während der Saison geöffnete Strandtaverne, Preise o.k.

Atsítsa

- **Taverne Antonis,** schöner Blick auf die Bucht von Atsítsa, der Panzer einer Riesenschildkröte ist ausgestellt, geboten wird gute griechische Küche, Fischgerichte, Preise sind o.k.

Fokás

- **Taverne Fokás,** einfache Strandtaverne, *Kalli* kocht, was ihr Mann *Manolis* aus dem Meer zieht, es schmeckt lecker, preisgünstig.

Linariá

- **Café Kávos,** liegt auf Terrassen mit wunderschönem Blick aufs Meer, Frühstück, Kuchen und Snacks, gehobenes Preisniveau, aber trotzdem einen Besuch wert.

- **Café Remezzo,** Cafenion, in dem sich die einheimischen Männer zu Hause fühlen, Preise o.k.
- Außerdem noch einige **Fischtavernen.**

Fléa

- **Taverne Mouries,** liegt im Landesinneren in Fléa auf dem Weg nach Kalamítsa, Schatten unter Bäumen, liebevoll gepflegter Garten, Grillspezialitäten, die bei griechischen Urlaubern sehr beliebt sind, während der HS ist abends auch was los, in der NS eher ruhig, leckeres Ziegenfleisch, Preise o.k.

Wichtige Adressen und Service

Sofern nicht anders vermerkt, befinden sich die folgenden Einrichtungen alle in der **Chóra.**

Ärzte und Apotheken

- **Krankenhaus,** (siehe Stadtplan) Tel: 91207 oder 92222, ist eigentlich nur eine Erste-Hilfe-Station, bei ernsthaften Erkrankungen werden die Patienten nach Athen per Hubschrauber ausgeflogen.
- **Arzt,** in der Hauptgasse, Tel: 92852
  Arzt, an der Wendeschleife, Tel: 92500, 92660
- **Zahnarzt,** Tel: 91111, 91617, 92174

Geldwechsel

- **National Bank of Greece,** Mo-Do 8-14 Uhr, Fr 8-13 Uhr
- **Bankautomat** an der National Bank of Greece
- Das **Postamt** wechselt nur Bargeld und Reiseschecks.
- Geldwechsel ist auch bei **Skýros Travel** möglich, aber es werden 2% Provision kassiert.

Polizei

- Tel: 91274

Flughafen

- Tel: 91660, die Vertretung von **Olympic Airways** wird von Skýros Travel wahrgenommen, allerdings muß der Kunde die Telefongebühren zu Olympic Airways nach Athen selbst übernehmen.

Fähragenturen

- **Lykomides Travel,** an der Hauptgasse, Tel: 91790, 9-13 Uhr und 19-22 Uhr, Personentickets für die Fähre können Sie auch noch kurz vor der Abfahrt des Schiffes in Linariá kaufen. Wer ein Auto transportieren möchte, sollte sich das Ticket aber vorher besorgen.
- Tickets für den **Flying Dolphin** verkauft das Büro Skýros Travel.

Reisebüros

- **Skýros Travel,** *Lefteris Trakos* ist der Chef des besagten Unternehmens. Er ist der Ansprechpartner der Reisenden von NBBS, er ist der Besitzer des Restaurants Pegasus, die einzige Autovermietung der Insel gehört ihm, er gibt die durchaus brauchbare Inselkarte heraus, er vermittelt Zimmer, er organisiert Ausflüge, er vertritt die Minoan Lines (Flying Dolphins) und die Olympic Airways. Lefteris ist aber sehr geschäftstüchtig und verlangt für vieles noch extra Gebühren. Ein Beispiel: Der Schiffsausflug von Linariá an der Südküste entlang kostet bei ihm rund 10 DM mehr als am Hafen von Linariá. Dafür ist allerdings der Transport nach Linariá mit enthalten.
- **NISI,** Niko Sikkes, 34007 Skýros, Griechenland, Tel: 92749, Fax: 92707, *Niko* ist Holländer und lebt seit vielen Jahren auf Skýros. Er spricht neben Holländisch auch fließend Griechisch, Englisch und recht gut Deutsch. Sein Büro hat er sich hinter dem Hauptplatz neben dem Club Apocalypsis in einem kleinen Haus eingerichtet. Er möchte den Besuchern den Schlüssel zur Insel Skýros geben. Er hält regelmäßig Vorträge über das Leben auf Skýros, zeigt manchmal ein Video über den Karneval und organisiert Wanderungen, wenn sich genügend Interessenten finden (was recht häufig der Fall ist). Er kennt sich gut aus auf Skýros und hat manche Anekdote auf Lager. In seinem Büro hat er auch eine kleine Bibliothek mit Büchern über die Insel eingerichtet. Wer sich gerne das Kloster Ag. Dimítrios von innen ansehen möchte – Niko bietet eine solche Tour an.

Wäscherei

- An der Wendeschleife gibt es eine Wäscherei. Die Frau, die sie betreibt, hat aber nichts ausgeschildert. Fragen Sie in der Taverne Apanemia am Platz unter den Arkaden nach ihr. Sie wäscht v.a. Soldatenkleidung. Es soll ab und zu vorkommen, daß Wäsche verfärbt zurückgegeben wird. Wir haben unsere Wäsche dort allerdings sehr sauber wiederbekommen. Eine Trommel für 15 DM.

Einkaufen

- In den **Supermärkten** der Insel ist fast alles für den täglichen Gebrauch zu bekommen.
- In Sachen Kleidung ist Skýros allerdings **kein Einkaufsparadies.** Neben Apotheke, Fotoladen, Buch- und Zeitungsladen, Friseur und Schuhgeschäft finden Sie v.a. Souvenirgeschäfte.
- Als **Souvenirs** werden zahlreiche schöne Keramikwaren, Honig, Seife, Holzschnitzereien sowie traditionelle Skýrosschuhe, die eine Sohle aus alten Autoreifen haben, angeboten. Typisch für die Insel sind auch gelbe Tücher mit schwarzem Muster, in das meist der Doppeladler, das Wappentier von Skýros, eingearbeitet ist.
- In der Hauptgasse der Chóra finden Sie z.B. **Ceramics Monika.** *Monika* hat einen Griechen hier geheiratet und

lebt seit Jahren schon auf Skýros. Ihre Keramiken können Sie auch am Hafen von Linariá kaufen.

- Gleich neben diesem Geschäft finden Sie in der Hauptgasse einen Laden mit **Honig, Olivenöl** und **Seifen.**
- Links in der Gasse neben dem Kalypso bieten Schreiner ihre **Skýros-Stühlchen** an. Geschnitzt wird heute allerdings häufig per Maschine.
- Gegenüber ein weiteres Souvenirgeschäft mit zahlreichen Keramiken. Dort werden **Skýros-Schuhe** verkauft.
- Auch im Souvenirshop des **Faltaits-Museums** können Sie fündig werden.
- **Kulinarische Spezialitäten:** Der **skyriotische Käse** ist ein Hartkäse, der sehr lecker schmeckt. Er wird aus Schafs- und Ziegenmilch hergestellt. Sie können ihn in der Chóra im Supermarkt kaufen. **Fáva** ist fein gewürztes Kichererbsenpüree, das in verschiedenen Restaurants angeboten wird. Häufig finden Sie auf Skýros auch **Hummer mit Spaghetti** auf den Speisekarten.

Nachtleben

- **Cafébar Kalypso,** man sitzt schön am oberen Ende der Hauptgasse, auch Stühle gegenüber hinterm Kiosk, schönes Gebäude mit Portal, hübsch gemacht, leckere Fruchtsäfte, tagsüber Touristen als Gäste, abends mehr Griechen, ab 23 Uhr ist mächtig was los, oft Jazzmusik, gehobene Preise.
- **Neoptolemos,** neben dem Kalypso, sehr positiv: man stimmt die Musik miteinander ab und versucht nicht, sich gegenseitig zu übertönen, hier mehr Rockmusik, auch sehr schönes Plätzchen von dem aus man den Blick über die Hauptgasse nach unten hat, hinterm Kiosk weitere Tische, auch hier leckerer Fruchtsaft, abends ebenfalls sehr voll, Preise wie nebenan eher gehoben.
- **Club Apocalypsis,** an hinteren Ende der Plateia gelegen, sehr schön gemacht mit vielen Blumen, Discomusik in erträglicher Lautstärke, gehobene Preise.
- An der Wendeschleife finden Sie zahlreiche **Bars und Cafés,** die es sich zum Ziel gesetzt haben, die Stereoanlage des Nachbarn zu übertönen. Hier tummelt sich die Dorfjugend, unterstützt von Soldaten, die Freigang haben.
- **Stone Club,** unterhalb der Chóra in Richtung Aspoús, Open-Air-Disco, ab 23 Uhr, aber nur Juni–September geöffnet.
- **Disco Skyropoula,** des einen Freud, des anderen Leid ... Wer in Magaziá wohnt, für den ist dieser Club eher lästig. Die größte Inseldisco dröhnt in kräftiger Lautstärke in die Nacht, teils auch open-air, Lasershow, geöffnet Juni–September, 24-8 Uhr.

605s Foto: vb

ANHANG

LITERATURHINWEISE

- Zu empfehlen sind die Bücher von *Nikos Kazantzakis* (geb. 1883 in Kreta, gest. 1957 in Freiburg). Insbesondere sein Buch **Alexis Sorbas,** das mit *Anthony Quinn* in der Hauptrolle verfilmt worden ist, sei jedem, der es noch nicht kennt, angeraten.

  Außerdem von *Kazantzakis:* **Freiheit und Tod, Rechenschaft vor El Greco, Mein Franz von Assisi,** und **Griechische Passion,** von rororo bzw. vom Ullstein Verlag.
- Liebhabern von Lyrik sei *Ioánnis Ritsos* empfohlen:

  Milos geschleift, Heyne Lyrik 31, **Unter den Augen der Wächter,** Hanser Verlag, **Nachbarschaften der Welt,** Romiosini Verlag, **Gedichte,** Suhrkamp Verlag.

  Ioánnis Ritsos verbrachte lange Jahre in Gefangenenlagern und schrieb darüber.
- Ein politischer Krimi mit wahrem Hintergrund ist **Z** von *Vassilis Vassilikos,* rororo 1722.

  Das Buch beschreibt, mit welchen brutalen Mitteln Politik in der Vergangenheit in Griechenland gemacht wurde.
- Zur Rolle der Frau vor nicht allzulanger Zeit in Griechenland: **Die Mörderin** von *Alexandros Papadiamántis,* Suhrkamp Verlag.
- Auch die Bücher von *Werner Helwig* **Raubfischer in Hellas, Im Dickicht des Pelions** und **Reise ohne Heimkehr** sind lesenswert.
- *Hubert Eichheim:* **Griechenland,** C.H. Beck Verlag.

  Der Autor arbeitete am Goethe-Institut in Athen. Das Buch gibt einen guten Einblick in die griechische Gesellschaft heute. Eine sehr angenehme Urlaubslektüre.
- *Evripidis Papadimitriou:* **Deutsche Urlauber in Griechenland,** Cuvillier, Göttingen.

  Ein Buch über das Verhalten und die Wünsche der Urlauber aus eigener und aus griechischer Sicht.

Vorhergehende Seite: Der Hafen von Skíathos-Stadt

KLEINE SPRACHHILFE GRIECHISCH

Das griechische Alphabet

(In der dritten Spalte steht, wie die Buchstaben ausgesprochen werden, „th" wie im Englischen):

Α, α	Alfa	a	Ν, ν	Ny	n
Β, β	Betta	w	Ξ, ξ	Xi	x
Γ, γ	Gamma	gh, j	Ο, ο	Omikron	o
Δ, δ	Delta	th, weich	Π, π	Pi	p
Ε, ε	Epsilon	e, ä	Ρ, ρ	Rho	r
Ζ, ζ	Zeta	s, weich	Σ, σ	Sigma	s, hart
Η, η	Ita	i	Τ, τ	Tau	t
Θ, θ	Theta	th, hart	Υ, υ	Ypsilon	i
Ι, ι	Jota	i	Φ,φ	Phi	f
Κ, κ	Kappa	k, kj	Χ, χ	Chi	ch
Λ, λ	Lambda	l	Ψ, ψ	Psi	ps
Μ, μ	My	m	Ω, ω	Omega	o

Manchmal kommen in der griechischen Sprache auch **Buchstabenfolgen** wie diese vor:

ΜΠ, μπ	b	ΟΥ, ου	u
ΝΤ, ντ	d	ΓΚ, γκ	g
ΤΖ, τζ	j, dsch	ΓΓ, γγ	ng
ΤΣ, τσ	ch, z, ts	ΑΙ, αι	ä
ΕΥ, ευ	ef	ΟΙ, οι	i
ΑΥ, αυ	af	ΕΙ, ει	i

Anhang

Notwendiges

Hallo (Du/Sie)	ja su/ja sas
Guten Morgen	kali méra
Guten Tag	kali spéra
Gute Nacht	kali níchta
Ja	nä, ne
Nein	óchi
(Ich) bitte	parakaló
(Ich) danke	efcharistó
Einverstanden	endáxi
nichts	típota
Ich suche	psáchno
Entschuldigung	signómi
Es hat (gibt) nicht ...	then échi ...
geschlossen	klistó
geöffnet	anichtó
besetzt	piasméno
frei	elefthero
Ich will ...	thélo
Ich möchte ...	tha íthela
Ich nehme ...	pärno
groß	megálo
klein	mikró
schön	oräa
gut	kaló
schlecht	kakó
Was ist das?	ti íne aftó?
Wohin gehst Du?	pu pas?
Wohin gehen Sie?	pu páte ?
Wie heißt Du?	pos se léne?
Wie heißen Sie?	pos sas léne?
Von wo bist du?	apó pu íse?
Von wo sind Sie?	apó pu íste?

Von welchem Ort (Stadt)?	apó pió méros?
Ich verstehe Sie nicht	then sas katalavéno
Ich verstehe wenig Griechisch	katalavéno líga eliniká

Zahlen

0	midén
1	éna
2	dío
3	tría
4	téßera
5	pénde
6	éxi
7	eftá
8	ochtó
9	enjá
10	déka
11	éndeka
12	dódeka
13	deka tría
14	deka téßera
15	deka pénde
16	deka éxi
17	deka eftá
18	deka ochtó
19	deka enjá
20	íkosi
30	triánta
40	saránda
50	penínda
60	exínda
70	efdomínda
80	ochdónda
90	enenínda
100	ekató
200	dia kóßia
300	tria kóßia
900	enja kóßia
1000	chílja
2000	dío chiljádes
wieviel...?	pósso...?

Wochentage

Montag	Deftéra
Dienstag	Tríti
Mittwoch	Tetárti
Donnerstag	Pémbti
Freitag	Paraskeví
Samstag	Sáwato
Sonntag	Kyriakí

Zeitbegriffe

heute	símera
gestern	(e)chtéß
morgen	áwrio
Tag/e	méra/méres
Woche/n	efdomáda/efdomádes
Monat/e	mínas/mínes
Jahr/e	chrónos/chrónja
Stunde/n	óra/óres
Minute/n	leptó/leptá
früh, morgens	proí
mittags	mesiméri
nachmittags	apóghefma
abends	vrádi
nachts	níchta
jetzt	tóra
später	argótera
Wann ...?	ti óra...?, póte...?
Wie spät ist es?	Ti óra íne?

Einkaufen

Wieviel kostet ...?	pósso kostísi ...?
Rechnung	logariasmós
sehr teuer	polí akriwó
billig	ftinó
billiger	ftinótero
Ich miete, vermiete	nikiáso
Ich kaufe	agoráso
Ich bezahle	pliróno
Bezahlen Sie ...?	plirónete ..?

Transport

Ticket	isitírio
Zug	tréno
Bus	leoforío
Bahnhof	stathmós
Haltestelle	stási
Schiff	plío, karávi

Hafen	limáni
Flugzeug	aeropláno
Flugplatz	aerodrómio
Motorrad	motosikléta, michaní
Fahrrad	podílato
Auto	aftokínito
Ich gehe	pijäno
Ich fahre	odigó

Orientierung

links	aristerá
rechts	dexiá
geradeaus	efthía
gegenüber	apénadi
neben	dípla
unten, unter	káto
oben, über	páno
Wo ist ...?	pu íne ..?
Eingang	ísodos
Ausgang	éxodos
Straße	ódos, drómos
Allee	leofóros
Platz	plathía
Stadt	póli
Dorf	chorió
Kirche	eklisía
Bank	trápesa
Post	tachi dromío
Kiosk	períptero
Läden	magasiá
Telefon	tiléfono
Meer	thálassa
Küste, Strand	paralía
Ich schwimme	kolimbó

Unterkunft

Hotel	xenodochío
Pension	pansión
Zimmer	domátio
Schlüssel	klithí
WC	tualéta
Bad	bánjo
Dusche	dusch
Handtuch	petséta
Seife	sapúni
Klopapier	chartí ijías

Essen und Trinken

Wasser	neró
Brot	psomí
Fische	psária
Fleisch	kréas
Auberginen	melizána
Zucchini	kolokithákia
Käse	tirí, kaséri
Schafskäse	féta
Oliven	eliés
Kartoffeln	patátes
Grüne Bohnen	fasolákia
Wassermelone	karpúsi
Honigmelone	pepóni
Trauben	stafília
Feigen	síka
Äpfel	míla
Eier	avgá
Wurst	lukánika
Honig	méli
Salz	aláti
Zucker	sáchari
Milch	chála
Eis	paghotó
Tee	tschái
Bier	bíra
Wein	krasí
Orangen limonade	portokaláda
Zitronen-limonade	lemonáda
kalt	krío
warm	sestó
Guten Appetit	kalí órexi

Krankheit

Krankenhaus	nosokomío
Arzt	jatrós
Apotheke	farmakío
Zahnarzt	odondíatros
Augenarzt	ofalmíatros
Kinderarzt	pädíatros
Sonnenbrand	engáfma ilíu
Zahnschmerzen	ponódondos
Kopfweh	ponokéfalos
Es schmerzt mich	mu ponái

Register

DIE AUTOREN

Margret van Blokland, geboren 1964, ist Architektin und Autorin. Henk van Blokland, geboren 1962, ist Betriebswirt und Soziologe. Sie leben derzeit in Berlin. Beide bereisen schon seit 15 Jahren regelmäßig die griechische Inselwelt. Für den REISE KNOW-HOW Verlag schrieben die beiden auch das Urlaubshandbuch „Insel Rhodos".

603s Foto: vb

604s Foto: vb